文章概論

汪馥泉著

民國滬上初版書·復制版

文章概論

汪馥泉 著

上海三联书店

图书在版编目(CIP)数据

文章概论 / 汪馥泉著. ——上海:上海三联书店,2014.3
(民国沪上初版书·复制版)
ISBN 978-7-5426-4617-0
Ⅰ.①文… Ⅱ.①汪… Ⅲ.①汉语—文章学—概论 Ⅳ.①H15
中国版本图书馆 CIP 数据核字(2014)第 035477 号

文章概论
著　　者 / 汪馥泉
责任编辑 / 陈启甸 王倩怡
封面设计 / 清风
策　　划 / 赵炬
执　　行 / 取映文化
加工整理 / 嘎拉 江岩 牵牛 莉娜
监　　制 / 吴昊
责任校对 / 笑然
出版发行 / 上海三联书店
(201199)中国上海市闵行区都市路 4855 号 2 座 10 楼
网　　址 / http://www.sjpc1932.com
邮购电话 / 021-24175971
印刷装订 / 常熟市人民印刷厂

版　　次 / 2014 年 3 月第 1 版
印　　次 / 2014 年 3 月第 1 次印刷
开　　本 / 650×900　1/16
字　　数 / 320 千字
印　　张 / 26.25
书　　号 / ISBN 978-7-5426-4617-0/H·35
定　　价 / 125.00 元

民国沪上初版书·复制版

出版人的话

如今的沪上，也只有上海三联书店还会使人联想起民国时期的沪上出版。因为那时活跃在沪上的新知书店、生活书店和读书出版社，以至后来结合成为的三联书店，始终是中国进步出版的代表。我们有责任将那时沪上的出版做些梳理，使曾经推动和影响了那个时代中国文化的书籍拂尘再现。出版“民国沪上初版书·复制版”，便是其中的实践。

民国的“初版书”或称“初版本”，体现了民国时期中国新文化的兴起与前行的创作倾向，表现了出版者选题的与时俱进。

民国的某一时段出现了春秋战国以后的又一次百家争鸣的盛况，这使得社会的各种思想、思潮、主义、主张、学科、学术等等得以充分地著书立说并传播。那时的许多初版书是中国现代学科和学术的开山之作，乃至今天仍是中国学科和学术发展的基本命题。重温那一时期的初版书，对应现时相关的研究与探讨，真是会有许多联想和启示。再现初版书的意义在于温故而知新。

初版之后的重版、再版、修订版等等，尽管会使作品的内容及形式趋于完善，但却不是原创的初始形态，再受到社会变动施加的某些影响，多少会有别于最初的表达。这也是选定初版书的原因。

民国版的图书大多为纸皮书，精装（洋装）书不多，而且初版的印量不大，一般在两三千册之间，加之那时印制技术和纸张条件的局限，几十年过来，得以留存下来的有不少成为了善本甚或孤本，能保存完好无损的就更稀缺了。因而在编制这套书时，只能依据辗转找到的初版书复制，尽可能保持初版时的面貌。对于原书的破损和字迹不清之处，尽可能加以技术修复，使之达到不影响阅读的效果。还需说明的是，复制出版的效果，必然会受所用底本的情形所限，不易达到现今书籍制作的某些水准。

民国时期初版的各种图书大约十余万种，并且以沪上最为集中。文化的创作与出版是一个不断筛选、淘汰、积累的过程，我们将尽力使那时初版的精品佳作得以重现。

我们将严格依照《著作权法》的规则，妥善处理出版的相关事务。

感谢上海图书馆和版本收藏者提供了珍贵的版本文献，使“民国沪上初版书·复制版”得以与公众见面。

相信民国初版书的复制出版，不仅可以满足社会阅读与研究的需要，还可以使民国初版书的内容与形态得以更持久地留存。

2014 年 1 月 1 日

汪馥泉著

文章概論

中華民國二十八年四月初版

目次

緒論……一
第一章　文章底要素……三
第一節　意思底構成……三
第一段　意思與物質……四
第二段　文章中的意思底分析……九
第二節　表達意思的工具……一五
第一段　語言與文字……一六
第二段　語文底變遷的大勢……二三
第三節　作者與讀者……四七
第二章　文章底特質……五九

第一節　文章底歷史性……六〇
第二節　文章底社會性……六九
第三節　文章底個性……七九
附　言志與載道的問題……九〇
第三章　文章底構成……九二
第一節　詞兒及其選擇……九四
第一段　詞兒構成底分析……九五
第二段　詞兒底選擇……一四三
第二節　句子及其整理……一五七
第一段　句子構成底分析……一五八
第二段　句子語氣底分析……一七六
第三段　句子底整理……一八四

第三節　段落及其剪裁……………………一〇四
第一段　段落構成底分析……………………一〇五
第二段　段落底剪裁……………………一一七
第四節　篇章及其經營……………………一四九
第一段　篇章構成底分析……………………一四九
第二段　篇章底經營……………………一六五
第四章　文章底體製……………………二〇五
第一節　描寫文……………………二〇六
第一段　人物底描寫……………………二〇六
第二段　景象及物體底描寫……………………二一七
第二節　紀敘文……………………二二六
第一段　紀敘文底要素……………………二二七

第二段 紀敘的方法……三二八
第三節 發抒文……三三五
第四節 議論文……三四六
第一段 議論文底目的及其結構……三四六
第二段 論證及論證方法……三五九
第五節 說明文……三六二
第六節 五種文體底糅雜……三六六
附 應用文……三六七
第五章 文章底材料……三七六
第一節 材料底源頭……三七六
第一段 經驗……三七七
第二段 知識……三八八

第二節　選擇材料的態度……二九五
第一段　意思底正確與眞實……二九六
第二段　文字底正確與眞實……二九八
第三段　表達法底正確與眞實……四〇〇

文章概論

緒論

文章是什麽？這，我們要全盤地瞭解了文章底組成，才能明白。

要全盤地瞭解文章底組成，得從兩方面去着手：一是分析文章底要素，一是分析文章底特質。下面，我們試撮要地敍述一下。

文章底要素，可以分析爲下列的五項：第一，作者；第二，意思；第三，文字；第四，表達法（或者叫作表達的方法，便是作者把意思用文字表示出來傳達給讀者的方法。）第五，讀者。

文章底特質，可以分析爲下列的三項：第一，歷史性，第二，社會性；第三，個人性（或作個性。個性，是在歷史的社會的限制之下產生的。）

上列文章底五項要素及三項特質，是每一篇文章都具有的。

在這里，我們可以下文章底定義了。

文章底定義是：受了歷史的社會的個人的限制的作者，把眞實的正確的意思，用現代的文字，藉最有效的表達法，傳給一定的讀者。

這部書，便是一方面分別地，一方面綜合地，敍述文章底要素及特質的，便是敍述這個文章底定義的。

第一章（文章底要素，）敍述文章要素五項中的作者、意思、文字及讀者的四項；第二章（文章底特質，）敍述文章底特質；第三章（文章底構成）及第四章（文章底體製，）敍述文章要素五項中剩下的一項的表達法；第五章（文章底材料，）是就全盤敍述的，郎就要素及特質底全盤敍述的。

第一章　文章底要素

文章底要素，如緒論中所述，爲作者、意思、文字、表達法及讀者的五項。本章中敍述的，是作者、意思、文字及讀者的四項。其餘的一項表達法，在第三章及第四章中敍述。爲便利起見，分作三節來敍述：第一節，意思；第二節，文字；第三節，作者與讀者。

第一節　意思底構成

一篇文章，總有一個意思，不論人物底描寫、事實底紀敍或者感情底發抒……，總有一個意思，而且是系列的意思。假使一篇文章裏沒有了意思，那便只是一種文字底排列。例如，過去的一部重要著作百家姓，那「趙、錢、孫、李，周、吳、鄭、王，」這只是文字底排列，除了教拖鼻涕的「小猢猻」以趁韻記得姓氏之外，文句底本身是沒有意思，更沒有系列的意思的。例如各種字典或詞典底字或詞兒底排列，是沒有意思的，只是教人易于檢查。

這里所說的意思，是怎樣構成的？文章中的意思是些怎樣的意思？我們在這一節中，便是要回答上面這兩點。所以分爲兩段：（一）意思與物質；（二）文章中的意思底分析。

第一段　意思與物質

關于「意思」我們第一點要說明的是：意思不是憑空而來的，是由物質產生的。

有好一些偉大的哲學家，他們不承認物質底存在，他們以爲物質是人類想出來的幻像，是人類頭腦中的觀念體，如佛家說的「大地河山，皆由心造」便是一個代表的例子（甚至于，有好一些偉大的科學家他們也不承認物質底存在，他們以爲物質只是能力底結合）——但是，我們一般人底常識，便能否定這些偉大的哲學家底意見。

我們底常識告訴我們說：大地是存在于我們自己之外的，不是「心造」的。例如從上海坐「開京聯運特快通車」下午一時十分開出，二時五十九分到蘇州，四時四十分到常州，七時四十五分到南京，這是說明從上海到蘇州眞實存在的空間距離，是八三·四七公里，到常州是一六七·三七公里，到南京是三一一·○四公里。由于這眞實存在的空間距離，證明了大地是存在的而且存在于我們自己之外，並不是「心造」的。

我們底常識又告訴我們存在于我們自己之外的物質，不但並不是我們「心造」的，而且牠還能在我們人身上或者人類社會間發生作用。最顯著的，例如，我們辛辛苦苦造一間房子，辛辛苦苦種了十畝田，大水一來，會把我們底辛苦的成果，冲得一乾二淨。又如一隻蚊子，牠會用牠底刺針吸血管鑽進我們底皮膚裏面去，把我們底血吸了去，同時使我們發生又痛又癢的感覺。

一切存在于我們自己之外的物質，不但能在我們人身上或者人類社會間發生作用；而且，我們底知道一切事物，都是由于外界的物質對我們發生作用而起的。

我們底知道一切事物，由于「感覺。」這感覺的作用，起于感覺器官。感覺器官底發生感覺作用，由于外界物質底刺戟。這三句話，綜合起來講，便是：外界物質刺戟人類自己底感覺器官的耳朵、眼睛、嘴巴、鼻頭……等等，這便使感覺器官發生感覺的作用，于是外界物質底形象及其種種特質，反映出一種的概念和觀念來，這便成了我們知道一切事物底起點。這里要注意的是：感覺是由反映外界物質而發生的；假使沒有外界物質，便不能有感覺。所以說，我們底知道一切事物，都是由于外界的物質對我們發生作用而起的。

但是，這里還有兩個問題，需要解答。（一）有一些事物，不但我們底感覺器官，不能感覺到，而且，就現在講，委實是不存在的。如靈魂、鬼、菩薩等。爲什麼我們底「意思」中，會有這些東西的呢？（二）外界的物質是一樣的，我們底感覺器官也是一樣的，爲什麼有的才廣學博，有的蠢如豬鹿的？

這里，試解答上列的兩個問題。

關于第一個問題；因爲當感覺構成概念和觀念的時候，是抽象了外界的事物底特質而成就的，但是正因爲是抽象了的，所以不能和事物完全吻合。所以，「人類底抽象能力和其加工于事物那種作用，一方面是認識事物甚至是構成思維、發展思維的必要動力，然而它是使思維走向與客觀事物及其法則相乖離的根源。」——試舉個例子加以說明。——「……鬼神都的確是自己想出來的東西，是人類自己在思維中加力製造出來的。——可是，它們仍不是自由製造出來的，而是根據了某種不完全的客觀法則底反映，由那種客觀法則所導誘，加以人類底抽象和加以某種不合正則的概念和觀念底配合，排演而成功的，這一種思維底起源，從野蠻人開始，他們因夢這一自然現象之不理解其生理作用，在夢中於不曾憶及實在肉體底存在，單方感覺了靈魂能離開肉體而進行其遊蕩、戰爭、放火等等活動，遂認爲無肉體的靈魂不但可以單獨存在，並且認肉體在覺醒時的活動也就是那夢昧中的靈魂底活動所主持的，而鬼底觀念就形成了……其一切錯誤與乖離底根源，也只在于他們誤把夢中靈魂底活動與醒後的肉體活動，從夢與醒底事實變換所隔離了的界綫，任其隔離而爲個別的存在之理解的結果。」（見王特夫著論理學體系第二章思維底本質頁七三——七五；並參考拉發格著劉初鳴譯思想起源論第五編靈魂思想底起源和進化頁二九〇——二九七。）

關於第二個問題，簡單地回答，可以說，這是歷史的社會的關係底結果。例如在人類底歷史上，有一個很長的時期，人類與自然相鬬爭；過去的無數的人們對于這一點，爲現在的人們積蓄了無數的經驗與知識，因此，我們比較地容易克服自然了。又例如，過去的人們，對于表達意思及儲蓄經驗和知識的工具，積蓄了無數的經驗與知識，在中國，才有了我們現在使用着的所謂「漢字」假使我們還在所謂「北京人」的時代，那末我們決不會有現在的這麼些的知識。這是歷史的關係底結果。至于社會的關係底結果（這當然是和歷史的關係錯綜了的）可以從兩方面來看。一是兩個文化不同的國家底接觸，一是各社會層底比較。前者，例如「巴拉圭底瓜拉里人（Guaranys），直當耶穌教會員開始他們的教育時，都是赤身露體地飄游於森林之中，僅僅以弓和木棍為武器，只知種麥。他們的知識是如此的粗淺，以致只能用手指和足指算到二十底數目。然而耶穌教會員把這些野蠻人變成靈巧的工人，能做困難的工作，如像複雜的風琴，地球儀，染色的繪畫和彫刻等等。」（思想起源論第二編抽象思想底起源頁一二五——一二六。）後者，如一個大學生，他們懂得物理、化學、數學、經濟學、政治學等等，而窮人卻連「識字」的機會都沒有。如上所述，因了歷史的及社會的關係，所以，有的聰聰明明，有的呆呆笨笨了。

這里，我們可以總括地一講述「意思與物質」了。意思是由外界的物質刺戟我們底感覺器官因而發生感覺作用而產生的。同時，這是抽象了的，所以應該注意其結合。別一方面，意思是具有歷史性及社會性的。（上述的三點，對于文章，有極大的關係；這在下述的一段及第二章中，我們將加以具體的說明。）

第二段　文章中的意思底分析

文章中的意思，照後面第四章文章底體製中劃分的五類的文章（描寫文、紀敍文、發抒文、議論文及說明文）底內容，可以析爲下列的四類：(一)，景物（描寫文；）(二)，事實（紀敍文；）(三)，情感（發抒文；）(四)知識（議論文及說明文。）

這四類的意思，都是由于物質及其活動而產生的；就文章底作者來講，這四類的意思，都是作者底經驗與知識織成的（經驗與知識，是由物質及其活動產生的。）

這里有兩點，須稍加說明。(一)文章底各類意思中，常有「想像」的分子，有人以爲，這並不是作者底經驗與知識，便是並非由于物質產生的。這是錯誤的。「想像」也是由于物質產生的，只是與歷史的及社會的關係很大，較爲複雜而已。其詳，見後第五章文章底材料。(二)有些人以爲「感情」是不受物質底支配的；其實不然，「感情」以環境底情況爲主，同時，當然有着歷史的社會的關係。這看後面的例子，及本章第三節作者與讀者暨第五章文章底材料，便可明白。

現在，試各舉一二簡單的例子以說明文章中的四類意思。

園在德勝橋右。入門，古屋三楹，榜曰太師圃；自三字外，額無扁，柱無聯，壁無詩片。西轉而北，垂柳高槐，樹不數枚；以歲久繁柯，陰遂滿院。藕花一塘，隔岸數石，亂而臥，土牆生苔，如山腳到澗邊，不記在人家圃。野堂北，又一堂臨湖，蘆葦侵庭除，爲之短牆以拒之；左右各一室，室各二楹，荒荒如山齋。西過一台，湖于前，不可以不台也。老柳瞰湖而不讓台，台遂不必盡望。——自劉侗于奕正合撰帝京景物略定國公園。

這，不消說，定國公園底景物，是作者經驗過了的；而這景物底本身，便是物質。

余以花朝後一日，呼陳山人父子，煖酒提小榼，同胡安甫、宋寧之、孟直夫，渡河梁踏至城以東，有桃花蓊然。推戶闖入，見一老翁，具鷄黍餉客，余輩銜筵前索酒，請移酒花下，老翁愕視，恭謹如命，余亦不通姓字，便從花板酒杯，老饕一番。復攀桃枝坐花叢中以藏鈎輸贏爲上下，五六人從紅雨下作活轆轤，又如孤猿狂鳥，探葉窺果，惟愁枝脆耳。日暮乃散。——自陳繼儒遊桃花記。

這也不消說，這一段「遊桃花」的事實，是作者經驗過了的（當然，記敍事實，不一定是作者經驗過了的；其詳，見第四章文章底體製。）而這事實底產生，是作者和陳山人父子等底活動。

至于發抒情感的文章，便較爲複雜。即令對于同一的景物同一的事實，也因了各人底不同歷史的、社會的關係，會發生不同的情感。

例一　……汝弟沒以良月旬有八，汝沒以涂月旬有二，中間相距五十三日爾，而既哭一兒，又哭一女，身非木石，誠何以堪，蒼蒼者天，爲有爲無，如其有之，不應荼毒至此。……憶汝母哭汝弟曰汝嘗宛轉繞膝，勸母勿慟，孰知哭汝弟未已，遽轉而哭汝耶，汝既非吾女，誰令汝來徒賺人腸斷，汝則何忍，縱死者已矣，生者何以爲情耶；雖然，吾終念汝不置也！——自湯傳楹哭次女文。

例二　……吾上有三兄，皆不幸早世；承先人後者，在孫惟汝，在子惟吾：兩世一身，形單影隻。……

去年，孟東野往，吾書與汝曰「吾年未四十，而視茫茫，而髮蒼蒼，而齒牙動搖。念諸父與諸兄，皆康彊而早世；如吾之衰者，其能久存乎！吾不可去，汝不肯來，——恐旦暮死，而汝抱無涯之戚也。」

孰謂少者歿而長者存，彊者夭而病者全乎！嗚呼，其信然耶？其夢耶？其傳之非其眞耶？信也，吾兄之盛德而夭其嗣乎；汝之純明不克蒙其澤乎；少者彊者而夭歿，長者衰者而存全乎？——自韓愈祭十二郎文。

例三　……嗚乎，傷哉！繄何人？繄何人？吾龍場驛丞餘姚王守仁也。吾與爾皆中土之產，吾不知爾郡邑；爾烏乎來爲茲山之鬼乎？古者重去其鄉，游宦不踰千里；吾以竄逐而來此，宜也，爾亦何辜乎！聞爾官，吏目耳，俸不能五斗，爾率妻子躬耕可有也；胡爲乎以五斗而易爾七尺之軀，又不足，而益以爾子與僕乎？嗚呼，傷哉！——自王守仁瘞旅文。

上面的三個例子，都是發抒「對于死者的哀悼」的悲感的，但各不相同。湯傳楹是一個窮透骨頭，前途渺茫的文人，他對于次女原是「了無兒女情」的，但因鍾愛的兒子死了不久，次女隨着去世，便把滿腔的悲憤在這篇文章中發洩，所以異常悲痛。韓愈原也是一個無行的文人，這篇文章，除了一般的文人共通的死亡底恐怖及生離死別底悲痛之外，他底着眼點；全在于「兩世一身，形單影隻。」王守仁底哀悼「旅鬼，」全然因了他自己底竄逐，借題發揮。

又如對于「自己底死，」因了各人所處的環境不同，也自各異。

例一　辛丑紀聞載金聖歎在獄中，有與家人書云「殺頭至痛也，籍沒至慘也，而聖歎以無意得之，不亦異乎！若朝廷有赦令，猶可相見；不然，死矣！」——見又滿樓叢書。

例二　……不幸至今，吾又不得不死，吾死之後，夫人又不得不生，上有雙慈，下有一女，則上養下育，託之誰乎，——然相勸以生，復何聊賴！……嗚乎，言至此，肝腸寸寸斷，執筆心酸，對紙淚滴，欲書則一字俱無，欲言則萬般難吐。吾死矣，吾死矣，方寸已亂，平生爲他人指畫了了，今日爲夫人一思究竟，便如亂絲積麻；身後之事，一聽裁斷，我不能道一語也。——自夏完淳臨死遺夫人書。

例三　……吾作此書時，尚爲世中一人；汝看此書時，吾已成爲陰間一鬼。……吾自遇汝以來，常願天下有情人都成眷屬；然遍地腥雲，滿街狼犬，稱心快意，幾家能彀？司馬青衫，吾不能學太上之忘情也。語云，「仁者，老吾老以及人之老，幼吾幼以及人之幼。」吾充吾愛汝之心，助天下人愛其所愛，所以敢先汝而死，不顧汝也。汝體吾此心於啼泣之餘，亦以天下人爲念，當亦樂犧牲吾身與汝身之福利，爲天下人謀永福，汝其勿悲。……吾誠願與汝相守以死，第以今日事勢觀之，天災可以死，盜賊可以死，瓜分之日可以死，奸官污吏虐民可以死，吾輩處今日之中國，國中無時無地不可以死；到那時，使吾眼睜睜看汝死，或使汝眼睜睜看我死，吾能之乎，抑汝能之乎！……吾今不能見汝矣；汝不能舍吾，其時時于夢中得我乎！——自林覺民與妻意映書。

一樣的對于「自己底死」的嗟嘆，金聖歎只是牢騷滿腹，夏完淳默默無言，而林覺民卻是爲了捨身赴義，對于「死」毫不在意。

上列的六個發抒情感的例子，都是因了歷史的社會的關係而各異的；其各異底基因，是各個人底環境。

至于知識，也較難說明，這也是因爲歷史的、社會的關係，弄成太複雜了的緣故。我們試以「拼音文字」爲例。凡是主張拼音文字的人，當然是認清了漢字不是一種適用的工具才主張的。但是他們對于漢字，有好多不同的態度：（一）沈學、盧戇章、蔡錫勇、勞乃宣、王照等創製「簡字」的人，他們主張拼音文字只給那些不識字的人去使用，並不主張廢棄漢字；（二）主張「注音字母」（現改稱「注音符號」）的人，有的主張把注音字母附在漢字旁邊（像日本底假名；近來，日本竭力限制漢字底使用，這在這些人，是視若無睹的，）有的人主張注音字母不依傍漢字，獨立使用；（三），有的人，主張用「國語羅馬字」「漢字書法拉丁化，」這是把漢字完全廢棄了（甚至于「面貌」也不保留了。）這些主張，都是歷史的、社會的關係限定了的。

如上所述，文章中的意思，都是由作者底經驗及知識織成，并且加上了歷史的社會的限制的。（關于意思底「眞實的」及「正確的，」請參照第五章文章底材料；關於歷史的社會的關係底詳細的說明，請參照第二章文章底本質。）

第二節　表達意思的工具

把我們底「意思」表示出來，及傳達給別人的工具，在現在，是語言和文字（連起來的簡稱，是「語文」）。

這種「表」「達」意思的工具的語文，是社會的產物；社會是變遷着的，所以語文也隨着社會而變遷着的。

在這一節里，我們分兩段講述：（一），語言與文字；（二），語文底變遷的大勢。

第一段　語言與文字

語言底外表的聲音（從語言底外表，加以分析，語言是由聲和韻組織而成的，聲和韻底合稱叫作音，也叫作聲音。）是由我們肉體的物質器官及其作用而發生的。「構成語言惟一之原料，即肺臟所流出之空氣；肺臟者，人身空氣製造所，語言原料所由出也。因其種類、容量、共鳴器、調節機關之差，乃生種種之調節（Articulation）。此有調有節之聲音，加以意義，則爲言語。」（胡以魯國語學草創頁九。）

所謂「此有調有節之聲音，加以意義，則成言語，」這便是說，語言底外表的聲音，要與語言底內函的思維底產物的意思聯結起來，這才構成了語言。

所以，我們在講述語言底表示及傳達意思之前，得先講述語言與意思底源頭的思維底關係。

在語言與思維底關係上來看，思維是一種潛伏着的語言，語言是用聲音這工具顯示出來的思維。思維中的抽象概念，是依藉語言才固定了起來的，別一方面，促進思維對于事物的抽象作用；所以，語言一方面是由思維構成的，別一方面，是發達思維的工具。這是語言底第一種的功能。

語言底第二、第三種的功能，是表示及傳達。隨着社會底進步，人類間有交換意思的必要，語言便來擔任了這個任務。

關于表示及傳達這兩種功能，有一點得在這里述及。表示及傳達，是聯繫在一起的，所以，這里，發生了「國語」和「方言」底交涉的問題。「時有古今，地有南北，字有更革，音有轉移：亦勢所必至。」（陳第毛詩古音考）語言因爲地域的關係，及其他各不相同；但是，別一方面，爲了傳達底關係，要求語言底相當的統一：這里，發生了「國語」與「方言」底交涉的問題。現在的以「藍青官話」爲國語這條路是走不通的；將來的路，定是各地方言底混合。

語言底第四種的功能，是蓄積。人類假使沒有語言保存他底經驗和知識，那末，每一個人都得從新實地經驗起，以取得經驗和知識，這便經驗和知識不會豐富起來，人類底思維也不會發達起來。

至于文字，一般地說來，是隨着社會底進步，代替從嘴巴到耳朵的語言，依藉一種的形體，仍語言之舊地包括着聲音及意思（一般叫作意義）從手到眼睛的表達意思的工具。

文字底功能，和語言稍稍不同。語言底第一種及第四種的功能，在文字中，是合而爲一了。語言底第一種功能，是就各個人而言的，第四種功能是就社會而言的；在文字中，個人是遮蓋在社會之下了，所以，合而爲一了。至于語言底第二及第三種的表示及傳達的功能，文字與語言是一樣的。

雖則如此說，但文字底表示及傳達的功能，因爲牠是依藉形體的，所以能傳遠，不如語言底局限于面對面的。文字底蓄積的功能，也是因爲牠是依藉形體的，可以把經驗和知識，詳盡地傳諸後代人，便是所謂能傳久的，不如語言底局限于附麗在流傳的語言上的經驗和知識的（近來有了播音器及蓄音器，也能相當地傳遠及傳久了。）

上面，是敍述語言及文字底功能。

這里，我們敍述語言及文字底交互的關係。

如前所述，語言是由聲音及意思（卽意義）構成的。文字是由形體、聲音及意義構成的。在這里，我們可以知道，文字底構成比諸語言，多了形體的一項。

這形體的一項，從「文字代替語言」的原則上來看，形體是紀錄聲音的；從形體底起源上來看（如標木結繩、刻棒法、貝帶等在一種物體上給以記認以表達意思的。）形體是自己獨立的，並不是紀錄聲音的。但從形體底發展上來看（隨着社會底發展而發展的，）是漸漸從形體底獨立發展到純粹紀錄聲音的。

中國文字（卽所謂「漢字」）形體底構成，有所謂「六書。」六書底先後，據最早的班固底主張，是象形、象事、象意、象聲、轉注、假借。（漢書藝文志，）卽象形、指事、會意、形聲、轉注、假借。象形如⊙☽（日月，）指事如・二・（上下，）會意如八（卽背）厶爲「公，」合刀牛角爲「解，」反「正」爲「乏」（正爲受矢，乏爲拒矢。）這些，都是從獨立的形體上發展的。到了第四項的形聲，便從形體進展到聲音底紀錄了。形聲的「形，」還是形體，「聲」便是聲音底紀錄了。例如「錯錯而鳴者呼之曰鵲，啞啞者謂之鴉，」鳥是形體，昔、牙是聲音。又如「芝」从艸，形；从之，諧音。「江」从水，形；从工，諧音。至於轉注，是「一個意義因地方或時代不同而變了讀音的，……例如甲地讀『謀』字之音如『某，』所以用『某』字作音符，乙地不讀如『某』而讀如『莫，』于是改用『莫』字作音符而添造『謨』字。又如『父』『母』兩個字，在述說時讀爲『ㄈㄨ』『ㄇㄨ，』而稱呼時則變爲『ㄅㄚ，』『ㄇㄚ，』於是添造『爸』『媽』兩個形聲字（『父』『母』都是象形字。）諸如此類，都是一義化爲數音而造成數字的。這便是『轉注』（說本章炳麟。）——就文字的形式上看，轉注還是形聲；但就『一義數音卽造數字』這一點上看，可知表音文字的勢力一天大似一天了。」（錢玄同漢字革命！國語月刊一卷七期漢字改革號頁一二。）如揚雄輶軒使者絕代語釋別國方言所列，各地有各地底讀音，便各地有各地底字；這便有以紀錄聲音爲主的趨勢了。假借，這是純粹的紀錄聲音的文字了。「例如『勼聚，』不用『勼』而用『鳩』來表示『勼』的音；『仁誼，』不用『誼，』而用『義』來表示『誼』的音：『誼』的音簡直就是拿『鳩』『義』兩個字當作注音字母而把他獨立的用了。」（沈兼士國語問題之歷史的研究，國學季刊一卷一號頁六六。）「……總而言之，對于固有的文字都作爲注音字母用，這便是假借。說文定假借的界說道，『本無其字，依聲託事。』這話尚未能包括假借的全體。『本無其字』的，固然只要假借一個同音的字便得了；就是那『本有其字』的，也不妨隨便寫一個同音的字，所以『飛鴻』可以寫作『蜚鴻，』『歐陽』可以寫作『歐羊，』『憔悴』可以寫作『蕉萃，』『髣髴』可以寫作『放物，』漢字到了用假借字，便是純粹的表音文字了。」（錢玄同漢字革命，同上頁一二——一三。）例如「委蛇」這個詞兒，有七十四種寫法。「見吳玉搢別雅「委蛇」條疏引及許翰別雅訂案語(附丁善昌丁艮善案語)，載李中昊編文字歷史觀與革命論頁二一一——二一4」。

我們上面敍述中國文字形體構成底變遷，是用以證明，形體是紀錄聲音的。因爲形體是紀錄聲音的，所以注音字母、國語羅馬字或漢字書法拉丁化，這是一條當然的必走的路。

同時，文章中從前的關于形體的修辭法，現在都可以丟掉了。如劉勰文心雕龍練字第三十九中說，「……是以綴字屬篇，必須練擇：一，避詭異；二，省聯邊；三，權重出；四，調單複。詭異者，字形瓌怪者也。……聯邊者，半字同文者也。……重出者，同字相犯者也。……單複者，字形肥瘠者也。」又如修辭形態之一的依藉形體的「析字，」如「丘八」（析「兵」字，）「少不得言身寸」（儒林外史三十二回，析「謝」字，）「你共人女邊着子，怎知我門裏擔心」（黃山谷兩同心，析「好悶」二字，）「兩火一刀名素勝，十分雙潤地長靈」（趙汴郡齋偶成詩，析「剡」字。）這些依藉形體的修辭法，將來當然將隨着漢字底廢棄而廢棄的。

在這里，我們可以知道，文字與語言，除了文字依藉紀錄聲音的形體以傳遠傳久之外，只有因爲語言是從嘴巴到耳朶，文字是從手到眼睛的底不同了。

語言底聲音底高低強弱等，在文字上是用形體底變化來表達的。如影片秋扇明燈中，女主人公史縵雲底父親垂危時，對史縵雲說，

「你……們……很……恩……愛，……我……也……安……心……了！」

用形體底漸小及加「删節號，」表示病人底臨斷氣時的無力。又如喊救命時，有用下列的方式來表示的：

救命！救命！救命！救命！救命！救命！

這是表示喊救命時的逼切的。又，文字可以用顏色（如廣告）每個段落可以用另一行書寫等等，這在語言中，是無法可以表示的。又，用語言述說時，可以用身勢來幫助（如演說）用文字寫作時，

可以用圖畫來幫助（如幼稚園課本。）這些，都是因了一個用聲音，一個用形體來表達的底不同。

除了上列的兩項之外，文字與語言，可以說是同一的了。

第二段　語文底變遷的大勢

語文是隨着社會底變遷而變遷的，其變遷的大勢，大約可以分爲下列的兩項五目。第一項，詞兒底變遷：(1)詞兒底簡賅化；(2)詞兒底精密化；(3)詞兒底增加。第二項，句子底變遷：(4)句子底簡賅化；(5)句子底精密化。此外還有一項，要附帶述及，便是標點符號底使用，把牠作爲附錄。

(1)　詞兒底簡賅化

詞兒底簡賅化，其原因有兩種：(1)社會底變遷；(2)語文底變遷。

如說文牛部。犢，小牛；犕，二歲牛；犙，三歲牛；牭，四歲牛。牡，畜父也；牝，畜母也。牷，牛純色；牻，白黑雜毛牛；㸌，白牛；犥，牛黃白色；𤙔，黃牛虎文；犉，黃牛黑脣。這些區別，現在都在「牛」這類名上加以形容詞而簡賅化了。如小牛，兩歲的牛，三歲的牛，四歲的牛，雄牛，雌牛（從前叫公牛，母牛）……等。

如禮記中說，天子死曰崩，諸侯死曰薨，大夫死曰卒，又君子曰終，小人曰死。現在，上自大總統，下至擔糞翁，都簡賅化叫作「死」了。

上列兩例，是因了社會底變遷的。

又如爾雅中說，「印、吾、台、予、朕、身、甫、余、言，我也。」這在現代語文中，只有一個「我」的詞兒了。(在所謂「文言文」中，還用吾、予、余等，還有僕、儂等。)(在方言中，有北方的咱、俺，廣東客家人底「涯」等。)

如方言中說，「慎、濟、瞖、惄、溼、桓，憂也。宋衛或謂之慎，或曰瞖。陳楚或曰溼，或曰濟。自關而西，秦晉之間，或曰惄，或曰溼。」現在，只有「憂愁」的一個詞兒了。

上列兩例，是由于語文底變遷的。

(關於由于語文底變遷的例子，有一句話得述及。如上舉爾雅的例，是屬於「古今語」的，古語已死，今語中已由「我」統一了。又如上舉方言的例，這是屬於「地方語」的，古代地方語固然已死，但現在的地方語還是很龐雜的。如國語中的「什麼，」上海叫「啥，」廣東叫「乜。」又如國語中的「一個人，兩個人，」蘇州叫「一個子，兩家頭。」這是相當的國語統一的問題底一個重要的課題。

（2） 詞兒底精密化

詞兒底精密化，也是由于社會底變遷及語文底變遷的；在這里，不能像詞兒底簡賅化那麼地，分別得清清楚楚來敍述的。

這里，可以分爲三項來敍述：一，「詞同義反」底精密化；二，「一詞數義」底精密化；三，「數詞一音」底精密化。

一 「字同義反」底精密化

「方言云，『苦，快也。』郭注云，『苦而曰快者，猶以臭爲香，以亂爲治，以徂爲存。』此訓義之反覆用之是也。」

「廣韻，『終，竟也。』故終有末義。如易雜卦『女之終也，』書君奭『其終出於不祥』是。然終又訓爲自，則有從起之義。漢書南越傳云，『終今以來，』猶云自今以來也。此一字兼含二義之證。」

（上兩例，見劉師培古書疑義舉例補二義相反而一字之中兼具其義之例條。）

「……公羊莊二十八年傳云，『春秋，伐者爲客，伐者爲主。』何注云：伐人者爲客，長言之；伐者爲主，短言之。然則『伐者爲客』之伐，指伐人者，主事之詞也；『伐者爲主』之伐，指見伐者，受事之詞也。而公羊傳文，只皆曰伐。史記范雎蔡澤列傳云，『人固不易知，知人亦未易也。』『人固不易知』者，謂賢者不易見知於人，此知字受事之辭也；『知人固不易也』之知，則主事之辭。而史記只皆曰知，初學者便疑其語意複沓矣。墨子耕柱篇云，『大國之攻小國，攻者農夫不得耕，婦人不得織，以守爲事；攻人者亦農夫不得耕，婦人不得織，以攻爲事。』以攻者爲受事之詞，攻人者爲主事之詞，與史記同。雖墨子精於名理，亦不肯於攻者之上，加一見字，稱見攻者以示嚴密也。」（見楊樹達古書疑義舉例續補施受同辭例條。）

這種「詞同義反」的情形，在現代的語文中，已完全分別得清清楚楚了。

在現代的語文中也有和「詞同義反」相似的情形，便是修辭法中所謂「倒反格」（見陳望道修辭學發凡頁二四五——二四九。）或「舛辭格」（見唐鉞修辭格頁六八——六九。）如：

猛見了可憎模樣。（西廂記，可憎，可愛也。）

俏娘兒指定了杜康罵，「你因何造下酒，醉倒我寃家。……」（馮夢龍掛枝兒罵杜康，寃家，指情人。）

一席話說的倪繼祖一言不發，惟有低頭哭泣。李氏心下爲難，猛然想起一計來，須如此如此，這寃家方能回去。想能說道，「孩兒不要啼哭。我有三件，你要依從，諸事辦妥，爲娘的必隨你去如何？」倪繼祖連忙問道，「那三件？請母親說明。」（三俠五義七十二回，這寃家卽指孩兒。）

這是「或因情深難言，或因嫌忌怕說，便將正意用了倒頭的語言來表現」的（陳望道修辭學發凡頁二四五，）與混雜的「詞同義反」的情形完全不同。

二　「一詞數義」底精密化

從前的語文，常常一個詞兒包含好幾種的意義，現在由于複音詞底增加而精密化了。

如當作名詞用的「道」這個詞兒，有「道理、」「道路、」「方法」或「法子」的三種解釋：

（1）率性之謂道。（中庸）——道理。

（2）道遠難通。（國語）——道路。

(3)此危道也。(史記)——方法或法子。

如「樂」這個詞兒有三種解釋，在從前的語文中，要從聲音上去辨別他，現在精密化了，在詞而上便可以辨別了。

(1)先王以作樂崇德。(易)(樂，逆學切)——音樂。

(2)與民同樂。(孟子)(樂，勒咢切)——快樂。

(3)知者樂水，仁者樂山。(論語)(樂，義效切)——喜歡。

上列兩例，是就詞兒講述的；這里，再就句子來舉兩個例。

「家大人曰：終風篇，『終風且暴，』毛詩曰，『終日風爲終風。』韓詩曰，『終風，西風也。』此皆緣詞生訓，非經文本義。終，猶『旣』也，言旣風且暴也。」(王引之經義述聞卷五終風且暴條。)

「國語楚語，『吾聞君子唯獨居念萬世之崇替。』按：崇替二字，『對文。』韋注曰，崇，終也；替，廢也。』是未達『崇』字之義。文選東京賦薛琮注曰，『崇，猶興也。』然則崇替猶言興廢。」(俞樾古書疑義舉例卷七兩字對文而誤解例條。)

上列兩例中的詞兒，或作終日風、西風、旣，或作廢滅、興廢，便很明確了。

還有下列那一類的詞兒，便是「通儒」「學者」也鬧得頭昏了。

「史記載樂毅報燕惠王書云，『薊丘之植，植於汶篁。』索隱云，『言燕之薊丘所植皆植齊王汶上之竹也。』兪氏古書疑義舉例卷一云，『此亦倒句；若順言之，當云「汶篁之植，植於薊丘」耳。』今按：如兪氏之說，則文字顚倒太甚，殊不合理。曾氏國藩據說文釋篁爲竹田，謂汶篁爲汶上之竹田；說亦未協。蓋樂毅此書，意在誇示己爲燕伐齊之功績，上文『齊器設於寧台，大呂陳於元英，故鼎反乎磨室』三句，皆指在齊之物移入於燕而言；若如曾說，則與上文不類，非毅設言之意矣。今按：此『於』字，亦當訓爲『以』；言『薊丘之植，植以汶篁』耳。」（楊樹達古書疑義舉例續補於作以義用例條。）

「『者』爲別事之詞，人人所知也；然古人恆用以表類似之義，與孟子『無若宋人然』之『然』字用法略同。……。『者』字表類似之義之見於揣擬者，如論語鄉黨篇云，『孔子於鄉黨，恂恂如也，似不能言者。』史記信陵君傳云，『於是公子立自責，似若無所容者。』馬氏文通卷三云，『此猶云公子自責其愧悔之狀，一如無地以自容之人也。』以『人』字釋『者』字，誤。又石奮傳云，『建爲郎中令，事有可言，屏人恣言極切，——至廷見如不能言者。』馬氏云，『至廷見時，其嚅囁之情，一若不能言之人也。』亦誤釋『者』字爲『人』字。」（同上者作然義用例條。）

上列兩例中的情形，在現代的語文中早早精密化了。在現代的語文中也有「一詞數義」的（當然，詞性底關係是在外的。）如「道理，」「有」「道理」及「辦法」的兩義：

「鳳四老爹道，『這個不妨，我有道理。明日我同秦二老爺回南京，你先在嘉興等着我，我包你討回，一文也不少，何如？』」（儒林外史五十二回）

「和尙認得陳木南，指着橋上說道，『你看這丁言志，無知無識的走來，說是鶯脰湖的大會是胡三公子的主人，我替他講明白了，他還要死強；——並且說我是冒認先父的兒子！你說可有這個道理？』」（儒林外史五十四回）

又如當作「房子」講的「房屋，」可以下面那麼用：

「牛老道，『孫兒，我不容易看養你到而今。而今多虧了你這外公公替你成就了親事，你已是有了房屋了……』」（儒林外史二十一回）

這便成了「老婆」「家小」的意思了。

「道理」的例子，看了上下文可以瞭解；「房屋」的例，知道了修辭法也便可以懂得。

三　「數詞一音」底精密化

「數詞一音」底精密化，便是複音詞底增加，這是現代語文底最要重的一種變遷。複音詞底增加，不但精密化了「數詞一音」，也精密化了「一詞數義。」

「例如師、獅、詩、尸、司、私、思、絲八個字，有許多地方的人讀成一個音，沒有分別；有些地方的人，分作『尸』（師、獅、詩、尸）『ㄙ』（私、司、思、絲）兩個音，也還沒有大分別。但是說話時，這幾個字都變成了複音字：師傅，獅子，（詩歌）死屍，尸首，偏私，私通，職司，思想，蠶絲：故不覺得困難。」（胡適文存卷三國語文法概論頁二一——二二）。

又如給、急、級、吉、及、極這六個同音詞，在現代語文中，「給」這個詞兒底聲音已變為 geei 了；

急，作急忙；級，作等級、階級；吉，作吉利；及，仍作及，或作以及；極，作極其或作很。

這種由單音詞變為複音詞的趨勢，是早有了的；如王引之經義述聞卷三十二經傳平列二字上下同義條及俞樾古書疑義舉例卷七兩字一義而誤解例條所列舉的都是。如：

無弱孤有幼。（書盤庚）弱孤猶言弱寡，皆輕忽之義也。

昏憂天下。（書商誓）昭十四年左傳注曰，「昏，亂也。」襄四年傳注曰，「擾，亂也。」（擾即憂）昏擾二字同義。

俾爾單厚。（詩天保）傳曰，「單，厚也。」單厚一義。

謂我宣驕。（詩鴻雁）宣，猶驕也。

從前的語文因為是單音詞，所以假使寫了「白字」便大多成了「天書」了。

「譬如對人說：

『始仁㱖兒題』

五個字音，聽者要不是昨天晚上在那儿溫習左傳某公的，一定不會懂這是『那猪像人似的站起來叫』的意思，非得要看了『豕人立而啼』才曉得是甚麼意思。」（趙元任國語羅馬字的研究，見國語月刊漢字改革號頁八九。

吳稚暉舉了一個現代語文的例子，恰巧和上列的例子相反；完全寫了白字，還是一樣地懂得牠底意思。（補救中國文字之方法若何，新青年五卷五號。）

衆話命鍋低伊柯縱通交巽問；低而柯交寃師欸；低散柯交里怨閔；低思柯交奉果丈。

中華民國第一個總統叫孫文；第二個叫袁世凱；第三個叫黎元洪；第四個叫馮國璋。

假使因爲不知道這個歷史的事實而不懂，那是知識的問題，不是語文的問題了。

（3） 詞兒底增加

詞兒底增加，在文章上來看，可以說是由兩種原因構成的：（1）社會底進展；（2）活潑潑的「口語」（或者叫作「口頭語」）底使用。

從社會底進展上來看，歷史的事實早已證明給我們看了，如漢代底說文解字只有九千三百五十三個字，到清代底康熙字典，增加到四萬七千另三十五個字，增加到五倍。

現在，社會更進展了，事物更增加了，文化更增高了，抽象的力量更增大了，表現的方法更多了，……因此，詞兒大大地增加。

例如說文中从「木」的字祇四百十九個，從「艸」的祇四百四十二個（據段氏注，）總共不到九百個字；現在，知道世界植物底總數已在四十萬種以上。例如，現在知道了電氣，一般人知道的電燈、電話、電報、電車、電爐、電梯、電扇、電鈴、電氣熨斗等等都是從前人所不知道的；至於電學上的詞兒，這是更多更多了。又如，經濟學上的勞動、勞動力、價值、價格等等的詞兒，都是到了現代，才能從事實中抽象出來的。「外來語」（印度的早有了）如新狄加、法西斯蒂等，不消說是隨着社會底進展而增加的。

這里，再敍述活潑潑的「口頭語」底使用。文章中，自使用口頭語之後，詞兒大大地增加。其中，以形容詞和副詞爲最多。（名詞底增加，以隨着社會底進展而增加的爲多。）

例如用作形容詞的這些，那些，雄赳赳的，醉醺醺的，一搖三擺的，怪模怪樣的，瘋瘋傻傻的，自然的，熱烈的，黃金色的，紫銅色的，淡淡的，疏疏的等等。又如用作副詞的羞答答，冷清清，眼睜睜，橫豎，反正，絕對地，密切地，冷不防，不消說，差不多，老是，多早晚，一塊兒，索性，簡直，儘管等等。又如用作動詞的傾銷，舉行，開會，參加，打算，應該，好像等等，用作介詞的關于，對於，除非等等，用作連詞的這才，甚至於，比方，反而等等用作助詞的嘞，咯，哩，呢，罷，罷了，就是了等等，用作嘆詞的哎吓，嗳呀，嘿，喔唷，喂等等，都是由於活潑潑的口頭語底使用而增加了的（代名詞雖也增加，可是簡賅化了。）

現代的語文中增加的詞兒，不論是由於社會底進展或者口頭語底使用，什九都是複音的（單音詞當然還有，而且永遠有，但爲數不多。）可是，有一點是應該注意的，便是，除了儘可能地使用詞兒時選擇複音詞及把詞單音改造成複音詞之外，如化學上的鎢、鉬、銻、矽、硫、氫、氦及度量衡上的瓩、瓱、粴、粉、竡、竏、粨、糎這些怪字（不知是那個聰明的糊塗虫做「倉頡」的。）都是應該改造過的。

上面，我們把詞兒底簡賅化、精密化及增加，都敍述過了；到這里，我們可以明白，一般一知半解的人說「白話」的字不夠用是完全錯誤的。我們只嫌中國底文字，不能把「口頭語」中的聲音完全表出來，如最近教育部底全國國語教育促進會製定的蘇州方音注音符號表，便有好幾個聲音是沒有適當的文字表示出來的。

（4）句子底簡賅化

在文章中，單位是詞兒、句子、段落及篇章，所以，語法中一切關於「詞位」和「句式」的規則（「詞類」或「詞性」歸入詞兒，段落及篇章各歸段落及篇章。）在這里，都歸入「句子」中。

關於句子底簡賅化，這里試指摘三個顯著的例。

一　代名詞詞位底簡賅化

例如第一身稱代名詞（卽人稱代名詞，）這在從前的語文中，用法很複雜，在現代的語文中是齊整劃一了。

「第一位人稱代名詞，在左語同魯語裏邊是『我』同『予』（此字較少，當作親密和客氣的格式。）甚麼狀態都通用（我，我的，我們，我們的；）還有『吾』是限於主格同領格的（我，我的，我們，我們的，）從來不用作受格（直接的或間接的或在介詞後邊的。）」（珂羅倔倫著陸侃如譯左傳眞僞考頁七八。）例如：

主位

我非生而知之者。（論語）

今者，吾喪我。（論語）

領位

可以濯我纓。（孟子）

我善養吾浩然之氣。（孟子）

賓位

如有復我者，則吾必在汶上矣。（論語）

明以教我。（孟子）

爲我作君臣相悅之樂。（孟子）

（在否定句中，「吾」也可以用在賓位。如左傳襄公十一年，「楚弱於晉，晉不吾疾也。」論語先進「不吾知也。」用在領位的「吾，」如「我善養吾浩然之氣，」「何以利吾國，」「何以利吾家，」「何以利吾身，」同時是用在賓位的。）

在現在，不論主位或賓位，單數用「我，」複數用「我們；」領位，單數用「我底，」複數用「我們底。」

第二身稱代名詞及第三身稱代名詞，在從前的語文中，用法也很複雜。一般的用法是：

第二身稱代名詞 ⎰ 爾、女、汝，用于主位、領位及賓位。
　　　　　　　 ⎱ 而，用于主位及領位。

第三身稱代名詞 ⎰ 彼，用于主位。
　　　　　　　 ⎨ 其，用于領位。
　　　　　　　 ⎱ 之，用于賓位。

在現在，不論主位或賓位，單數用「你」及「他」，複數用「你們」及「他們；」領位，單數用「你底」及「他底，」複數用「你們底」及「他們底。」

二　代名詞作「倒賓」底正格化

一般的正格的句子，其形態是：

武松打老虎。　主語——動詞——賓語

在從前的語文中，當代名詞用作賓語時，時常倒轉來，把賓語放在前面，把動詞放在後面；這有四種形態。

一，「賓係一般『代詞，』而爲否定句者，古文中直以倒置動前爲常。」例如：

例一　吾問狂屈，狂屈欲告我而不我告。（莊子知北遊）

例二　先君之不爾逐可知矣。（公羊隱三年）

例三　我未見力不足者，蓋有之矣，我未之見也。（論語）

如例一，賓語「我，」是代名詞，「不我告」是否定句；因此，把動詞「告」倒置在用作賓語的代名詞「我」底後面。

二，「賓係『疑問代詞，』古文中以倒置動前爲常。」

例一　吾誰欺；欺天乎？（論語）

例二　內省不疚，夫何憂何懼。（論語）

如例一，賓語「誰，」是疑問代名詞；因此，把動詞「欺」倒置在用作賓語的疑問代名詞「誰」底後面。

三，「『子句』中，賓係『聯接代詞。』——『所』字，則必倒置動前。」

例一　己所不欲，勿施於人。（論語）

例二　綠兮絲兮，女所治兮。（詩邶風綠衣）

如例一，「己所不欲，」是一個「子句，」賓語「所」是聯接代名詞；因此，把動詞「欲」倒置在用作賓語的聯接代名詞「所」底後面。

四，甚至於「凡代爲賓，悉可倒置動前；」但是，這種句式在古文中也用得不很多。

例一　民獻有十夫予翼。（書大誥）

例二　葛之覃兮，施於中谷維葉莫莫，是刈是濩。（詩周南葛覃）

例三　爾貢包茅不入，王祭不共，無以縮酒，寡人是徵。昭王南征而不復，寡人是問。（左傳僖四年）（「寡人是徵」及「寡人是問」底「是，」是代名詞，代「寡人，」重疊地以增強語勢。）

如例一，賓語是代名詞「予，」並非否定句，賓語也不是疑問代名詞，並非子句及賓語爲聯接代名詞，也把動詞「翼，」倒置在用作賓語的代名詞「予」底後面。

上列四種形態，都變格成了：

主語——賓語——動詞　或　主語——否定詞——賓語——動詞

這些，在現代的語文，都正格化了。如：

不我告　成了　不告訴我

吾誰欺　成了　我欺侮哪個

己所不欲　成了　我不要的

是刈是濩　成了　割牠煮牠

其中，只有「所」這詞兒，承古語底殘餘，常作倒賓，如「據我所知。」（便是「據我所知道的」）

（見黎錦熙比較文法頁四九——五五；胡適國語文法概論，載胡適文存卷三頁二九——三四。）

三　單數複數和陽性陰性底類名化

從前的語文中，有單數複數底分別，有陽性陰性底分別，現在都類名化了。

關於單數複數底分別，如：

單數	複數	類名化
馬	驫（衆馬也）	許多馬
草	茻（衆草也）	許多草
口	㗊（衆口也）	許多嘴巴
隹	雥（羣鳥也）	許多鳥
隹	雔（雙鳥也）	兩隻鳥
魚	鱻（二魚也）	兩尾魚
百	皕（二百也）	兩百

關於陽性及陰性底分別，如：

陽性　麒　麐　麚　麌　貛　鳳　鴛　鵻　羒　羭　騭　驪

陰性 麟 麐 麀 麞 狠 凰 鴦 鴹 牂 羖 騇 騋

這些，在現代的語文中，都類名化了。如麒麟、鳳凰、鴛鴦成了複音詞了（只鳳凰有時還分開來用，如「鳳求凰；」）其餘成了雌麐、雄麐，雌鹿、雄鹿，雌麞、雄麞，雌狠、雄狠等等了。（陽性陰性分別的例子，錄自金兆梓國文法之研究。）

(5) 句子底精密化

關於句子底精密化，這里試指摘三兩個例子。

一 代名詞單複數底精密化

在從前的語文中，代名詞底單複數是隨便用的，現在，有了精密的規則了。例如：

例一 王若曰「格汝衆！予告汝訓汝……」

例二 「凡爾衆其惟致告自今至於後日各恭爾事……」（上兩例，俱見尚書盤庚上。）

例三 梓匠、輪輿、其志將以求食也。（孟子）

例四 馮唐者，其大父趙人；父徙代，漢興，徙安陵。（史記馮唐傳）

例一底「汝，」便是汝衆，卽你們；例二底「爾，」便是爾衆，卽你們。例三底「其，」是複數，指梓匠及輪輿，在現代的語文中作「他們底；」例四底「其」是單數，作「他底。」（在「老白話」中，指水滸、儒林外史等之中，也有單數複數混用的；在現代的語文中，漸漸精密化而不混用了。）

在現代的語文中，人稱代名詞底單數複數，已有精密的規則了。如：

位別＼數別	單數	複數
主位	你	你們
賓位	你	你們
領位	你底	你們底

（此外，指示代名詞及指示形容詞底單複數，也已精密地規定了。）

二 「的」「底」「地」及「他」底分化

「的」「底」「地」及「他」底分化，雖則「的」（或「底」）與「地」底分化在唐代已開始（如希運語錄，「那得樹上自生底木杓？」）我們可以說，這兩項的精密化，是「歐化」了的，而且，這是「目治」的（便是，不是「耳治」的，在拼音文字裏是成了問題的。）

「的，」用作形容詞底語尾（「的」底用法很多，這里，單就分化講）「底，」用作代名詞底領位及名詞（包括名詞語及名詞句）後的介詞以表所屬；「地，」用作副詞底語尾。

「他」底分化，便是「性」的區別。男性用他（單數）及他們（複數，）女性用她或伊及她們或伊們（這是五四後些時的用法，現在，普通都用「她」及「她們，」「伊」還被偶然使用，「伊們」是沒有人用了，）中性用牠或它及牠們或它們（牠們或它們，很少使用。）

還有一個詞兒，也是精密化了的（也是「目治」的，）便是「那，」指示詞用「那，」詢問詞用「哪。」

附　標點符號底使用

標點符號底使用，是幫助句子底「明確」的（是句子，不是詞兒，也不是段落或篇章。）這里，只是舉幾個例子。

例一　「我生不有命在天。」（尙書西伯戡黎）「據史記，則句末有『乎』字；」如不加「乎，」

應作「我生不有命在天？」

例二　「于以采蘩，于沼于沚；于以用之，公侯之事。」（詩召南采蘩）「以假爲台，何也。」所以應作「于以采蘩？于沼于沚。于以用之？公侯之事。」

例三　「五年，諸侯及將相相與共尊漢王爲皇帝；漢王三讓，不得已，曰『諸君必以爲便……便……國家……。』甲午，乃卽皇帝位汜水之陽。」（史記漢高祖本紀。）「上文重言便便，便國家之下，亦本當有表示允諾之辭，而高祖蹇澀未言，史公卽亦據情述之，而高祖急於稱帝之心，及其故爲推讓之狀，躍然如在目前矣。」

例四　「叔孫宣伯之在齊也，叔孫還納其女於靈公，嬖，生景公。丁丑，崔杼立而相之，慶父爲左相，盟國人於太宮曰，『所不與崔慶者——』晏子仰天嘆曰，『嬰所不唯忠於君，利社稷者是與，有如上帝！』乃歃。」（左傳襄二十五年）「此亦崔慶之語未畢，而晏子插言，故杜注云，『盟書云，「所不與崔慶者，有如上帝。」讀書未終，晏子抄答易其辭，因自歃。』是也。」——（以上四例，見俞樾古書疑義舉例及楊樹達續補。）

第三節　作者與讀者

文章，是由作者表示出來，傳達給讀者的。（有的人以爲，如日記的作者，並不是爲了傳達給讀者而寫的。其實不然。日記，至少，是爲了傳達給作者底子孫而寫的；有的，竟是爲傳達給一般的讀者而寫的。）而作者和讀者，在經驗及知識上，都是有着限制的（此外，如思索力、想像力、時代、社會及個性等都是條件。）所以作者底做文章及讀者底讀文章都受了限制，同時，便發生了作者與讀者之間的交互的條件。

這里，先就作者底受着經驗及知識底限制，加以說明；第二，說明讀者之受限制；第三，說明作者與讀者間的交互的條件，這便是說明，當作者做文章的時候，應該擇定他底讀者；最後，帶便述及教員對學生出題目的時候應有的注意。

（一）作者之受經驗及知識底限制，是很顯著的事實。例如，我們沒有到過西湖，便不能描寫西湖；我們不懂文字學，便無從談文字學。例如：

談說製文，援引古昔，必須眼學，勿信耳受。莊生有乘時鵲起之說，故謝朓詩曰，「鵲起登吳台；」吾有一親表作七夕詩云，「今夜吳台鵲，亦往共塡河。」羅浮山記云，「望平地樹如薺，」故戴暠詩云，「長安樹如薺；」又鄴下有一人詠樹詩云，「遙望長安薺。」皆耳學之過也。——顏之推家訓勉學篇。

又如：

詞與字是怎樣分別的呢？字是一個單字，是一個單純的個體，不能代表一種觀念，一種思想的；而詞卻可以表示一種觀念或一種思想的。譬如說「你，」「我，」「他，」「人，」「書」等等都是字；「人類，」「書籍，」「世界」等等，就是詞了。我們再分析下面的一句：

「上海」是「中國」第一個「都會。」

這一句共有十個單字，三個詞，卽「上海，」「中國，」「都會。」——見世界書局出版的顧鳳城新文章作法第四章新文章底構造。

連「詞」與「字」都不能分別，居然說「怎樣分別的呢，」來分別給我們看。「詞，」一般地講，是一個以上的「字」構成的，但有時卻只一個「字，」如「我、」「你、」「他、」「人、」「書、」「是」便是。而且，「一個單字」的「字，」也都「能代表一種觀念」的，只有少數的場合，如「名物之原有多聲者，如『侏儒』『僬僥』『琥珀』『瑪瑙』『玻瓈』『鸜鵒』『伯勞』之類，」必須用一個以上的字方能代表一種觀念。（至於近代語文中的詞兒底「複音」化，如見於前第二節中的，這是另外一個問題。）「上海是中國第一個都會，」明明是五個詞，即（1）上海，（2）是，（3）中國，（4）第一個，（5）都會。

（二）讀者之受經驗及知識底限制，也是很顯著的事實，不過比作者所受的限制稍寬。例如，一個小學生，他底生活的經驗，只是踢皮球、吃糖等等，對於描寫「生、老、病、死」的文章，毫不感興趣。就知識上講，如不會學畢「算術，」便不能學「代數、」「幾何。」試舉兩個實例來說明。

如儒林外史裏面描寫出來的文人底醜態，一般的青年都不大體會得到，這便是經驗底限制；要多懂一點「世故人情」的人才能體會到。如胡屠戶打女婿范進底嘴巴（第三回）這一段，如嚴監生為了兩莖燈草費油不肯斷氣（第五回第六回）這一段等，都是「世故哲學，」寫的人固然是一個「世故哲學家，」讀的人，也要了解一點「世故哲學」才能「嘗味」牠底意義。

至於知識，這更其顯著。

如不識「古語，」便誤解「古書。」例如：

艸蔡，古語也。說文丰部「丰，艸蔡也象艸生之散亂也。」亦或作草竊。竊與蔡，一聲之轉，艸蔡之爲草竊，亦猶莊子竊竊之或爲察察也。尚書微子篇，「好草竊姦宄。」草竊即艸蔡，其本義爲艸亂，引申之，則凡散亂者，皆得言之故與奸宄連文「好草竊，」即「好亂」也。枚傳訓爲「草野竊盜，」不達古語矣。（俞樾古書疑義舉例卷七不達古語而誤解例條。）

又如不識「古物，」便誤解「古書。」例如：

詩經邶風靜女篇中「貽我彤管」的彤管，有的說「彤管，筆赤管也，」有的說彤管是「硃添的管子，」甚至於有人說是針筒（這是郭沫若說的，見卷耳集。）劉大白說，「我以爲彤就是紅色，彤管就是一個紅色的管子。這紅色的管子，就是第三章『自牧歸荑』的荑。」（見劉大白白屋說詩頁一五七——二三二。）

（二）作者固然受經驗與知識底限制，而讀者也是受經驗與知識底限制的，所以，我們做文章的時候，應該擇定我們底讀者。

例如，教育部公布的「簡體字」（二十四年八月二十一日公布，）我們做文章對小學生說明的時候，只要說簡體字是爲了「便當」教他們把「個」寫作「个」「壓」寫作「压」……就是了。如其對大學生，我們便可以更進一步，說明中國文字底「形體」一代代地變遷下來，到現在已毫無意義，太陽已經長方了（日）牛只有一隻角一隻脚，鳥却有四隻脚了，而且假借字已如此之多，所以已成了一種絕無規則的符號，簡體字既然「便當」當然應該爲了「可省一半工夫」採用簡體字。

又例如，小說是給一般社會看的（雖則其中儘有程度底高下，）所以其中不能夾雜一般人所不習知的事件，專門的學問當然更不消說了。但是，常有一些小說家犯這個毛病。

例如儒林外史（吳敬梓作）第三十七回底「祭先聖南京修禮」：

遲衡山先請主祭的博士虞老先生，亞獻的徵君莊老先生；請到三獻的，衆人推讓，說道，「不是遲先生，就是杜先生。」遲衡山道，「我兩人要做引贊。馬先生係浙江人，請馬純上先生三獻。」馬二先生再三不敢當。衆人扶住了馬二先生，同二位老先生一處。

遲衡山、杜少卿先引這三位老先生出去，到省牲所拱立。遲衡山、杜少卿回來請金東崖先生大贊；請武書先生司麾，請臧荼先生司祝；請季萑先生、辛東之先生、余夔先生司尊；請蘧來旬先生、盧德先生，虞感祁先生司玉；請諸葛祐先生、景本蕙先生、郭鐵筆先生司帛；請蕭鼎先生、儲信先生、伊昭先生司稷；請季恬逸先生、金寓劉先生、宗姬先生司饌。請完，命盧華士跟着大贊金東崖先生將諸位一齊請出二門外。

當下祭鼓發了三通，金次福、鮑廷璽兩人領了一班司球的、司琴的、司瑟的、司管的、司鼗鼓的、司柷的、司敔的、司笙的、司鏞的、司簫的、司編鐘的、司編磬的，和六六三十六個佾舞的孩子，都立在堂上堂下。

（下面，是一套一套的「行禮。」）

這不是在寫小說，是在編「吳公之禮。」

又如鏡花緣（李汝珍作）第三十一回底「談字母妙語指迷團，」這是在編「聲韻學」講義。胡適在鏡花緣的引論中說，「鏡花緣第三十一回，唐敖等在岐舌國，費了多少工夫，才得着一紙字母，共三十三行，每行二十二字，只有第一個字是有字的，或用反切代字；其餘只有二十一個白圈。只有「張」字一行之下是有字的。每行的第一個字代表聲類（Consonants），每行直下的二十二音代表韻部（Vowels）。這三十三個聲母，二十二個韻母，是李汝珍的音鑑的要點。」

衆人收拾開船。多九公要到後面看舵。唐敖道，「九公，那位高徒向來看舵甚好，何必自去？難道不看字母麽？」多九公笑道，「我倒忘了。」

唐敖取出字母，只見上面寫着：

昌○○○○○○○○○○○○○○○○○○○○○
茫○○○○○○○○○○○○○○○○○○○○○
秧○○○○○○○○○○○○○○○○○○○○○
梯秧○○○○○○○○○○○○○○○○○○○○○

羌○○○○○○○○○○○○○○○○○○○○○
商○○○○○○○○○○○○○○○○○○○○○
槍○○○○○○○○○○○○○○○○○○○○○
良○○○○○○○○○○○○○○○○○○○○○
囊○○○○○○○○○○○○○○○○○○○○○
杭○○○○○○○○○○○○○○○○○○○○○
秧枇○○○○○○○○○○○○○○○○○○○○○
方○○○○○○○○○○○○○○○○○○○○○
秧低○○○○○○○○○○○○○○○○○○○○○
姜○○○○○○○○○○○○○○○○○○○○○
秧妙○○○○○○○○○○○○○○○○○○○○○
桑○○○○○○○○○○○○○○○○○○○○○

郎○○○○○○○○○○○○○○○○○○○○○

康○○○○○○○○○○○○○○○○○○○○○

倉○○○○○○○○○○○○○○○○○○○○○

昂○○○○○○○○○○○○○○○○○○○○○

娘○○○○○○○○○○○○○○○○○○○○○

滂○○○○○○○○○○○○○○○○○○○○○

香○○○○○○○○○○○○○○○○○○○○○

當○○○○○○○○○○○○○○○○○○○○○

將○○○○○○○○○○○○○○○○○○○○○

湯○○○○○○○○○○○○○○○○○○○○○

瓤○○○○○○○○○○○○○○○○○○○○○

陝兵○○○○○○○○○○○○○○○○○○○○○

幫〇〇〇〇〇〇〇〇〇〇〇〇〇〇〇〇〇〇〇〇〇

岡〇〇〇〇〇〇〇〇〇〇〇〇〇〇〇〇〇〇〇〇〇

臧〇〇〇〇〇〇〇〇〇〇〇〇〇〇〇〇〇〇〇〇〇

張眞中珠招齋知遮詁氈專張鷗張婀張鵝珠逶珠均張鸞珠帆珠窩珠窪珠歪珠汪

廂〇〇〇〇〇〇〇〇〇〇〇〇〇〇〇〇〇〇〇〇〇

三人翻來覆去，看了多時，絲毫不懂。林之洋道，「他這許多圈兒，含着甚麼機關？大約他怕俺們學會，故意弄這迷團騙俺們的。」唐敖道，「他爲一國之主，豈有騙人之理？據小弟看來，他這『張眞中珠……』十一字，內中必藏奧妙。他若有心騙人，何不寫許多難字？爲何單寫這十一字？其中必有道理。」多九公道，「我們何不問問枝小姐？他生長本國，必是知音的。」

林之洋把婉如蘭音喚出，細細詢問。誰知蘭音因自幼多病，雖讀過幾年書，並未學過音韻。三人聽了，不覺興致索然，只得暫且擱起。

又如國文作法（高語罕著）頁二六——二七，指摘出了一段老殘遊記中關於「五行生尅」

的話。

譬如老殘遊記說：

「老殘道，『山海經原不足據，郭璞又附會注之，故作欺人之談耳。初見光亮，還在四點餘鐘，尙屬寅時；寅者，姙也，陽氣始姙于此時也；陰盛陽微，陽氣上升，陰氣下吸，一升一降，乃陰陽相戰耳……。卯者，茂也，謂陽氣生而孳茂也。陽旺陰微，故陰氣漸退，日光無所遮掩，若騰起的一般，其實陰翳驟去，纔顯出這般景象，又何嘗日能飛騰呢！』」

這一段話，要是對於一個談中國五行生尅的星象家說呢，還可以勉強；現在把他夾在小說裏面，給一般人看，便是忽略了這個問題，——讀者是些什麼樣人？

（四）教員出題目的時候，很要注意到學生底經驗及知識。

例如，在小學校裏，教員出「我底家庭」「昨天底經過」「炎熱的夏天」之類的題目，小學生好好歹歹總可以寫出一篇文章來；如其出個「愛國」的題目，小學生根本不知道什麼叫愛國，愛國與吃糖和踢皮球有什麼關係，小學生完全理解不過來，所以對於「愛國」這個題目，只能綴白卷，或者類似白卷的瞎說。中學生，對於「我底故鄉」「我讀國文的經過」之類的題目，可以應付得過去；一碰到「漢高祖論」「『髮匪』論，」便殭了。大學生，對於「我爲什麼要研究文學」「大學生底前途，」還可以勉強過去，拿到「中國文學史底研究法」「中國社會底前途，」便只好呆住了。爲什麼有的可以寫得出，有的便寫不出：這很簡單，便是他們底經驗與知識限制了他們。如其中的「漢高祖論，」一個中學生對於漢高祖這個人所有的知識，普通只是他們讀過的一部本國史上講到的而已，叫他們如何「論。」又如「中國文學史底研究法，」普通的文學系的大學生，只讀過一部文學史，叫他們如何寫「研究法。」

第二章　文章底特質

文章底特質，如緒論中所述，有三點：（一）歷史性；（二）社會性；（三）個性。

所謂「歷史性，」是指歷史上每一個每一個時代底社會性；歷史是變遷着的，便是每個時代底社會是變遷着的，所以每個時代有每個時代底社會性。

在「歷史性」中講述的社會性，是指每個時代的，同時，是注意到牠底變遷的。在「社會性」中敍述的社會性，是因爲每個時代底社會都異常複雜，因而敍述其複雜性的。

至於「個性，」便是指每個作者底不同的個性；但這是在歷史性及社會性之下產生的，便是在受了歷史及社會底影響之下產生的，便是說，丟開了歷史性及社會性，或歷史及社會，便沒有個性。

這里我們分三節敍述：（一）文章底歷史性；（二）文章底社會性；（三）文章底個性。最後，我們另設一節，講述一個爭論了很久的「載道」「言志」的問題，這是與歷史性社會性及個性相關聯的，把牠作爲附錄。

第一節　文章底歷史性

當講述「歷史性」的時候，有兩點，我們須得注意。第一點，如前所述，歷史上的每個時代底社會都很複雜，所以每個時代底文章也都很複雜。第二點，一種的內容，從某個時代產生之後，會繼續到幾百年幾千年的。例如占卜，盛行於殷代（產生於什麼時候，現在還不能知道，）經周、秦、漢、三國、晉、南北朝，……一直到現在，在資本主義化了的上海，在最繁盛的南京路上，還有「瞎子吳鑒光」；每個時代，都有以占卜爲內容的文章。（詳見容肇祖迷信與傳說頁一至頁六七的占卜的源流。）

這里，試舉幾個實例來說明一下。

例如尙書底盤庚，這雖則不能確定其時代，大概地說，可定爲「商周之際」的作品（「篇首直稱盤庚，當然不是盤庚時代的東西。又如卜辭裏止稱商，不稱殷，這已可以證明他在帝乙之後。

……盤庚恐出於商周之際，乃是殷之遺老，思盤庚而作。」——楊筠如讀何定生君尙書的文法及其年代）「雖不中，亦不遠矣。」關於這篇文章底內容，試仍引楊筠如上舉一文中的說明於后（顧頡剛盤庚中篇今譯中也有說明，可參考，見古史辨第二册頁四三——五〇。）

（一）盤庚裏面表現的，是一種家族的組織，或說是部落的組織，決不像周代國家的組織……。

（a）「盤庚遷於殷，民不適有居。」這是說盤庚要遷，人民不願意遷的意思，所以盤庚大發牢騷，告誡他的臣民。但是一個國君的遷都，關人民甚麼事？又何以人民都要遷？這可以見他們是種部落的組織。君主和人民，是一個整個的小團體，沒有分開的可能。

（b）「盤庚作，惟涉河以民遷，……其有衆咸造。」我們看「以民遷」三字，可以知道他們是全部的遷徙；再看「其有衆咸造，」又可以知道他們全是一種部落組織，所以一喊大家都來了。

（c）「先王不懷厥攸作，視民利用遷。」他何以要遷，因爲「民利」的原因。大概是舊地生活不好了，所以要大家移往新地去。全是爲人民生活的關係。所以他又說「予若籲懷玆新邑，亦惟汝故。」這「汝故」二字，很可注意，「汝」就是上文「民之弗率」的「民。」又說，「予豈女威，用奉蓄汝衆。」也是同樣的意思。

(d)「先王有服，……茲猶不常寧；不常厥邑，於今五邦。」這可證明他這種部落，是時常遷徙的了。

(e)看他一則曰「今予將試以汝遷，安定厥邦，」再則曰「今予將試以汝遷，永建乃家，」「邦」和「家」完全沒有分別，所以也可以說是一種家族組織。

我們看他這種情形，可是東周的情形嗎？不說東周沒有，連西周都找不着……。

(二)盤庚裏面還有一種特別的東西，就是把先王先人看作一種有意識有神權的天神，他可以同上帝一樣罰於人民……。

(a)「予丕克羞爾，……高后丕乃崇降罪疾，曰，『曷虐朕民。』汝萬民乃不生生，暨余一人猷同心，先后丕降與汝罪疾，曰『曷不暨朕幼孫有比。』」你看這種先后，不是同周書裏的上帝一樣嗎？這種觀念，止有殷人信鬼的社會，才會發見。

(b)他又說。「汝有戕則在乃心，我先后綏乃祖乃父，乃祖乃父乃斷棄汝，不救乃死。茲余有亂政同位，具乃貝玉，乃祖乃父丕乃告我高后曰，『作丕刑於朕孫。』迪高后，丕乃崇降弗祥。」盤庚的先后，竟可以同他臣民的祖父，如生人一樣的議定賞罰。盤庚竟拿這種話來恫嚇他的臣民。這種思想，很合商代的情形。

這個例子，是說明盤庚底內容，只有在殷代能產生，到了西周便沒有這種情形了（雖則文章也可以由周人追記。）

又例如韓非底「法治論，」這是戰國末年底社會中才能產生的。這里，引陶希聖中國政治思想史第一册韓非的法治論頁二九五——二九六中的話來說明。

被治者大多數是常人，所以治國須用賞罰。治者大多數也是常人，所以賞罰須依於法。人治論者以爲「有治人，無治法，」所以必須賢人君子執政，才可以求治。韓非駁道：

「且夫堯舜桀紂，千世而一出，非比肩隨踵而生也。世之治者不絕於中，……中者，上不及堯舜，下亦不爲桀紂，抱法處勢則治，背法去勢則亂。今廢勢背法而待堯舜，堯舜至乃治，是千世亂而一治也；抱法處勢而待桀紂，桀紂至乃亂，是千世治而一亂也。且夫治千而亂一，與治一而亂千也。是猶乘

驥駬而分馳也，揚去亦遠矣。」（難勢）

君主的權力（勢），賢者用之可以致治，不肖者用之可以致亂。但君主以中人爲多，所以「抱法處勢」即守法以行使權力，雖不遇賢者仍可以致治。韓非說：

「釋法術而心刑，堯不能正一國；去規矩而妄意度，奚仲不能成一輪；廢尺寸而差長短，王爾不能半中。使中主守法術，拙匠守規矩尺寸，則萬不失矣。君人者能去賢巧之所不能，守中拙之萬不失，則人力盡而功名立。」（用人）

這是說，中主守法，可以爲治。不獨此也，賢人去法仍不可爲治。賢人沒有法術，猶之巧匠沒有規矩尺寸，所以仍不可爲治。所以，法治是萬全的制度。韓非說：

「先王以道爲常，以法爲本。本治者名尊，本亂者名絕。凡智能明通，有以則行，無以則止。故智能單道，不可傳於人。而道法萬全，智能多失。夫懸衡而知平，設規而知圓，萬全之道也。」（飾邪）

這是說，智能是不可靠的。智能是個人特有，不可傳於人。有智能則行，沒有智能便止了。只有像規矩權衡一樣的法，才是萬全之道。

這個例子，是說明在韓非以前的「人治論」「禮治論」的時代中，是不會產生這種「法治論」的文章的。

再例如，中國自五四運動以後，社會發生了一個大變動，許多在這個時期以前看不到的文章都「出來」了。

譬如「孝」，這在過去的社會中，是維繫「社會秩序」的一項重大的道德，所以一般的文人，都拼命寫「張孝子傳」「李孝子傳」（如方苞所說，「非闡道翼教，有關人倫風化，不苟作」）。雖則有過孔丘底不肖孫孔融說過「父之於子，當有何親？論其本意，實爲情慾發耳。子之於母，亦復奚爲？譬如寄物瓶中，出則離矣」的話，但因爲時代底關係，這句話在社會上沒有多大的影響；到了五四以後，才有影響全中國的施存統底非孝的大砲。又譬如「孔教」，這在過去的社會中，是上自皇帝下至癟三都尊崇擁護的；到了五四以後，便有許多反對孔教的文章了。如胡適說，「吳先生（虞）和我的朋友陳獨秀是近年來攻擊孔教最力的兩位健將。他們兩人，一個在上海，一個在成都，相隔那麼遠，但精神上很有相同之點。獨秀攻擊孔丘的文章（多載在新青年第二卷）專注重

『孔子之道不合現代生活』的一個主要觀念。當那個時候，吳先生在四川也做了許多非孔的文章，他的主要觀念也只是『孔子之道不合現代生活』的一個觀念。」（吳虞文錄序頁三。）上面，只是隨便列舉的例子，用以說明這種文章在五四以前是不會產生的。

如上所述，我們可以明白文章底歷史性了。

這里，再順便敍述一下文章底表達法底歷史性。（上面，我們是說明「意思」底歷史性；「作者」與「讀者」底歷史的限制，看了上面的敍述，也便可以明白了；關於文字，在第一章第二節中已大概地述及了；關於「表達法」也已在第一章第二節中述及，這里，再帶便敍述一下，藉以理解歷史性。）我們隨手舉兩個例子。

例如，同意義同用法的詞兒底產生是有先後的（當然也包含着地方性。）如據顧亭林說，「斯」早於「此」。

論語之言「斯」者七十，而不言「此」；檀弓之言「斯」者五十有二，而言「此」者一而已；大學成於曾氏之門人，而一卷之中，言「此」者十九。語言輕重之間，世代之別，從可知矣。【原註：爾雅曰，「茲、斯，此也。」今考尚書多言「茲，」論語多言「斯，」大學以後之書多言「此。」】——顧亭林日知錄卷六檀弓條。

但據珂羅倔倫(Bernhard Karlgren)及唐鉞說，「斯」和「此」底不同，是由於地方性的。

「斯」字作「則」字解——珂先生說，「斯」字這種用法，如「觀過斯知仁矣，」在魯語裏很常見，而在左語裏是沒有的。

「斯」字作「此」字解——珂先生說「斯」字作「此」字解，在魯語中是很常見的，而在左傳中是沒有的。——自胡適胡適文存三集卷三左傳眞僞考的提要與批評頁二八八。珂先生文，見陸侃如譯左傳眞僞考頁五八——六〇，因胡先生所述簡賅，所以引用了胡先生底文章。

「此」字、「斯」字，詩經都用過；論語（止是魯論）偏不用「此」字，專用「斯」字，可見當時魯地方言，只有「斯」字。孔子說話多用「斯」字，因此弟子記他的話也專用這個方言。——自唐鉞中國史的新頁現代人的現代文頁一〇一——一〇二。

又，同作介詞用的「于」和「於，」「于」早于「於。」

甲骨文、金文、尚書（今文二十八篇）詩經、春秋都是用「于」字作介詞的；左傳、國語、論語、孟子、莊子，都用「于」和「於」作介詞的。——衛聚賢左傳眞僞考跋頁I——II。

又如：

如我在爾汝篇（胡適文存卷二頁十二）指出論語與孟子時代用「爾」「汝」的風尙不同，也是時間性的一例。又如珂先生所舉第一項的「若」「如」兩字的例，均含時代先後的影響。如「何如」則全用「如」，「若何」則用「若」多於「如」。爲什麼呢？爲的是「何」在「如」之先爲古文法，而「何」移在「如」或「若」之下則是後起的新文法了。——胡適左傳眞僞考的提要與批評頁二九三　二九四。

上列的例子，是說明表達法底歷史性的。

這種詞兒底變遷的例子，在現在也很多。如「計學」與「經濟學」，「羣學」與「社會學」，「八線」與「三角」，「形學」與「幾何學」，「代形合參」與「解析幾何」，音譯的「陶斯道」與「托爾斯泰」，「柯伯堅」與「克魯泡特金」，一般地講，前面的是清代末年的詞兒，後面的是民國以來的詞兒。

這里，再舉一種的例子。

古代數詞底用法很特別，現在已看不到了。如：

龜甲文：「二十祀又五」「二十又五祀。」

禹貢：「作十有三載乃同。」

穆天子傳：「三千有四百里」「二千又五百里。」

這在現在，都一律了，作「二十五祀，」「十三載，」「三千四百里，」「二千五百里。」現在，只有「老頭子」寫字畫花，會末了寫個時年「八十又三」「七十有四。」

第二節　文章底社會性

文章底社會性，是文章底特質底中心點。歷史性，便是每個時代底社會性；而社會性本身，又有牠底複雜性。這種複雜性，一方面，在歷史性上發生作用；別一方面，因爲個性是在歷史性及社會性之下產生的，所以在個性上也發生作用，能使同一個人在同一時期寫出個性不同的文章來（至於個性底變遷，這在「社會的」影響之外，又加以「歷史的」影響了。）所以，文章中的社會性底複雜性底瞭解，可以說是瞭解文章底特質的關鍵。

文章中的社會性底複雜性，當然是由社會底複雜性產生的。這里，先對於社會底複雜性，略加解釋。從社會上來看，例如中國底社會，自從殷代起（殷代以前，在現在，我們底歷史知識太少了，）便複雜了的。我們試以現代爲例。現在的中國社會，到底是什麼社會，迄今衆說紛紜。衆說紛紜底原因，除了「政見」不同之外，現代中國社會底複雜的實情，當然也是一個重要的原因。如帝國主義底籠罩一切的勢力，如民族資本家底尚餘殘喘的勢力，封建勢力底崩潰而尚在掙扎等等。這種社會底實情，反映到文章中來，更其複雜。如封建勢力確已崩潰，但在文章中表現出來的，還似乎占着優勢。帝國主義的勢力如此猖狂，而表現在文章中，似乎帝國主義的勢力便是民族資本底勢力。所以，文章中的社會性底複雜性是異常複雜的。

現在說明文章中的社會性。如杜甫底兵車行，韋莊底秦婦吟，「無名作家」王秀楚底揚州十日記，是天寶之亂、「黃巢殺人八百萬」、清軍屠江南的表現「殺人如草」的戰亂的產品。如金瓶梅底描寫「淫穢」也是社會的產物（「成化時，方士李孜，僧繼曉已以獻房中術驟貴，至嘉靖間而陶仲文以進紅鉛得倖於世宗，官至特進光祿大夫柱國少師少傅少保禮部尙書恭誠伯。於是頹風漸及士流，都御史盛端明、布政使參議顧可學皆以進士起家，而俱藉『秋石方』致大位。瞬息顯榮，世俗所企羨，僥幸者多竭智力以求奇方，世間乃漸不以縱談閨幃方藥之事爲恥。」——自魯迅中國小說史略第十九篇明之人情小說（上）頁二二六——二二七。當時這一類的作品很多，可參考孫楷第通俗小說書目。）如無名氏底孔雀東南飛，以及阿貓、阿狗、阿大、阿二底無數的「孝子傳」「孝女傳」「烈女傳」「烈婦傳」「貞女傳」「節婦傳」暨「忠臣傳」「義僕傳」等，都是所謂「禮教」底產品（孔雀東南飛是描寫「禮教」底「吃人」的。）如「臣言狂計愚，伏俟誅戮」（歐陽修論包拯三司使，）「干犯天威罪在不赦」（蘇軾徐州上皇帝書，）如「陛下觀圖行臣之言，十日不雨，即乞斬臣宣德門外，以正欺君慢天之罪；如稍有所濟，亦乞正臣越分言事之刑，甘俟誅戮」（鄭俠論新法進流民圖）等等的自稱奴才，開口閉口拿殺頭來賭博的東西，這當然是封建社會中「君要臣死不得不死，父要子亡不得不亡」的「綱常」底產品。

這里，說明文章中的社會性底複雜性。我們再先拿點事實來略加說明，然後再舉文章來說明。例如，中國，至少從漢代以後，是個「禮教」的國家（如男女關係，在漢代以前，還不一定是納幣禮聘的，如詩三百中的靜女、野有死麕、氓、野有蔓草、桑中丰等所描寫的。）但據易白沙帝王春秋多夫第十一（頁一八六——二一四）所載，如易先生引史記孔子世家及論衡問孔篇說「仲尼與南子淫亂，」據後漢書后紀第十、史記酈生陸賈列傳、淮南衡山列傳說呂后通辟陽侯，據晉書惠賈皇后傳說「賈后途中拉人行同雉妓，」……簡直成了「禽獸世界。」我們在作品中，也常常可以看到。最著名的，是朱彝尊（竹坨）底風懷詩，歌詠他和小姨底「私情。」為什麼「禮教」的國家會成「禽獸世界」的呢？這，最簡括地講，是與「商業資本」底抬頭或興盛一同產生的「個人主義」底表現。

關於舉文章來說明的例子，這實在太多了。在五四運動以前（嚴格地說，應該是在鴉片戰爭以前。）凡是反封建的議論，都可以用來說明。例如，當「舉業」盛行的清代，吳敬梓儒林外史儘在爽爽直直或婉婉曲曲地反對「舉業。」這里，試舉近頃的「讀經」問題和「語文論戰」做例子來說明。

讀經問題底始開炮者是廣東省政府。民國二十三年十月十七日申報「教育消息」中載着由第三二七次省務會議通過的中小學經訓實施辦法。接着，湖南省政府也提倡讀經。於是反對者蠭起，如許地山、胡適、傅斯年、容肇祖等。隨後，現代第六卷第三期（二十四年四月一日出版）出反「讀經」「存文」特輯，裏面的文章都是反對讀經的；後教育雜誌第二十五卷第五號（二十四年五月十日出版）出讀經問題專號，裏面的文章有「（一）絕對的贊成者；（二）相對的贊成者，同時亦可稱爲相對的反對者；（三）絕對的反對者。」

這里，試錄提倡者及反對者底意見於后。

竊惟讀經當提倡久矣！往者英人朱爾典與吾華博士嚴幼陵相友善，嚴嘗以中國危亡爲慮，朱曰，「中國決不至亡。」嚴詢其故，朱曰，「中國經書，皆寶典也，發而讀之，深入人心。基隆扃固，豈有滅亡之理？」余謂朱說良然。吾國經書，不獨可以固結民心，且可以涵養民性，和平民氣，啓發民智。故居今之世而欲救國，非讀經不可。……鄙人默察近來世變，人心日尙欺詐，殺機循環不窮，倘不本孔孟正道以挽回之，竊恐世界刼運，靡所底止。深望海內賢豪，相與講道論德，以期經明行修，正人心以拯民命，救中國以救世界。此鄙人馨香以祝之者也。——教育雜誌二十五卷五號讀經問題專號唐文治先生的意見頁四——六。

……人之心思，固不宜束縛，而究不可不有所匯歸，使無匯歸之處，在蚩蚩之氓，既茫然不知所向，間有聰明出衆者，且將本其臆見，人自爲說，家自爲書，宗旨又殊，莫衷一是。其始萌芽於筆舌，其終影響遂及於國家，氓氓棼棼，爭胡由息？今欲歸於統一，舍經烏乎可？夫經之所言，乃人人之所固有，本於天理，愜於人情。歷代信仰，莫之敢易，良由於此。……——教育雜誌專號姚永樸先生的意見頁六。

……吾人生於今日，不欲吾國長治久安則已，不欲吾國生存競爭則已，如其欲之，則舍利用經學納民於軌物，尊崇其地位，以堅人民之信仰，廣播其學識，以便人民之誦習，使四萬萬人一德一心，以涵養其仁義禮智忠勇誠信諸善德，爲良好有用之國民以外，一時實無具同等能力之物，可資代用。此實吾歷祖歷宗，盡心竭力，儲蓄此無盡藏之寶庫，最神妙之利器，以貽厥子孫，爲與世界競爭之具。他人竊其一二，已足稱雄東亞，而爲之嫡裔者，反瓦礫視之，土塊棄之，其不肖爲何如也！……故吾敢斷言，欲挽救垂危之中國，必自復興經學始，欲發揚吾國偉大之眞精神，必自表彰經學始。——教育雜誌專號士節先生的意見頁一〇——一一。

時代已是一九三五年，而中國人還在提倡讀經，是不是神經病，我也不用多講了。主張讀經的人，最好請他多讀一點歷史；誦孝經以退黃巾，結果祇有作黃巾的刀下鬼吧了。倘然讀經可以抵制日本人的飛機大礮；那末，我將引吭高呼，恭祝東方文明萬歲！——教育雜誌專號柳亞子先生的意見頁一一八。

……滿清政府一面想接受西洋的物質文明，以抵抗列強；一面想維持中國的君臣綱常以穩定皇室：於是有「中體西用論」的產生，於是「讀經」在「壬寅學制」和「癸卯學制」裏高據着首席。這是有社會背境可說的，因爲我們的主人是愛親覺羅氏。現在，總算倖免，我們還不是「僞滿洲國」的臣民，我不知何以有「讀經」的必要。

民國肇造，首任的教育部長蔡元培先生首先廢除「讀經，」這確是新興的民國值得做的一件事。然而，從民國二年三月國民黨的理事宋教仁被刺以後，袁世凱的反動政策一天天的抬頭。於是這「讀經」在民國四年又換了一種政治意味而出現於學校。這也是有社會背境可說的，因爲袁世凱要壓倒國民黨，強要做我們的主人。現在，我們實際上是在反袁的政治系統的國民黨統治之下，我不知何以又有「讀經」的必要。……教育雜誌專號周予同先生的意見頁一一七。

這兩種不同的意見，是由社會底複雜性反映出來的。提倡讀經，是封建思想底反映；反對讀經，至少，是資本主義的思想底反映。這幾位作家同在現在發表他們底意見，是說明了文章中的社會性底複雜性。

關於近頃的「語文論戰，」起於汪懋祖在時代公論一一〇號（二十三年五月四日出版）上發表禁習文言與強令讀經，而存文會底發表發起旨趣書及宗旨及工作（見二十四年三月一日申報「教育消息」），可以說是「保存文言」及「保存漢字」的主張底結晶品。當時，反對者也蠭起，見於申報自由談、中華日報動向、大晚報火炬、社會月報、文學、現代、獨立評論等。（其經過，請看文逸編著語文論戰的現階段，及宣浩平編大衆語文論戰、續編、續二。）當時這個問題底論戰，一方面從「文言」（古代文）到「白話」（現代文），到「大衆語；」別一方面從「漢」字到「漢字書法拉丁化。」

這里，我們試錄存文會底發起旨趣書及胡愈之底關於大衆語文。

昔顏習齋標揭四存，曰存人，曰存性，曰存學，曰存治同人以爲，今日所需，尙有一存，卽「存文」是已。概自新文化運動以來，教育普及功效未見，而國文作風日壞，國學程度日低，近更有倡言廢棄文言，並廢漢字者矣。同人懍伊川爲戎之懼，矢文章報國之誠，當存亡絕續之秋，盡奔走呼號之責，斯文未喪，來日方長，願與有志者共勉之。——存文會發起旨趣書。

在我們這個社會裏，幾千年來一向佔着支配地位的某一個社會層，眼見得是在很快地沒落了。跟着這社會層的沒落，凡是代表這社會層的一切文化（哲學、道德、教育、法律、戀愛觀、文學、藝術，）也都在沒落的過程中。代表這社會層的意識的語文，自然也沒有例外。

要是五四運動，在別的方面，沒有多大的貢獻，至少在語言革命上，卻已把支配階層的營壘，打了一個落花流水。……

但是這沒落的社會層，決不是毫無抵抗，就甘心沒落的。代表這社會層的語文，和代表這社會層的一切文化一樣，到了一個相當的時機，必然地要死灰復燃的。而且五四的文學革命，本來就沒有幹個澈底，只是把「文言」和「白話」對立起來，對於文字接近口語這一點，盡了一點力量，卻把中國文字主要的病根——代表古代的封建的意識——輕輕放過，同時對於新的大衆語言的建設，還缺少努力。因此就給這判決死刑的中國舊語文，暗地裏留下了一條活路。

果然，到了目前，跟着政治的社會的復古傾向，中國舊語文的鬼怪，又重行出現了。這些鬼怪，卻裝着四種不同的形式來露臉。

這四種鬼怪，連合起來，表面的力量是可怕的。但在實際上，無論怎樣掙扎，都不能挽回沒落的運命，爲的是使用這語文工具的社會層在沒落着，這社會層的意識也在天天沒落着……

健康的人，是不怕鬼怪的。沒落階層的沒落語文，是不會有多大前途的。橫在我們前面的主要問題，卻不是反對「文言文」，反對「語錄體」之類，而是積極地改善建設大衆的語文工具，建設供大衆應用，代表大衆意識的語文。

……我以為「大衆語」應該解釋作「代表大衆意識的語言。」「大衆語文」和五四時代所謂「白話文」不同的地方，就是「白話文」不一定代表大衆意識的，而大衆語決不容許沒落的社會意識，混進了城門。……——胡愈之關於大衆語文，載廿三年六月廿三日申報自由談。

這兩種不同的意見，也是由社會底複雜性反映出來的。用文章寫下來，我們便看到了文章中的社會性底複雜性。

這里，還有一點，我們要指摘出來的。例如，現在的社會，明明白白，封建勢力，是在一天天地沒落下去，然而在表面上表現封建思想的文章卻異常地多，如前舉的主張「讀經」主張「存文」的文章，再加「禮拜六派」的小說等等。

第三節　文章底個性

我們在前面已經講過，個性是在歷史性及社會性之下產生的。例如：

……蓋詩文至近代而卑極矣。文則必欲準於秦漢，詩則必欲準於盛唐。剿襲模擬，影響步趨。見人有一語不相肖者，則共指以爲野狐外道。曾不知文準秦漢矣，秦漢人曷嘗字字準「六經」歟；詩準盛唐矣，盛唐人曷嘗字字學漢魏歟。秦漢而學「六經」，豈復有秦漢之文；盛唐而學漢魏，豈復有盛唐之詩？惟夫代有升降而法不相沿，各極其變，各窮其趣，所以可貴，原不可以優劣論也。……——袁中郎（宏道）小修詩敍。

三百篇之不能不降而爲楚辭，楚辭之不能不降而漢魏，漢魏之不能不降而六朝，六朝之不能不降而唐也，勢也；用一代之體，則必似一代之文而後爲合格。

詩文之所以代變，有不得不變者；一代之文，沿襲已久，不容人人皆道此語，——今且千數百年矣，而猶取古人之陳言一一而摹倣之，以是爲詩，可乎？故不似則失其所以爲詩，似則失其所以爲我。李杜之詩，所以獨高於唐人者，以其未嘗不似，而未嘗似也。知此者，可與言詩也已矣。——顧亭林（炎武）日知錄卷二十一詩體代降條。

這種主張中的袁中郎、顧亭林底個性，是在他們底歷史及社會底影響之下產生的。這種主張，據我們現在所知道的，從「商業資本」興盛的戰國時起，直到鴉片戰爭以前，隨時可以產生的，有的並沒有寫這樣的明明白白的論文，只是在他們的作品中表現了出來，如墨翟、孟軻、司馬遷、劉伶、蘇東坡、黃山谷等等。但是，袁、顧爲歷史及社會所限，絕不能產生「五四」以後的主張。（現在的人，也可以寫袁、顧底這種論文，甚至於見解遠不及袁、顧的論文，這是因了社會底複雜性。）

一個人底個性，會因社會底變遷而變遷的；這里，依據知識分子底性質，與其說因了社會底變遷而變遷，不如說因了個人底環境而變遷，更其適宜。例如，陳獨秀在五四時代，高揭着「賽先生」（科學）「德先生」（德謨克拉西）的旗幟（在前期的新青年上），後來在後期的新青年、嚮導等等上，完全唱導「階級鬭爭」了。這是一個人底個性，因了社會底變遷而變遷的。例如，江亢虎，把戲已變了無數套，高唱「社會主義」的是他，主張「存文」的也是他，這是因了環境底變遷而變遷的。

也有一個人底個性，並不因了社會底變遷或環境底變遷，卻表現着「兩重的個性，」這是因了社會底複雜性。例如：

他（歐陽修）有六一詞，有汲古閣本；有醉翁琴趣外篇，有雙照樓覆宋本。兩種內容頗不同，琴趣裏收的豔詞較多。兩書可以參看。後人以爲「歐公一代儒宗，」不應有側豔之詞，遂疑這些豔詞是僞作的。其實北宋不是一個道學的時代，作豔詞並不犯禁，正人君子也並不以此爲諱。曾慥序樂府雅詞，說「當時小人或作豔曲，謬爲公詞，今悉刪除。」然曾慥所收八十多首內，卽有「水晶雙枕，傍有墮釵橫」一首，這不是豔曲嗎？又有生查子「去年元夜時」一首，這不是豔曲嗎？——胡適詞選第二編歐陽修，頁六〇。

「一代儒宗」的歐陽修，做起文章來是載「聖賢」之「道」的，但同時也作「側豔之詞。」例如上面提及的兩首：

柳外輕雷池上雨，雨聲滴碎荷聲，小樓西角斷虹明；闌干倚處，待得月華生。燕子飛來窺畫棟，玉鉤垂下簾旌，涼波不動簟紋平；水晶雙枕，傍有墮釵橫。——臨江仙。

去年元夜時，花市燈如晝；月上柳梢頭，人約黃昏後。今年元夜時，月與燈依舊；不見去年人，淚溼春衫袖。——生查子。

這種一方面大講其聖賢之道，別一方面，盡量表現其個人主義的生活的人（所謂「板起面孔拆爛汚」）很多。如前面講到過的朱彝尊底寫風懷詩；又如陶淵明底寫閑情賦，杜牧之底寫悵別（「自恨尋芳到已遲，往年曾見未開時，如今風擺花狼藉，綠葉成陰花滿枝。」）龔芝麓底寫秋夜省中賦懷（「玉台淡掃遠山生，當代爭傳是小名；珍重近來千喚熟，珊瑚敲枕易分明。」）……等等，殊不勝枚舉。

因爲在「言志」的詩歌中最容易表現出他們底「個人主義」的「志」來，所以這一類的例子，在詩歌中特別多。

這里，試舉在文章中表現「兩重的個性」的例子。

例如蘇軾，是他底前輩歐陽修嘆爲「吾當避此人出一頭地」的人，但他有很多的「言志」的「小品文」表現他底個人主義的思想。如：

吾始至南海，環視天水無際，悽然傷之；曰「何時得出此島耶？」已而思之，天地在漬水中，九州在大瀛海中，中國在沙海中，有生孰不在島者。覆盆水於地，芥浮於水，蟻附於芥，茫焉不知所濟，少焉水涸，蟻即徑去，見其類出涕曰，「幾不復與子相見！」豈知俯仰之間，有方軌八達之路乎。念此可以一笑。

戊寅九月十二，與客飲薄酒小醉，信筆書此紙。——蘇軾在儋耳書。

元豐六年十月十二夜，解衣欲睡，月色入戶，欣然起行，念無與樂者，遂步至承天寺，尋張懷民，懷民亦未睡，相與步於中庭。庭中如積水空明，水中藻荇交橫，蓋竹柏影也；何夜無月，何處無竹柏，但少閒人如吾兩人耳。——蘇軾記承天夜遊。

又如冒襄（辟疆）作影梅庵憶語，沈復（三白）作浮生六記（閨房記樂、閒情記趣、坎坷記愁、浪游記快等四記存，中山記歷、養生記道兩卷佚）陳裴之（朗玉）作香畹樓憶語（一名湘煙小錄，）都是描寫「兒女私情」的。這里，試錄數段於后。

壬午清和晦日，姬送余至北固山下，堅欲從渡江歸里，余辭之力，益哀切不肯行。舟泊江邊，時西先生畢今梁，寄余夏西洋布一端，薄如蟬紗，潔比雪豔，以退紅爲裏，爲姬製輕衫，不減張麗華桂宮霓裳也。偕登金山，時四五龍舟，衝波激蕩而上，山中遊人數千，尾余兩人，指爲神仙，遶山而行，凡我兩人所止，則龍舟爭赴，迴環數匝不去。呼詢之，則駕舟者，皆余立秋淛回官舫長年也，勞以鵝酒。竟日返舟。舟中宣磁大白盂，盛櫻珠數升，共啖之，不辨其爲櫻爲唇也。江山人物之盛，照映一時，至今談者侈美。

秦淮中秋日，四方同社諸友，感姬爲余不辭盜賊風波之險，間關相從，因置酒桃葉水閣，時在坐爲眉樓顧夫人，寒秀齋李夫人，皆與姬爲至戚，美其屬余，咸來相慶。是日新演燕子箋，曲盡情豔，至霍華離合處，姬泣下，顧李亦泣下，一時才子佳人，樓台煙水，新聲明月，俱足千古。至今思之，不異游仙枕上夢幻也。——自冒襄影梅庵憶語。

是夜送親至城外，返已漏三下，腹飢索餌，婢嫗以棗脯進，余嫌其甜。芸暗牽余袖，隨至其室，見藏有煖粥並小菜焉。余欣然舉箸。忽聞芸堂兄玉衡呼曰「淑妹速來！」芸急閉門曰「已疲乏，將臥矣。」玉衡擠身而入，見余將吃粥，乃笑睨芸曰「頃我索粥，」汝曰『盡矣，』乃藏此專待汝壻耶？」芸大窘避去。

余嘗曰，「惜卿雌而伏；苟能化女爲男，相與訪名山，搜勝跡，遨遊天下，不亦快哉！」芸曰，「此何難。俟妾鬢斑之後，雖不能遠遊五岳，而近地之虎阜、靈巖，南至西湖，北至平山，盡可偕遊。」余曰，「恐卿鬢斑之日，步履已艱。」芸曰，「今世不能，期以來世。」余曰，「來世卿當作男，我爲女子相從。」芸曰，「必得不昧今生，方覺有情趣。」余笑曰，「幼時一粥猶談不了，若來世不昧今生，合巹之夕，細談隔世，更無合眼時矣。」——沈復浮生六記閨房記樂。

這里還有一點須加說明，便是知識分子底性質在迄今的社會中，知識分子是一種的「特種人。」知識分子，得意的時候可以做宰相，做部長；不得意的時候，是「拿不得輕，負不的重」（儒林外史二十五回倪老爹底「自己批判」）的窮愁潦倒的傢伙，或者說是高等小癟三。所以，我們在敍述文章底個性的時候，在瞭解個性是在歷史性及社會性之下產生的之外，須瞭解這種知識分子底性質。

瞭解了這種知識分子底性質，對於同一個人底文章，有時板起面孔，有時嘻皮笑臉，有時架子十足，有時只怕自稱奴才都還不夠，有時熏心名利，有時充隱士預備軍，有時恭維活人恭維死人，有時大發牢騷，有時甚至於以文辭欺人（見顧亭林日知錄卷十九文辭欺人條）……等等，才能瞭解。在過去的封建社會中，及在封建勢力尚未完全崩潰而在文化上還相當有力地在掙扎着的現在的社會中，「個人主義」底顯著的表現，由於這種知識分子底性質的，占着極大的成分。

如韓愈是蘇軾「吹」「捧」爲「道濟天下之溺」的人。他底三上宰相書（上宰相書、後十九日復上書、後二十九日復上書。）甚至於把自己比諸強盜（「古之進人者，或取於盜，或舉於管庫，今布衣雖賤，猶足以方於此。」——後十九日復上書。）「諛墓」之「道」，也是他底「道其所道，非我所謂道」的「道」（唐書韓愈傳，「劉乂持愈金數斤去，曰『此諛墓中人得耳，不若與劉君爲壽。』」）如梁晉竹指摘出來的他對於李實，在上大尹李實書中，把李實大恭維而特恭維，在順宗實錄中，把李實罵得狗血噴頭（見梁晉竹兩般秋雨盦隨筆書詞與史筆迴異條。）這是指摘像煞一本正經的做原道，做諫佛骨表的韓愈，有時候，是卑鄙齷齪得如此如此的。

這里我們再舉幾個「個人主義」底顯著的表現的例子（這，大多是酒女人、牢騷、隱逸……等等，或者享樂，或者逃避。）

日見汝書與孝典，陳吾飲酒過差。吾有此好，五十餘年。昔吳國張長公，亦稱耽嗜。吾見張時，伊已六十，自言引滿，大勝少年時；吾今所進，亦多於往日，老而彌篤，唯吾與張季舒耳。吾方與此子交歡於地下，汝欲笑吾所志邪？昔阮咸、阮籍，同遊竹林，宣子不聞斯言，王湛能玄言巧騎，武子呼爲癡叔；何陳留之風不嗣，太原之氣歸然，翻成可怪？

吾既寂漠當世，朽病殘年，產不異於顏、原，名未動於卿相，若不日飲醇酒，復欲安歸！汝以飲酒爲非，吾以不飲酒爲過。昔周伯仁渡江，唯三日醒，吾不以爲少；鄭康成一飲三百杯，吾不以爲多。然洪醉之後，有得有失；成廝養之志，是其得也；使次公之狂，是其失也。吾嘗譬酒之猶水，亦可以濟舟，亦可以覆舟。故江諮議有言：「酒，猶兵也，兵可千日而不用，不可一日而不備；酒可千日而不飲，不可一飲而不醉。」美哉江公，可與共論酒矣。

汝驚吾墮馬侍中之門，陷池武陵之第，徧布朝野，自言焦悚。「丘也幸，苟有過，人必知之。」吾生平所願，身沒之後，題吾墓云：「陳故酒徒陳君之神道。」若斯志意，豈避南征之不復，賈誼之慟哭者哉？何水曹眼不識杯鐺，吾口不離瓢杓，汝寧與何同日而醒，與吾同日而醉乎；政言其醒可及，其醉不可及也。速營糟邱，吾將老焉。爾無多言，非爾所及！——陳暄與兄子秀書。

放逐後，流連聲伎，不復拘檢，垂二十年；雖鄉黨自好者莫不恥之，——又安可與士大夫同日語者！阮籍之志，在日獲酩酊耳；三公萬戶，非所願也！——康海答寇子惇。

歲行盡矣，人意蕭條，不知吾輩一生應得幾許年華，當如是除去耶！回首茫然，百感交集。幸卽謀被過小齋，聊具辛盤椒酒，與兄屈指今歲三百八十四日中，得勝友幾人，得驚人之詩幾首，飲酒幾石，遊覽名勝幾何，笑幾回，哭幾次，淸寫一行年譜，以遺今夕，何如？——陸圻除夕與友。

唐子西云「山靜似太古，日長如小年。」予家深山之中，當春夏之交，蒼蘚盈階，落花滿徑，門無剝啄，松影參差，禽聲上下。午睡初足，旋汲山泉，拾松枝，煑苦茗啜之；隨意讀周易、國風、左氏傳、離騷、太史公書及陶、杜詩、韓、蘇文數篇。從容步山徑，撫松竹，與麛犢共偃息於長林豐草間，坐弄流泉，漱齒濯足。既歸竹窗下，則山妻稚子作筍蕨，供麥飯，欣然一飽。弄筆窗間，隨大小作數十字，展所藏法帖墨蹟畫卷縱觀之，興到則吟小詩，或草玉露一二段，再烹苦茗一杯。出步溪邊，邂逅園翁溪友，問桑麻，說秔稻，量晴較雨，探節數時，相與劇談一餉。歸而倚杖柴門之下，則夕陽在山，紫綠萬狀，變幻頃刻，恍可人目，牛背笛聲，兩兩歸來，而月映前溪矣。味子西此句，可謂絕妙。人能眞知此妙，則東坡所謂「無事此靜坐，一日似兩日，若活七十年，便是百四十，」所得不已多乎。——羅大經山居。

附、「載道」與「言志」的問題

「載道」與「言志」的問題，是「古老」的問題；近來，自周作人先生在中國新文學的源流中又提了出來之後（見第二講中國文學的變遷）有好一些人參加討論這個問題。

過去的一般的形態是，文章是載道的（文以載道），詩歌是言志的（詩以言志。）如前舉的歐陽修，他底文章都是「載」聖賢之「道」的；他底詞，如「傍有墮釵橫」的臨江仙、「去年元夜時」的生查子，都是「言」自己底「志」的。

但是，在這里，有兩點，我們先要指摘出來，然後才能找尋我們底結論。

（1）文章，也有不載道而言志的；詩歌也有不言志而載道的。文章，如劉伶酒德頌，曹丕與吳質書，俞樾與亡室姚夫人書，鄭燮家書，尤侗遺亡友湯卿謀書，王守仁瘞旅文，歐陽修江鄰幾文集序……等等，又如現在很「時髦」的明末清初很多的作家（如徐文長、袁中郎、王季重、陳眉公、張宗子、金聖嘆、李笠翁等等）底文章，都不是載道，而是言志的。詩歌，如詩三百周頌底思文、清廟、維天之命、昊天有成命、噫嘻等（維天之命：「維天之命，於穆不已；於乎不顯，文王之德之純。假以溢我，我其收之：駿惠我文王，曾孫篤之」），如荀況成相辭底第三篇（「論五種爲君之道：一，臣下職；二，君法明；三，刑稱陳；四，言有節；五，上通利」），如漢代樂府中的「郊廟歌」等等，都不是言志而是載道的。

（2）或者載道或者言志的文章及詩歌，並不如周作人先生所說，「這兩種潮流的起伏，便造成了中國的文學史。」（中國新文學的源流頁三四。）我們以爲，「這兩種潮流，」從戰國起一直到現在，都是同時存在着的。例如宋代，周作人先生以爲「大的潮流便轉入於載道方面」（見前書頁三五，四〇——四一。）我們以爲，如宋代底特產物的詞，什九是言志的。如有名的爛汚朋友柳永，唱出了「忍把浮名換了淺斟低唱」（鶴冲天）的話；黃庭堅也寫下了露骨的千秋歲（「奴奴睡，奴奴睡也奴奴睡」）。

我們對上列兩點說明了之後，這里可以找尋我們底結論了。

我們以爲，不論文章或詩歌，都是「載道」的，在過去是如此，在現在也是如此（當然，這個「載道」的「道」底內容，是隨着社會底變遷而變遷的。）

那末，如前面所述，在過去，爲什麼會有「載道」與「言志」底分別的呢？這是因爲，從戰國起，中國底所謂「商業資本」已發達，所以「個人主義」的萌芽，到處露出頭來。這種個人主義的萌芽，在商業資本方面來講，也正是「載道，」從封建勢力方面來講，這便是「言志」了。

如在現在，還有主張「綱常」的，也有主張個人主義的，也有主張集團主義的，這在各自底方面來講，都是「載道。」

第三章　文章底構成

我們在第一章文章底要素中，講述了五項要素中的四項（卽意思、文字、作者與讀者；）其餘一項的表達法，我們分爲「文章底構成」（卽本章）及「文章底體製」（第四章）的兩章來講述。

文章底構成，其成分可以分爲下列的四項。（一）文章構成底成分，最根本的獨立單位，是一個個都包含着一個概念或觀念的詞兒。（二）把一個以上的詞兒，依照思維及語文底法則，聯繫了起來的，叫作句子（也有一個詞兒便成爲一句句子的。）（三）把一句以上的句子，依照思維底法則，聯繫了起來的，叫作段落（也有一句句子便成爲一個段落的。）（四）把一個以上的段落，依照思維底法則，聯繫了起來的叫作篇或者叫作篇章（也有一個段落便成爲一篇文章的。）（在著作上來講，更有在段落之上，分爲編、章、節、段、項等的。）

這只是就構成底成分而言；各個構成成分，因爲要最有效地由作者表示出來傳達給讀者，所以，需要整飾。詞兒有詞兒底整飾的準則，句子有句子的，段落有段落的，篇章有篇章的。

所以，我們在本章中，分爲四節敍述（一）詞兒及其選擇；（二）句子及其整理；（三）段落及其剪裁；（四）篇章及其經營。

第一節　詞兒及其選擇

關於文章構成上最根本的獨立單位的詞兒，其構成底形態，很是複雜，有的由於文字底聲音，有的由於意義，有的由于形體，我們試加以分析；這種分析，對于我們「做文章」及「讀文章」是很有幫助的。

這在「拼音文字」底關於詞兒底寫定、改造及創制上，也是一個很重大的問題。

把詞兒運用到文章中去，要愼加選擇，要合於明確的條件，才能最有效地表示出來，傳達給讀者；這「明確，」便是詞兒整飾的準則。

這里，我們分作兩段來敘述：（一）詞兒構成底分析；（二）詞兒底選擇。

第一段　詞兒構成底分析

中國底語文，一般的人都說是「單音綴」的，以包含一個「音」的一個形體，表示一個概念或觀念。（「音」，或者叫作「聲音」，是由「聲」和「韻」組成的。但是也有單只「韻」的，同時，也有單只「聲」的，「如蘇州話『姆媽』之『姆』字只單是 m 的音；福州之『唔』（作「不」字解，）上海之『五』，只單是 ng。」（見唐鉞國故新探卷二論聲音組成字音的通則頁二六。）又如「漢字書法拉丁化，」把「子」拼作 z。）事實上，中國底語文儘在進展着「複音綴」的詞兒底增加，如在第一章第二節第二段語文底變遷的大勢中所述，正是中國現代語文底最重要的一個變遷。

所以，在現在，在豆腐乾式的「漢字」還存在着的現在，表示一個概念或觀念的詞兒，有時候由包含一個音的一個形體構成的，但大多是包含一個音以上的形體複合而成的。

例如，人、鳥（杭州叫「鳥兒」）我、你、他、吃、看、聽、把、用、也、太、很、唉、哦等等，是一個詞兒只一個聲音的。又如，學校、猢猻、橄欖、休息、決定、物質、思想、因爲、恰巧、應該、好久、噯喲、圖騰、撒旦等，都是兩個聲音的詞兒。再如多早晚、差不多、冷不防、慢慢地（上海叫慢慢交，杭州叫慢慢兒）冒失鬼、撈什子、惡作劇、吸鐵石、形容詞、助動詞、一元論、三部曲、水平線、火成岩、未知數、新狄加、托辣斯等，都是三個聲音的詞兒。還有三個以上的聲音的詞兒，如夾七夾八、亂七八糟、一箍腦兒（北方話，杭州話）一榻括子（上海話）不三不四（上海話叫「勿三勿四」）注音字母、拼音文字、帝國主義、三段論法、產業革命、不變資本、經濟恐慌、法西斯蒂、歇斯的里、像煞有介事（上海音，蘇州話）國語羅馬字、小資產階級、不平等條約，不容間位律、無政府主義、自由職業者、德謨克拉西、意特沃羅幾……等等。

複音綴的詞兒，是早有了的；在文章中寫下來，也是早有了的。

「中國語的雙音字發達很早。盤庚已經有『嚮邇』『撲滅』『殄滅』『蕩析離居』等語。至荀子時雙音語尤其發達。論語說『君子周而不比，小人比而不周，』荀子、戰國策、管子都以『比周』當『比』一字。論語、孟子『性』『情』都分用，荀子正名篇也分定界說；但他的非十二子篇有『縱情性』『忍情性』的話。可見當時的白話已經有這種言語，故荀子不覺用他。又加左傳呂相絕秦一段，『……文公躬擐甲胄，跋涉山川，踰越險阻，征東之諸侯——虞、夏、商、周之胤而朝諸秦，則亦既報舊德矣。……』（唐鉞中國史的新頁現代人的現代文頁一一八——一一九。）

「……我們可以說，單音字變爲複音字，乃是中國言語的一大進化。這種變化的趨勢起得很早，左傳裏的議論文已有許多複音字，如『散離我兄弟，撓亂我同盟，傾覆我國家，……傾覆我社稷，帥我蝥賊，以來蕩搖我邊疆。』漢代的文章用複音字更多。」（胡適胡適文存卷三國語文法概論頁二二。）

「引之謹案：古人訓詁，不避重複，往往有平列二字，上下同義者，解者分爲二義，反失其指。如泰象傳，『后以裁成天地之道，輔相天地之宜。』……裁之言載也，成也，裁與成同義，而曰裁成，猶輔與相同義而曰輔相也。隨象傳，『君子以嚮晦入宴息。』……宴之言安，安與息同義也。……』（王引之經義述聞卷三十二通說下經傳平列二字上下同義條。）

「尚書無逸篇，『用咸和萬民。』按：咸和，一義也。咸讀爲諴。說文言部，『諴，和也。』咸和卽諴和，枚傳以爲『皆和萬民，』則不辭矣。多方篇，『爾曷不夾介乂我周王。』按：夾介，一義也。一切經音義引倉頡曰，『夾，輔也。』爾雅釋詁曰，『介，助也。』夾介猶言輔助，枚傳以為『近大見治於我周王，』則不辭矣。」（俞樾古書疑義舉例卷七兩字一義而誤解例條。）

這種文章構成上最根本的獨立單位的詞兒，其構成底形態，很是複雜。這裏，我們試加以分析。

詞兒構成底分析，可以分為聲音、意義、形體的三個方面。（其中形體的一方面將來拼音文字實施了，不但不會發展，而且已有的也將漸漸消滅。）（雖則說是分為三個方面來敘述，但是，這三個方面時常不能截然地分離，這是要在這里提到一句的。）

（一）由於聲音構成的詞兒底分析

由於聲音構成的詞兒，我們分析為下列的十四類：（1）摹音，即由於摹音事物底聲音構成的；（2）雙聲，即發音相同的；（3）疊韻，即收音相同的；（4）同音，即同「聲」同「韻」的；（5）疊音，即「重疊詞」；（6）伸音可以分為四類：（A）一音分為兩音的，（B）重疊的伸音，（C）嵌音，（D）發語詞及收語詞；（7）縮音，即二音合成一音的；（8）複切音，是由反切產生的；（9）譯音，即翻譯外國語底聲音的。（這一種，在拼音文字中，便可直寫外國語了。）在這九類之外，還有與「意義」或「形體」相關聯的，這可以分析為五類：(10)象音，即「六書」中所謂「形聲字」及「轉注字；」(11)表音，即所謂「假借字；」(12)拼音，是「至少要有二聲合拼，方合定義」的；(13)借音，是借用意義不同而聲音相同的詞兒的（與所謂「假借字」的表音不同，）也可以叫作「故別音；」(14)借轉音，借了意義不同而聲音相同的詞兒，更轉成別的意義的。

(1)摹音——關於由於摹音構成的詞兒，這里先舉幾個原始的摹音詞，然後再舉幾個現在一般使用的。

「今語模倣一物體滾的聲音，……有時又用 dululu 或 tululu 來模倣，這就是孩兒們玩的陀螺（亦稱地雷公）在地上轉的聲音。……

「今語模倣衝撞的聲音，大概為 dingdung，tingtung，或作短語為 didu，titu，這就是『停僮』『丁東』等謰語的語根；有時重言 ding，或 dung 或 ting 或 tung，這就是『亭亭』『童童』（並指車蓋）『丁丁』（伐木聲，古當讀舌音如字）『鼕鼕』（詩「擊鼓其『鏜』」）等謰語的語根……。」（潘尊行原始中國語試探，國學季刊一卷三號頁四二七——四二八。）

「……摹聲法（Onomatopoeia），感有所受，於是因所感而起摹倣；即以其所經驗物體自發之聲或反射之聲，假爲物體表象也。……『卽足』而鳴者呼之曰雀，『錯錯』而鳴者呼之曰鵲，『亞亞』者謂之鴉，『岸岸』者謂之雁，駕鵝則以『加我』而得名，鶻鵃則以『磔格鈎輈』而得名，皆以其物之聲爲其聲之名也。不惟體詞也，用詞亦有之。用詞之假聲，則由其物體動作之反射。如用口吹噓，其聲『吹吹，』遂名此動作曰吹。以手擊物，其聲『丁打，』遂名此動作曰打。……（所舉例，述章炳麟先生所講，……）」（胡以魯國語學草創第一編說國語緣起頁四〇。）

這里再舉幾個現在一般使用的摹音詞的例子。

武松便唱個喏，道「相煩則個。」便捲起雙袖，去衣裳底下颼地只一掣，掣出那口尖刀來。——水滸第二十五回。

正吵鬧着，四斗子領了兩個吹手趕來，一個吹簫，一個打鼓，在廳上滴滴打打的，總不成個腔調。——儒林外史第六回。

過了水仙祠，仍舊下了船，盪到歷下亭的後面，兩邊荷葉荷花，將船夾住，那荷葉初枯，擦的船嗤嗤價響。那水鳥被人驚起，格格價飛。——老殘遊記第二回。

（2）雙聲——由雙聲構成的詞兒，可以分為兩種：一種是表示一個概念或觀念的；一種是表示相對峙的兩個概念或觀念的。（這一種，其中有的轉變了意義的，關於這一點，到後面「由於意義相對峙的詞兒構成的詞兒」中去敍述。）

前者如彷彿、恍惚、含糊、躊躇、反復、祈求、流離等等。

後者如天地、陰陽、古今、加減、夫婦、規矩、上下、山水、長短、文武等。（見胡以魯國語學草創第一編說國語緣起頁二九——三〇。這種詞兒，雖則有的聲音變了，但是已經習用了。）

（3）疊韻——由疊韻構成的詞兒，和雙聲一樣地可以分為兩種：一為表示一個概念或觀念的；一為表示相對峙的兩個概念或觀念的。（其中也有轉變了意義的。）

前者如糊塗、荒唐、迷離、朦朧、從容、模糊、蜻蜓等等。

後者如老幼、好醜、寒煖、新陳、水火等。（見胡以魯上述書頁三〇。）

據張文澍說，「疊字之義，不殊一字；斯雖異文，亦無分義。疊字之本，原於一文，雙聲疊韻，亦無二本。故悉𧍒之本爲𧍒，黽勉之本爲勉，椒聊之本爲椒，般桓之本爲般。本則一音，迤而爲二，合讀二音，還歸於一。大率雙聲之本在下，疊韻之本在上；以其衍一爲二理同反切，以雙聲爲切語讀之，則音同下字，故悉𧍒，𧍒也；黽勉，勉也；燕婉，婉也；麗廔，廔也；歷錄，錄也；蠛蠓，蠓也。以疊韻爲切語讀之，則音同上字，故椒聊，椒也；般桓，般也；童蒙，童也；贏果，贏也；虺隤，虺也；專與，專也；……」——論雙聲疊韻。

(4)同音——如轉輾，同爲知母銑韻；蟋蟀，同爲心母質韻。又如夫婦，現在同讀爲ㄈㄨ；買賣，同讀爲ㄇㄞ。

(5)疊音——由疊音構成的詞兒，與「重疊詞」完全相同（只是在這里是從聲音上來分析的，在「重疊詞」方面，是從意義上來分析的。）這里只是舉幾個例子；其詳，見後「重疊詞」。

尋尋、覓覓、冷冷、清清，悽悽、慘慘、戚戚；乍暖還寒時候，最難將息。——李清照聲聲慢詞。

青青河畔草，鬱鬱園中柳。盈盈樓上女，皎皎當窗牖；娥娥紅粉妝，纖纖出素手。——無名氏古詩十九首。

側着耳朵兒聽，躡着腳步兒行，悄悄冥冥，潛潛等等，等我那齊齊整整，嬝嬝婷婷，姐姐鶯鶯。

王實甫西廂記酬韻

（6）伸音——伸音，可以分爲四類：（A）一音分爲二音的。（B）重疊的伸音；（C）嵌音；（D）發語詞和收語詞。

（A）一音分爲兩音的。這一類的伸音，（或稱延音，或稱分音）與縮音（或稱促音，或稱合音。）雖則說前者由一音分成二音，後者由二音合成一音，分別得清清楚楚，但在實際上很難區別。

例如，「甚」與「甚麼」是「甚」爲「甚麼」底縮音呢，還是「甚麼」爲「甚」底伸音？

「我對於高先生主張促進這個革命的辦法，卻有一點懷疑，他主張兩個辦法：（1）設法把複音會字大造特造；（2）把『聲隨』的韻大增特增。第一條是不錯的，但第二條是大可不必的，並且是不能用人力來勉強做的。……因爲『聲隨的韻』容易消滅，而複音會字不容易消滅。古代的『聲隨』如m、p、t、k等，已消滅了。北部語言之中，古聲隨的保存，全靠他們的變成複音會字的尾音。例如『甚』的m音變成『甚麼』，『恁』的m音變成『那麼』，『怎』的m音變成『怎麼』，『俺』的m音變成『俺們』。複數代名詞『我們』『你們』等的尾音『們』，都是一個時代的尾音，先變成『每，』再變爲『們。』『們』變成『麼』與『們』之後，就不像『m』那麼容易消滅了。」

——胡適高元國音學序。

「……甲說以爲先有『甚』而後有『什麼，』但以作者所知，『甚』作『什麼』解，宋以後纔流行。（姜夔詞多用「甚」字。）但唐趙璘因話錄載『玄宗問黃幡綽「是勿兒可憐？」對曰，「自家兒可憐。」』『是勿兒』猶言『何兒。』『勿』古屬m聲母。『是勿』卽『什麼。』「摭言記韓愈問牛僧孺，『且道拍板爲什麼？』景德傳燈錄卷五載慧能語，有『汝名什麼？』『汝曾作什麼來？』『但問什麼生』等，貫休及歐陽修詩也有『作麼生。』可見『什麼』在『甚』之前，『甚』乃『什麼』之促音，不是『什麼』爲『甚』之延音。……宋人此語又作『甚麼』『什麼』之『什』字受『麼』字聲紐m的影響，而變作『甚』；這種變化是語言史上常有的事。」

——唐鉞國故新探卷二白話字音考源八則頁八八——九〇。

又如小川琢治在殷人底分布及其徑路第二節古音中，舉出邾婁與婁，不齊（殷祝解）與齊，是頭音增減底結果，又亳或薄與薄姑是尾音增減底結果。（見小川琢治中國歷史地理研究續集。)

看了上列的話，可以知道這一類的伸音與縮音，在現在，是很難區別的。這里，我們試舉若干過去傳述的例子。

「世人語音，有以切腳而稱者，亦間見之於書史中。如以蓬爲勃籠，槃爲勃闌，鐸爲突落，團爲突欒，鉦爲丁寧，頂爲滴顙，角爲矻落，蒲爲勃盧，精爲卽零，螳爲突郎，旁爲步廊，茨爲蒺藜，圈爲屈欒，錮爲骨露，窠爲窟駝是也。」——洪邁容齋三筆。

「俗語切腳字：勃籠，蓬字；勃闌，盤字；突落，鐸字；窟駝，窠字；黵賴，壞字；骨露，錮字；屈欒，圈字；鶻盧，蒲字；哭郎，堂字；突欒，團字；吃落，角字；只零，精字；不可，叵字：卽釋典所爲二合字。」——俞文豹唾玉集。

(林語堂先生在古有複輔音說(見語言學論叢頁一——一五)中說突郎爲螳，突欒爲團……等，是由複輔音構成的。)

「……左傳『有山鞠窮乎，』鞠窮是芎藭，鞠窮正切芎字。『著於丁寧』注，『丁寧，鉦也，』廣韻『丁，中莖切。』丁寧正切鉦字。……禮記檀弓『銘，明旌也。』明旌正切銘字。爾雅『禘，大祭也。』

大祭正切𥢶字。……『須，蕵蕪。』蕵蕪正切須字。列子『楊朱南之沛。』莊子『陽子居南之沛。』子居正切朱字。古人謂耳爲聰，易傳『聰；不明也。』靈樞經『少陽根於竅陰，結爲窻籠；窻籠，耳中也。』窻籠正切聰字。方言……『壻謂之倩。』注『今俗呼女壻爲卒便。』卒便正切倩字。說文『鈴，令丁也。』令丁正切鈴字。『鳩，鶻（古忽反）鵃（張流反）也。』鶻鵃正切鳩字。「瘯一曰族絫；」徐鉉以爲卽左傳之瘯蠡（力戈反。）瘯蠡正切瘯字。釋名『韠，蔽膝也；所以蔽膝前也。』蔽膝正切韠字。……』——顧亭林音論卷下反切之始條。

「『多九公道，「才女才說學士大夫論及反切尚且瞪目無語，何況我們不過略知皮毛，豈取亂談，貽笑大方。』紫衣女子聽了，望着紅衣女子輕輕笑道，「若以本題而論，豈非吳郡大老倚閭滿盈嗎?』紅衣女子點頭笑了一笑。唐敖聽了，甚覺不解。』（鏡花緣第十七回。）所謂『吳郡大老倚閭滿盈，』便是『問道於盲』的切腳語。解見同書第十九回。」——陳望道修辭學發凡頁二七九——二八〇。

這一類的伸音，在所謂「切口」中，用得很多。例如甲說，「不論情連金里恆羅?」便是「本錢幾何?」乙說，「不論情連英立坤來溫路根六眞而生老英立坤來青律根六人來肯羅門賴!」便是「本錢一塊五角，至少一塊七角纔可賣!」（見上海出版小型報世界晨報二十四年十一月八日至十七日載良飛美美作黑話。）在湖南長沙底學生間（不限于長沙，也並不限于學生間。）有一種伸音的切口，如「革命尚未成功，同志仍須努力」讀成「勒革令命浪尚內未能成聾功，龍同勵志能仍里須魯努律力。」（都是在上面加一個字，這個字底讀音，一定發聲是l，收音却與下面一個字底收音相同。）

「江西人呼父音如『伊耶』即今俗『爺』字之析音，猶足考見語言之流變性。」——姜亮夫毛詩語釋例，載國立中山大學語言歷史研究所國學門週刊。

(B)重疊的伸音，如「馬虎」底伸爲「馬馬虎虎」，既無關於意義，也不是單純的疊音，（因爲，「馬馬虎虎」底「馬馬」或「虎虎」都不成爲一個詞兒。）一方面是疊音，一方面是伸音，所以稱爲重疊的伸音。例如：

忽忙——忽忽忙忙　來往——來來往往　慌忙——慌慌忙忙　清楚——清清楚楚　瘋

傻——瘋瘋傻傻　大方——大大方方　客氣——客客氣氣　高興——高高興興　陸續——陸陸續續　隨便——隨隨便便

(C)嵌音，例如：

搬東西——搬東搬西　容易——其容且易　寃枉——寃哉枉也　歡喜——歡天喜地

獃——獃頭獃腦　獃——獃七獃八

又如戲本底添加「哇」「啷」「哪」等等。（見黎錦熙國語文法頁三三五——三三六。）

(D)發語詞及收語詞。近代語文中複音詞底構成，增加發語詞及收語詞是一種重要的機構，無關於意義，也無關於雙聲、疊韻，只是聲音底增加，所以歸入「伸音」中。

發語詞——現在一般用的，爲「阿」及「老。」

「阿，」是早有了的。如：

「宋人謂漢唐人多以『阿』字爲發語，如阿嬌、阿誰、阿家、阿房宮之類；則阿房之阿，亦當作去聲。……」——王阮亭池北偶談阿字音條。

「阿，語首助詞，必置於名詞代名詞之上。吾謂大弟但有武略耳；至於今者，學識英博。肅附蒙背曰，『非復吳下阿蒙！』（吳志呂蒙傳注）與卿語，不如與阿戎語（世說注。）有主吏仲東阿東。（成湯靈台碑陰。）禰衡游許下，自公卿國士以下，衡初不稱其官，皆名之曰阿某（抱朴子。）堂上啓阿母（焦仲卿妻詩。）阿母謂阿女（又。）道逢鄉里人，家中有阿誰（古詩。）先主謂曰，『向者之論，阿誰爲失？』（蜀志龐統傳。）敦作色曰，『小人阿誰是也？』（晉書沈充傳。）——楊樹達詞詮卷十阿條頁一。（按：其例錄自顧亭林日知錄卷三十二阿條。）

現在，我們日常寫說的很多。如：阿公、阿婆、阿叔、阿姨、阿姊、阿妹、阿爹、阿舅。又如：近來上海學校中流行的姓王的叫阿王，姓李的叫阿李。（按：日知錄阿條已說「猶今閭巷之婦以『阿』挈其姓也。」）

「老，」也是早有了的。如：

「今人於父執本稱老伯。華春濤先生則必較年齒，長於父者曰老伯，少於父者曰老叔，截然不可紊也。」——梁晉竹兩般秋雨盦隨筆。

又如：「郭奕曰，『大丈夫豈當以老姊求名』」（晉書。）「來俊臣謂周興曰，『有內狀勘老兄。』」（朝野僉載。）

現在日常寫說的也很多。如老兄、老弟、老伯、老姊、老太、老二、老鴇、老張、老沈。

這種發語詞，據說古代很多。（如楊樹達詞詮，又姚維銳古書疑義舉例補一字不成詞則加助語例條，載東方雜誌二十二卷八號，有很多的發語詞及收語詞。）嘗在，大多是有意義的，非發語詞；例如詩周南葛覃「薄汙我私，薄澣我衣」的薄；一般說薄爲發語詞，實在，薄卽甫，是剛纔的意思，是副詞，這里，試舉幾個從前的發語詞的例子。

如：「蠢茲有苗（書。）實司大皞與有濟之祀。（左傳僖二十一年。）」（楊樹達詞詮卷七有條頁五七。）

又如：「吳人以『格』音爲語端。『格』『句』一聲之轉，故吳曰『句吳。』越人用『阿』爲發聲，『阿』『於』古音相近，故越曰『於越。』」（劉光漢說。）

收語詞——現在一般用的，爲「子」「兒」及「頭」。

「子」，如窗子、褥子、墊子、刀子、銀子、扇子、兒子、女子、妻子、等等。（還有一些比較少用的，如：書子，見儒林外史第十二回；腳子，見儒林三十四回。）

「兒」，如盆兒、鳥兒、耍子兒（杭州話）孩兒、醋鉢兒、酒旗兒、小曲兒、草帚兒、半些兒、一班兒、葫蘆兒等等。

「頭」，如木頭，拳頭、鼻頭、釘頭、紙頭、罐頭、鈕頭等等。

子、兒及頭這三個收音詞，有好一些可以互通的，如鼻頭可作鼻子，釘頭可作釘子，鈕頭可作鈕子；刀子可作刀兒，擔子可作擔兒，盆子可作盆兒，車子可作車兒，小曲子可作小曲兒，兔子可作兔兒，孩子可作孩兒，紙頭可作紙兒，瓶頭可作瓶兒。（大概北方和杭州，「兒」音爲多，上海一帶，「子」音和「頭」音爲多。）

劉光漢說，「淮泗之間，列『溜』音於語末。『婁』『溜』疊韻，故『邾』曰『邾婁』。今北方語無論名辭動辭，其下皆繫以『兒』音；『兒』『婁』本異紐而今相近，則『邾婁』之語徧行矣。」

(7)縮音——縮音，如前所述，與(A)類的伸音(卽一音分爲二音的)很難區別。(在拼音文字中，是要竭力把單音詞改造爲複音詞的，所以，由縮音構成的詞兒，應該儘可能地避免掉，當我們做文章的時候。)現在，試舉數例於後。

「……宋沈括謂古語已有二聲合爲一字者，如不可爲叵，何不爲盍，如是爲爾，而已爲爾，之乎爲諸。鄭樵謂慢聲爲二，急聲爲一，慢聲爲者焉，急聲爲旃，慢聲爲者與，急聲爲諸，慢聲爲而已，急聲爲耳，慢聲爲之矣，急聲爲只，是也。愚嘗考之經傳，蓋不止此。如詩『牆有茨』，傳『茨，蒺藜也。』蒺藜正切茨字。『八月斷壺』，今人謂之胡盧；北史后妃傳作瓠蘆。瓠蘆正切壺字。左傳……『守陴者皆哭』，注『陴，城上僻倪』。僻音避，僻倪正切陴字。『棄甲則那』，那，何也，後人言奈何；奈何正切那字。……」——顧亭林音論卷下反切之始條。

現在，這種縮音的詞兒，在各地底方言中很有些(寫下來的還不多。)如：

屠明珠道「阿是耐勿捨得三塊洋錢，連水煙才覅吃哉？——鮑二姐，拿得來，覅撥俚吃！覅難爲仔俚三塊洋錢，害俚一夜困勿着！」——韓子雲海上花列傳第十五回。(意思是：屠明珠道，「可是你不捨得三塊洋錢，連水煙都不要吃了？——鮑二姐，拿了來，不要給他吃！不要耗費他三塊洋錢，害他一夜睡不着！」）

吃爺飯，着娘衣，嬒吃哥哥窠裏米，嬒着嫂嫂嫁時衣。——顧頡剛編吳歌甲集。

覅是勿要底縮音。嬒是勿曾底縮音。（兩者都是蘇州話。）（湖州話也有勿要底縮音，讀作「曉」）

又如不要縮爲別，不用縮爲甭。

此外，如二十縮爲廿（音聶，）三十縮爲卅（音撒，）四十縮爲卌（音錫，）但這三個詞兒除了廿轉讀爲「念」（因而常寫爲「念」）常使用外，卅、卌是「目治」的詞兒，讀音時普通還是讀作三十（「五卅」已讀作「五撒、」）四十。

（8）複切音——由複切音構成的詞兒，有兩種：一種是「雙反」（卽順倒雙重反切，）以兩個詞兒底聲音切出另兩個詞兒底聲音來；一種是所謂「三字反，」以三個詞兒底聲音切出另兩個詞兒底聲音來。

前者如：

「南北朝人作反語，多是雙反。……史之所載，如晉孝武帝作清暑殿，有識者以『清暑』反爲『楚聲』；『楚聲』爲『清』，『聲楚』爲『暑』也。宋明帝多忌，袁粲舊名『袁愍』，爲『隕門』，『隕門』爲『袁』，『門隕』爲『愍』也。劉悛舊名『劉忱』，爲『臨讎』，『臨讎』爲『劉』，『讎臨』爲『忱』也。齊世祖於青溪立宮，號曰舊宮，時人反之曰『舊宮』者『窮廐』；『窮廐』爲『舊』，『廐窮』爲『宮』也。文惠太子立樓館於鍾山下，號曰東田，『東田』反語爲『顚童』；『顚童』爲『東』，『童顚』爲『田』也。梁武帝創同泰寺，開『大通』門對寺之南門，取反語以協『同泰』；『同泰』爲『大』，『泰同』爲『通』也。陳後主名『叔寶』，反語爲『少福』；『少福』爲『叔』，『福少』爲『寶』也。北齊劉逖，請改元爲武平，謂和開士曰，『武平』反爲『明輔』；『明輔』爲『武』，『輔明』爲『平』也。隋文帝謂『楊英』反爲『嬴殃』；『楊英』爲『嬴』，『英楊』爲『殃』也。唐高宗改元通乾，以反語不善，詔停之，『通乾』反爲『天窮』；『通乾』爲『天』，『乾通』爲『窮』也。又如水經注索郎酒，反爲『桑落』；『桑落』爲『索』，『落桑』

爲『郎』也。孔氏誌怪，盧充『幽婚』反爲『溫休』；『溫休』爲『幽』，『休溫』爲『婚』也。」——顧亭林音論卷下南北朝反語條。

「『以二字而切兩音』的雙反，以前也曾流行，據說現今廣西鬱林北流兩縣也還沒有一人不會說，沒有一人不能懂。」——陳望道修辭學發凡頁二八〇。

後者如：

「有三字反者，吳孫亮初童謠曰，於何相求常子閣，『常子閣』者，反語『石子堈』『常閣』爲『石』，『閣常』爲『堈』也。齊武帝永明初，百姓歌曰，『陶郎來』；言『唐來勞』也，『陶郎』爲『唐』，『郎陶』爲『勞』也。梁武帝中大通中民間謠曰，鹿子開城門，『鹿子開』者，反語爲『來子哭』；『鹿開』爲『來』，『開鹿』爲『哭』也。」——顧亭林音論卷下南北朝反語條。

「切三音爲二字，如『私鈚頭』爲『鵧鷉』（高誘注淮南主術訓，）『吐谷渾』爲『退渾』（舊唐書。）」——胡以魯國語學草創頁三一。

（9）譯音——由譯音構成的詞兒，可以分爲八類：（A）完全的外來音；（B）外來音加中國音；

(C)中國音加外來音;(D)中國音加外來音加中國音;(E)外來語與中國語重複的;(F)別誤音;(G)省節音;(H)省節的外來音加中國音。

(A)完全的外來音——一般地說,都說最早的是梵文,例如菩薩(Bodhisattva),阿鼻(Avika),夜叉(Yaksha),刹那(Kshana),三昧(Samadhi)等等。後後魏很注重他們底國語,卽鮮卑語,如稱「臣」爲「奴」,稱「母」爲「姊」,稱「君主」爲「大家」,稱「兵士」爲「兒郎」(兪仲華蕩寇志稱「兵士」爲「兒郎」)等等。到元朝,在元曲中有很多的蒙古語。近來,歐洲語正在大量地輸入。這里,試舉若干完全的音譯的例子於後。

如圖騰、太步新狄加、托辣斯、剛白度、摩托卡、摩登、咖啡、可可、密絲等。廣東方面有士擔(郵票),燕梳(保險),咕哩(苦力),(這是由中國語譯成外國音,再由外國音而音譯了的)花新(時髦)夜冷(拍賣)等。

(B)外來音加中國音——例如:

「啤」「酒」,「愛克斯」「光線」,(也寫作「X」「光線」)「香檳」「酒」,「米突」

「尺，」「圖騰」「社會，」「摩登」「女子，」「華爾姿」「舞，」「基羅瓦特」「時，」「高而夫」「球，」「司潑令」「鎖，」「新狄加」「主義，」又如廣東底「袖」「衫」（西裝襯衫袖卽英語底 Shirt）特有名詞，如「斯拉夫」「人」。

（C）中國音加外來音——例如：

「冰」「淇淋，」「小」「布爾喬亞，」「腸」「窒扶斯，」「流氓」「普羅列塔利亞特」（流氓卽 Lumpen），「婦女消費組合」「基爾特，」「社會」「法西斯蒂，」又如廣東底「打」「波」（波卽英語底 Ball），「雙妹」「嘜」（嘜或作嚜，卽英語底 Mark），又如上海底「銅」「生斯」（生斯卽英語底 Cent；銅生斯，卽銅元。）特有名詞，如「鋼」「和泰。」（A. Von Stael-Holstein）

（D）中國音加外來音加中國音——例如：

「新」「羅曼」「主義，」「社會主義」「蘇維埃」「共和國聯盟，」（蘇維埃，原是評議會或委員會的意思。）「三」「A」「政策，」「三」「B」「政策，」「三」「C」「政策」

「三」「K」「黨。」

(E)外來語與中國語重複的——例如「『一等』『那摩溫』」(Number I)，「『卡』『片』」(卡卽 Card)「『施主』『檀越』」(趙員外道「……我祖上曾捨錢在寺裏，是本寺的施主檀越。……」——水滸第三回。檀越，卽梵語 Daanapati 底音譯檀那，意卽施主。)

(F)別誤音——例如「麥克麥克。」(卽 Very much 底洋涇浜化的 Much much，把 ch 讀作「克。」

(G)省節音——例如：鈉(Natrium)、鉀(Kalium)、鎂(Magnesium)。又如羅漢(Arhan)、修羅('Asura)、彌陀(Amitabha, Amitayus)、比丘(Bhikshu)、佛〔陀〕(Buddha)、僧〔伽〕(Sangha)、菩薩(Bodhisattva)、伽藍(Samgharâma)。特有名詞，如德(Deutsch，卽德意志)、意(Italy，卽意大利)、美(America，卽亞美利加。)

(H)省節的外來音加中國音——例如，愛世語(Esperanto，或譯作「愛世不難讀，」)攝氏〔Celsius's(Thermometer)〕，華氏〔Fahrenheit(Thermometer)〕，列氏〔Réaumur

(Thermometer)」又如，在五四時代曾把「德謨克拉西」稱作「德先生」，把「賽因斯」稱爲「賽先生」。

在上列的九項之外，還有與「意義」或「形體」相關聯的五項。

(10)象音——象音詞便是「六書」中所謂「形聲字。」（班固稱「形聲」爲「象聲。」）劉大白先生稱之爲「形符兼音符字。」（見劉大白文字學概論頁二五——二六。）沈兼士先生稱之爲「半音符」的文字，便是一個詞兒，「半體表示聲音，半體表示形義」的。這種象音，據沈兼士先生底意見，可以分爲兩類三項：（一）音符兼義者，（A）音符兼義而非其語根者，（B）音符兼義且卽其語根者；（二）音符無義者。舉例於下。（見沈兼士國語問題之歷史的研究，國學季刊第一卷第一號頁六四——六五。）

音符兼義而非其語根者：

(1)菲、翡（緋）痱、……含有赤義者。（加()者，說文所無之字。）

(2)罪、屝、匪、……器雖異而同爲編織物。

非：說文，違也。從飛下翍，取其相背也。

音符兼義且卽爲其語根者：

（1）輩、誹、棐、婓、騑、悲（悱、）扉、排、翡、……由違背之義孳乳出者。

（2）俳、（徘、）裴、蜚、（蜚、）𩇕、靟、……由飛義孳乳出者。

音符無義者：

腓，脛腨也。䠊，跀刖也。餥，餱也。𨛶，地名。屝，（陫）隱也。婓，醜兒。……均與「非」義無關者。

「六書」中的「轉注，」也可歸屬於「象音」的一類。章太炎先生說，「其音或雙聲相轉，疊韻相迆，則可更制一字，此所謂轉注也。」（見國故論衡轉注假借說。）這便是說，因爲各地底聲音不同，或古今底聲音轉變，循着章先生所謂「雙聲相轉，疊韻相迆」的規則，各地各時構成了無數的象音詞。如第一章第二節第一段語言與文字中引用的錢玄同所擧例便是。

（11）表音　表音詞，卽「六書」中所謂「假借字。」

「許多同音字，不問它們是象形字、指事字、會意字、形聲字、轉注字，也不問它們中間的形聲字和轉注字是什麼義符，凡同音的字，都可以任意亂寫，凡聲音略有轉變，就可以改寫他字以明其音。總而言之，對於固有的文字都作爲注音字母用，這便是假借。說文定假借的界說道：『本無其字，依聲托事。』這話尚未能包括假借的全體。『本無其字』的，固然只要假借一個同音的字便得了。就是那『本有其字』的，也不妨隨便寫一個同音的字；所以『飛鴻』可以寫作『蜚鴻』，『歐陽』可以寫作『歐羊』，『憔悴』可以寫作『蕉萃』，『髣髴』可以寫作『放物』。漢字到了用假借字，便是純粹的表音文字了。」——錢玄同漢字革命，同前頁一二——一三。

(12)拼音——這里所謂拼音詞，是指我們現在使用的漢字中的拼音詞。

「所謂拼音者，與純粹形聲字不同：形聲字一形一聲，其聲乃整個的，並非拼切成的，『拼音』則至少要有二聲合併，方合定義。我找到這種的字，雖不算多，卻也不少，且至少有幾條可以成立的。其中可分數類。而推其用意，無非欲使所諧之字聲，與所用的偏旁比較吻合，比較精確，每有第一諧聲偏旁不能完全吻合的，加上第二個諧聲偏旁以補其缺。這已經可以說是一種的拼音字了。

「(一)有全字皆聲的，如『嚭』。……嚭，披鄙切，說文從否喜聲，但是否喜皆聲，有確實證據。……」

「(二)有一字二聲相近的，其中一聲爲本字，因音已轉變，再加相近的聲，使與讀音吻合。如石鼓文以『避』代『我』，而吾午聲相近。……」

「(三)有的以聲母字與韻母字合併而成。如斯言爲『誓』，假借作『鮮』……」

「(四)有的是形聲字，而一字二聲，說文明言者有幾個例。『竊』字下云，『從穴從米，廿禼皆聲。』古竊收P音，而禼音偰，千結切，無收P音，不足併竊音，故又加廿，廿古文疾（收P），所以補『禼』之缺。……」——林語堂語言學論叢漢字中之拼音字頁一三四——一三五。

(13)借音——如「牆頭上刷白粉——白說；」「刷」借作「說；」又如討彩頭的東西，如以「棗子」說「早生貴子，」以「桂圓」說「連中三元；」以「荔子」說「大吉大利。」如紅樓夢(二十六回：)「寶玉將手一撒，給他看道，『可是這兩個字吧？其實和『庚黃』相去不遠。』衆人都看時，原來是『唐寅』兩個字，都笑道，『想必是這兩個字，大爺一時眼花了，也未可知。』」「薛蟠自覺沒趣，笑道，『誰知他是糖銀是菓銀的！』」「糖銀」是「唐寅」底借音。（菓銀，是由糖銀牽附的。）

(14)借轉音——還有借了音又轉變的。如以「豈有此理」的「理」借作「裏，」倒反成「豈有此外；」以「莫名其妙」的「妙」借作「廟，」轉成爲「莫名其廟」更轉成爲「莫名其土地堂；」以「妙不可言」的「言」借作「鹽，」轉成爲「妙不可醬油；」以「別字」底「別」借作「白，」轉成爲「石灰字。」

(二)由於意義構成的詞兒底分析

由於意義構成的詞兒，可以分爲下列的十七類：(1)擬音詞；(2)摹狀詞；(3)合體詞；(4)義同詞；(5)義近詞；(6)對峙詞；(7)重疊詞；(8)從屬詞；(9)帶數詞；(10)反映詞；(11)節縮詞；(12)周折詞；(13)歇後語；(14)外來語；(15)義轉詞；(是詞面不變而意義卻轉變了的。)(16)會意詞；(17)牽附詞。

下面，試就各類列舉數例。

(1)擬音詞——我們在前面講過，詞兒底起源是由於摹音的；這里，有一種的摹音，這種音本來是沒有意義的，卻擬着音而創製一種有意義的詞兒，所以名爲擬音詞。例如，

「鷓鴣性畏霜露，早晚稀出，夜栖以木葉蔽身，多對啼，今俗謂其鳴曰『行不得也哥哥。』」——本草。（如丘濬禽言詩，「行不得也哥哥十八灘頭亂石多。」）

「黃霽青觀察禽言詩引，謂江南春夏之交，有鳥繞村飛鳴，其音若『家家看火，』又若『割麥插禾，』江以北則曰『淮上好過，』山左人名之曰『短募把鋤，』常山道中又稱之曰『沙糖麥裹，』實同一鳥也。余按此鳥即『布穀，』爾雅所謂『鳲鳩鴶鵴』者是也。本草釋名，又有「阿公阿婆、」「脫卻布褲」等音。陳造布穀吟序，謂人以『布穀』爲催耕，其聲曰『脫了潑袴。』淮農傳其言云『郭嫂打婆，』浙人解云『一百八個』者，以意測之云云。吾鄉蠶事方興，聞此鳥之聲，以爲『札山看火，』殆蠶事畢，則以爲『家家好過，』蓋不待易地，而其音且因時變易矣。」——陸以湉冷廬雜識禽言條。

繆艮文章遊戲禽言詞條，載着一首以各地禽言「集句」的詞。

記得五四後，杭州青年稱包車底鈴聲爲「打光，打光。」吾鄉（浙江杭縣）討厭別人家放爆杖（爆竹，）稱爆仗底爆發聲爲「窮——光。」這也屬於這一類。

(2)摹狀詞——摹寫事物情狀的詞兒，在聲音，意義，形體（如由「象形」構成的詞兒）的三方面都有意義方面的，我們叫作摹狀詞。例如：

看到戲場上小旦裝出一個妓者，扭扭捏捏的唱。——儒林外史第十回。

這時街上鬧了六七十人，齊鋪鋪的看。——儒林外史十二回。

低低橋入低低寺，小小盆盛小小花。——楊誠齋水月寺詩。

(3)合體詞——合體詞是指合了起來纔能構成的，一分析開來，便沒有意義，例如：芙蓉、蜘蛛、蘿蔔、猢猻、橄欖、檳榔、猞猁孫、猩猩、孔丘、黃巢、惡作劇、眼前報、撈什子。

(4)義同詞——義同詞，與第三類的合體詞正相反，除了其意義已轉變外，分析開來，各自可以獨立而且意義並不轉變；只是我們在前面已經講過，現代的語文以從單音詞變成複音詞爲一重要的趨勢，所以，我們應該儘量地使用義同詞。例如：

賓客、道路、眼目、繩索、迅速、粗糙、遮蔽、居住、離散、停歇、疲倦、睡眠、關閉、的確、倘若、如同、罷了、噯喲。

(5)義近詞——義近詞與義同詞，有些地方，不能劃分得很淸楚，如樹木、詩歌、頭腦等。構成後的意義也與義同詞一樣，有一部分是轉變了（關於意義轉變了的，都在後面「義轉詞」中敍述。）例如：

姿容、禮儀、法則、法律、干戈、木石、紙筆、衣冠、絲竹、筆墨、柴米、衣食、楮墨、刑罰、筵席、心腹、基礎、美麗、貧賤、清白、堅硬、聰明、悲痛、辯論、編織、著述、妒忌。

(6)對峙詞——對峙詞『有人稱爲「義反詞，」）構成後的意義，可以分爲三種：一種包括相對峙的兩種意義；一種雖則由相對峙的兩個詞兒構成，卻只有片面的意思；一種是轉變了的（關於後一種，在「義轉詞」中敍述。）例如：

好歹、大小、左右、雌雄、買賣、借貸、勝負、多少、賞罰、陰陽、深淺、生死、長短、天地、冰炭、東西、水火、父子、出入、上下、公私、古今、褒貶、是非。

這種對峙詞，大多用作包括相對峙的兩種意義的；也有只片面的意義的。例如：

「古有『陟降』一語，古人言『陟降』，猶今人言『往來』，不必兼『陟』與『降』二義。周頌，『念茲皇祖，陟降庭止，陟降厥士，日監在茲。』意以降爲主，而兼言陟者也。大雅，『文王降陟；在帝左右。』此以陟爲主，而兼言降者也。」——王國維觀堂集林。

便對陳三郎道，「價使依了你只是我要往一朋友處借貸少頃便來。」——今古奇觀第十四回。這裏只是借，沒有貸。

史記游俠傳，「緩急人之所時有也，」這里是說急。

史記刺客傳，「多人不得無生得失，」這里是說失。

(7)重疊詞——由於意義構成的重疊詞，有兩種：一種即前面「疊音」中所舉的一種是聲音並不重疊而意義卻重疊的。

前者底例子，如（太多了，隨手舉兩個；）

媽媽道，「……開了大門七件事，般般都在老身心上。……」——今古奇觀第五回。

石秀……次日早飯罷，入得城來，但見人人嗟嘆，個個傷情。——水滸第六十一回。

後者底例子，如：

宋江指着高廉罵道，「……今日我必要把你誅盡殺絕，」——水滸第五十一回。

萬中書向鳳四老爹道，「小弟此番大概是奇冤極枉了。……」——儒林外史第五十回。

這種詞兒，並非「冗濫」，是諧和語調的。

(8)從屬詞——這一類，在數量上講，是詞兒底大本營，大多數的詞兒是用這個方法構成的。例如：

科學家、文學家、軍閥、茶壺、使壺、天上、地下、酣睡、暴動、跳高、搗亂、吃飯、打仗、少許、大略、突然、催眠、叫賣、一張、兩條、種子、像是、似乎、反革命、不景氣、理想化、科學化、社會性……等等。

以普通名詞與單位名（量詞）相從屬的，如馬匹、船隻、書本、紙張、案件、鹽斤、銀兩、人口、牲口、兵丁、官員、槍枝、布匹也屬於這一類。

(9)帶數詞——帶數詞，即梵語所謂「六合釋」(Shatsamasa)中的「帶數釋」(Dvigu)（見胡以魯國語學草創頁五五〇）可以分為兩種：一種是數詞底本身沒有意義的；一種是與別的詞兒連在一起，意義便轉變了的，還有「定數詞」可以用作「不定數詞」，當然意義也轉變了。（關於後者，在「義轉詞」中敘述。）

林之洋鬍鬚早已燒得「一乾二淨」——鏡花緣第二十六回。

武松道，「一不做，二不休！殺了一百個也只一死！」——水滸第三十回。（陳望道修辭學發凡頁三〇一說「數目在一二字以上的，意義略乎有點不同；」但是如「他『連一連二』地講下去，」這便是定數詞變為不定數詞了。）

(10)反映詞——反映詞是「揭出互相反對的事物來相映」的，例如：

襲人笑道「怪不得人說你無事忙！……」——紅樓夢第六十三回。

賈政……道，「……他到底念了些什麼書？倒念了些流言混語在肚子裏，學了些精緻的淘氣。……」——紅樓夢第九回。

杜慎卿道，「……小弟看來，覺得雅的這樣俗，還是清談為妙。」——儒林外史第二十九回。

（請參照唐鉞修辭格頁三三——三六，陳望道修辭學發凡頁一七一——一七四。）

(11)節縮詞——節縮詞，都是關於「特有名詞」的，顧炎武在日知錄卷二十三古人二名止用一字條中，舉了許多例子，（楊樹達古書疑義舉例續補二字之名只稱一字例條，陳望道修辭學發凡頁三二二——三二九，趙景深修辭學講話頁一二七——一三二，也有許多例子。）他是罵爲「不通」的。這里，試舉幾個節縮詞的例子於後，

紛紛齊萬；亦孔之醜。　潘岳關中詩。指齊萬年。

百貿易兮傳賣。——王逸九思，指百里奚。

管、嬰不及。——司馬遷史記孟子荀卿傳，指管仲、晏嬰。

夫燕亦勃碣之間一都會也。——史記貨殖傳，指勃海碣石。

不韋遷蜀，世傳呂覽。——司馬遷太史公自序及報任少卿書，指呂氏春秋。（呂氏春秋內含六論、八覽、十二紀。）

節縮詞，是可以用的，但不能濫用。現在常用的，例如：

中央黨部宣傳部，稱爲中宣部；教育部長，稱爲教長；廣東、廣西，稱爲兩廣；阿比西尼亞，稱爲阿或阿國……等等。

(12)周折詞——周折詞是「有話不直直截截的說，卻故意說得繁曲繳繞的，」例如：

有採薪之憂。——孟子，謂有「病」也。

願及未塡溝壑而託之。——戰國策，「塡溝壑，」「死」也，觸讋自謂語。

匡大道，「……病了不到一百天就不在了。」……匡大道，「弟婦一倒了頭，家裏一個錢也沒有。……」——儒林外史第二十回。「不在」和「倒了頭，」都是說「死。」

「小栓的爹；你就去嗎？」是一個老女人的聲音。……「唔，」老栓一面聽，一面應，……——魯迅吶喊藥。「小栓的爹，」就是老女人（「小栓的爹」底太太）在叫的「丈夫老栓。」如上海灘上的「前樓阿姨，」「後樓阿（讀如夜）叔，」也是一樣的構成法。

（請參照唐鉞修辭格頁七六——七八，陳望道修辭學發凡頁二五二——二五七，三三七——三四〇。）

(13)歇後語 ——關於歇後語，顏之推在顏氏家訓文章篇中說：

「詩云，『兄弟孔懷。』孔，甚也；懷，思也；言甚可思也。陸機與長沙顧母書，述從祖弟士橫死，乃言，『痛心拔腦，有如孔懷。』心既痛矣，即爲甚思，何故言『有如』也？觀其此意，當謂親兄弟爲孔懷。詩云『父母孔邇』而呼二親爲『孔邇，』於義通乎？」

如以「友于」代「兄弟」（書君陳「友于兄弟，」）以「貽厥」代「孫」（詩文王有聲「貽厥孫謀，」）以「居諸」代「日月」（詩柏舟「日居月諸，」）以「而立」代「三十」（論語爲政「三十而立」）……等等，都是歇後語。

這種歇後語是語文底詞兒底一種，沒有法子罵爲「不通」的。只是，古代有古代底成語，現代有現代的；我們現在，應該用現代的成語底歇後語。例如：

梨山老——母　敲釘鑽——腳　牛頭馬——面　下馬威——風　豬頭三——生（牲）

糊裏糊——塗（賭）　頭頭是——盜（道）　夜叉小——龜（鬼）

（14）外來語——外來語，在前面「譯音」中講到的，是「聲音」；這里，是講「意義」的。由外來語構成的詞兒，可以分爲三類：（A）完全的外來語；（B）接頭語；（C）接尾語。

（A）完全的外來語——例如：

景氣（ケイキ）、場合（バアヒ）、手續（テツヅキ）、蜜月（Honey-moon）、自由戀愛（Free

love)、啞鈴(Dumb-bell)、地方色(Local colour)、鳥瞰圖(Bird's eye view)、黑暗面(Dark side)、主潮(Main current)等等。

(B)接頭語(Prefix)——例如：

Anti(反)—— 反革命、反帝國主義同盟、反猶太主義。

Pan(汎)——汎靈論、汎神論、汎歐聯盟、汎斯拉夫主義、汎太平洋科學會議。

Un, non(不，非)——不周延、不景氣、不自然；非戰、非軍國主義。

Quasi(準)——準國家、準犯罪。

Super(超)——超人、超經濟的剝削、超有機體、超自然、超道德主義。

New(新)——新文化、新羅曼主義、新寫實主義、新經濟政策、新康德主義、新記錄、「新」經濟學。(這個新字，是從技巧上來的特殊用法，然而這一類用法也很普遍。)

(C)接尾語(Suffix)——例如：

Ize, ify(化)——理想化、科學化、商業化、商品化、白話化、文言化、歐化。

Ism（主義、論、說、制、教、）——工團主義、資本主義、三民主義、自然主義；一元論、多元論、唯心論、唯物論、原子論、實證論；人類中心說，地球中心說、靈魂創造說、主知說、主情說、主意說；氏族共產制、雜婚制、單本位制、複本位制、金銀混合本位制。有譯爲教的，如拜物教。（或譯作靈物崇拜。）

Ty（性）——因果性、一般性、必然性、實在性。

Self（本身）——這個東西本身、文字本身、科學本身、他本身。（或他自己。）

Tic（的）——客觀的、積極的、絕對的、空間的、文學的。Tic，有時音譯，如羅曼諦克。

又如Logy之譯爲「學」，把我們聖賢底經，也歐化成爲「經學」了。（還有一個用得很普遍的「被」字，如被選舉權、被壓迫民族、被支配階級、這是從日本來的。）

此外，還有三種特殊的構成法：（甲）音相同或相近而意義也相同或相近的；（乙）把外來語底原意轉變了的；（丙）把外來語譯成聲音相同而意義卻各別的詞兒的。

（甲）如：

俱樂部——Club　混凝土——Concrete

愛美的——Amateur　魔術——Magic

(乙)如：

Pass（派司）底原意是「免費票」，現在有時轉變成了「納費通行證」的意義，如上海底「公園派司」「電車派司」等。

Ocean是「海洋」的意思，轉變爲「出洋」的意思。

(丙)如：

Husband——黑漆板凳　Miss——覓死

Fiance——飛洋傘　Love——拉夫

(15)義轉詞——義轉詞，是詞面不變，而意義卻轉變了的；這是由於下列的四種原因而轉變了的。(A)借代；(B)倒反；(C)移就；(D)諱飾。

(A)借代——借代的方法很多。（其詳細，請看唐鉞修辭格頁四一——五二，陳望道修辭學發凡頁一五二——一七一。）

例如由義近詞構成的詞兒絲竹，柴米：

無絲竹之亂耳，無案牘之勞形。——劉禹錫陋室銘，絲竹代音樂。

你歷年賣詩賣畫，我也積聚下三五十兩銀子，柴米不愁沒有。——儒林外史第一回，柴米代日用的全體。

例如由對峙詞構成的詞兒，如「不辨東西」是不知道方向的意思；如「不懂規矩」是不懂禮貌的意思；如「一決雌雄」是一決勝敗的意思。

例如由帶數詞構成的詞兒，如四海、十方代大地；一流代同類；一粟代渺小。

還有「定數詞」轉為「不定數詞」的，例如：

「……凡一二之所不能盡者，則約之三以見其多；三之所不能盡者，則約之九以見其極多。言語之虛數也。……何以知其然也？易近利市三倍，詩如賈三倍，論語焉往而不三黜，春秋傳三折肱為良醫（楚辭作九折肱，）此不必限以三也；論語季文子三思而後行，雌雉三嗅而作，孟子書陳仲子食李三咽，此不可知其為三也；論語子文三仕三已，史記管仲三仕三見逐於君，三戰三在，田忌三戰三勝，范蠡三致千金，此不必其果爲三也。故知三者，虛數也。楚辭雖九死其猶未悔，此不能有九也；詩九十其儀，史記若九牛之亡一毛，又腸一日而九迴，此不必限以九也；孫子善守者藏於九地之下，善攻者動於九天之上，此不可以言九也。故知九者，虛數也。推之九、百、千、萬，固亦如此。故學古者，通其語言，則不謬其文字矣。」——汪中述學內篇一釋三九上。（劉師培古書疑義舉例補有虛數不可實指之例條，舉例甚多。）

我近來寫了一篇廣「釋三九」（載復旦學報第四期，）說明自一至十，及百、千、萬，暨半、十八、三十六、七十二、一百二十、三百六十、五百、八百……等，都可以用作不定數詞。

揚子取爲我，拔一毛而利天下，不爲也。——孟子。

鼻涕長一尺。——王褒僮約。

說着越發加上兩鞭，那馬早已轉了兩個灣，出了城門。——紅樓夢四十三回。

姑娘的千金貴體，也別自看輕了。——紅樓夢六十七回。

你把那廝欺君賊臣高俅碎屍萬段。——水滸五十一回。

跌得個發昏章第十一。——水滸二十五回。

李應聽罷，心頭那把無名業火高舉三千丈。——水滸四十六回。

(B)倒反——例如：

你借與我半間兒客舍僧房，與我那可憎才居止處門兒相向。(「可憎，」是愛極的倒辭。)——西廂記借廂。

俏冤家扯奴在窗兒外。——馮夢龍掛枝兒調情(二)，冤家是情人。

(C)移就——例如：

「如人呼出口氣謂之吹，借以懸擬風之吹；人自陵阜下曰降，借以懸擬雨之降……曰思想深遠，曰度量寬宏深所以度水，遠所以記里，寬宏所以形狀空中之器者……如能能屬也，懸其堅中之性質以擬堅中之人，懸以強壯之性質以擬強壯之人，而有賢能能傑之稱……如水有面，山有腳，屋有角，樹有皮，其擬人也。花有冠，竹有衣，其擬物也。——胡以魯國語學草創四〇——四三。

又如情書，病院，義塚。

（D）諱飾　例如：

衍口未嘗言錢。婦令婢以錢繞牀下。衍晨起，不得出，呼婢曰，「舉卻阿堵物！」——晉書王衍傳，「阿堵」猶言「這個，」這裏用做諱飾語。

王鬍子私向鮑廷璽道，「……我在這裏算着，那話已有個完的意思。……」——儒林外史第三十二回，所謂「那話」便是錢，卻不明說錢。

小紅……又道，「平姐姐叫我來回奶奶：才旺兒進來討奶奶的示下，好往那家子去。平姐姐就把那話按着奶奶的主意打發他去了。」——紅樓夢第二十七回，「那話」也是指錢。

（16）「會意」詞——「六書」中的「會意字，」是由意義構成的詞兒。

「……利用現成的象形文字人爲的合併起來，成爲一種具體的形象，藉以表示一種抽象的意思。譬如一個『初』字，說文注，『裁衣之始也。』爾雅注，『始也。』陳澧解說道，『近人多以說文爲本義，爾雅爲引申義，其實不盡然也。造初字者，無形可畫，無聲可諧，故从衣从刀會意耳。』這就是用具體的方法表示抽象的意思的一個好例。其他如『盥』『盜』『閒』『仁』『武』『信』

……等字皆是。這種字的作法，慢慢的超乎迹象，主觀的作用漸盛，而所包含的意義也更曲折了。……」（沈兼士國語問題之歷史的研究，國學季刊一卷一號頁六〇——六一。）

此外，「六書」中「指事字」及「轉注字」，也是與意義有關的，「指事字」爲「形符兼意符字，」到後面去敍述；「轉注字」爲「音符兼意符字，」我們已經在前面敍述了。

(17)牽附詞——例如：

那家人回來說，「和尚說，『賈爺今日五鼓已進京去了，也曾留下話與和尙轉達老爺說，「讀書人不在黃道黑道，總以事理爲要，不及面辭了。」』」——紅樓夢第一回，「黑道」是由「黃道」牽附而成的。

襲人冷笑道，「……橫豎那邊膩了過來，這邊又有什麼四兒五兒伏侍你。」紅樓夢第二十一回，「五兒」是由「四兒」牽附而成的。

又如紅樓夢二十七回，由「奶奶」牽附成「爺爺，」同上五十二回，由「花姑娘」牽附成「草姑娘。」又如兒女英雄傳三十三回，由「左傳」牽附成「右傳。」

(三)由於形體構成的詞兒底分析

中國文字底形體，到現在已經差不多完全成了紀錄聲音的符號了；到拼音文字實行，形體便是完全紀錄聲音的符號了。所以，在這裏，我們對於由形體構成的詞兒，只略略地敍述到一下。

由於形體構成的詞兒，可以分析爲三類：(一)摹形詞；(二)「析字」詞；(三)「析字牽附」詞；(四)外國詞。

(一)摹形詞——我們在前面講過，摹寫事物情狀的詞兒，在聲音、意義及形體的三方面都有；在形體方面的，我們叫作「摹形詞」。(在聲音方面叫「摹音詞」；意義方面，叫「摹狀詞」。)

摹形詞，可以分析爲三類：(A)「象形」詞，(B)「指事」詞；(C)「形聲」詞。

(A)「象形」詞——許愼對於「象形」的定義，是「畫成其物，隨體詰詘」，如日、月、山、水、草、木等。(「象形字」到了現在，有許多已不「象形」了，如日與月都是長方的了，牛成了一隻角、一隻腳，鳥成了四隻腳等。)

(B)「指事」詞——「六書」中所謂「指事字，」是「形符兼意符字。」「許氏所下的定義是『視而可識，察而見意；』所舉的例，是『上』『下』兩字。『視而可識，』所視而識的是形符；『察而見意，』所察而見的是意符。……『上』『下』兩字，篆文作『丄』『丅，』或『∸』『⨪，』或『二』『二』，是合兩個簡單渾淪的形符而成。這兩個簡單渾淪的形符，都不是文字而只是記號（『一』不是單一的一，只是一個無聲可讀的記號；）它底意符，就在兩個形符相與之間。……』（劉大白文字學概論頁二四）。

（C）「形聲」詞——見前。

（二）「析字」詞——依據形體構成的「析字」詞，例如：

「……如稱許•曰言午；見三國志魏文帝紀注；稱張•曰弓長；見宋書王景文傳注；稱楊•曰木易；見隋書宗室傳；稱裴•曰非衣；見唐書裴度傳；稱李•曰木子；見宣室志。」……——吳曾祺涵芬樓文談雜說頁八〇。

衙內道，「你猜我心中甚事不樂？」富安道，「衙內是思想那雙•木•的。這猜如何？」——水滸第六回。（雙木，林也。）

黃文炳道，「『耗國因家木』耗散國家錢糧的人，必是『家』頭着個『木』字，明明是個『宋』字。第二句，『刀兵點水工』，興起刀兵之人，『水』邊着個『工』字，明是個『江』字。……」

——水滸第三十八回。

(三)「析字牽附」詞——如由「丘八」牽附成「丘九。」

(四)外國詞——現在有許多文章中，把無法翻譯的詞兒，都直接書寫外國詞兒。（因爲意譯既要「纏夾二」，音譯讀起來又「佶屈聱牙」。）一般地使用的，例如：

1 2 3 4 5 6 7 8 9 0（阿拉伯數字）

I II III IV V VI VII VIII IX X L（五十）C（百）M（千）（羅馬數字）

又如化學原素名 H，Na，K，Ca 等，數學上的名稱 + － × ÷ · x，y，s，n，cosin 等。

上面，我們把詞兒底構成，從文字底聲音、意義、形體的三個方面來分析的敘述，粗略地寫完了。

第二段　詞兒底選擇

詞兒底選擇，卽從前所謂「練字。」「語不驚人死不休，」「吟安一個字，撚斷幾莖鬚，」便是說詞兒底需要選擇，而且要煞費苦心的。

詞兒底選擇，是爲要把意思明明白白、確確切切地表示出來；所以，選擇詞兒的準則，是明確。例如：

孔子曰，「富與貴，是人之所欲也；不以其道得之，不居也。貧與賤，是人之所惡也；不以其道得之，不去也。」此言當由道義得，不當苟取也；當守節安貧，不當妄去也。夫言不以其道得富貴不居，可也；不以其道得貧賤，如何？富貴顧可去，去貧賤何之？去貧賤，得富貴也。不得富貴，不去貧賤。如謂得富貴不以其道則不去貧賤耶？則所得富貴，不得貧賤也。貧賤何故當言得之？顧當言：貧與賤，是人之所惡也；不以其道去之，則不去也。當言去，不當言得。得者，施於得之也；今去之，安得言得乎！獨富貴當言得耳。何者？得富貴乃去貧賤也。——王充論衡問孔篇。

陶岳五代史補：齊已攜詩詣鄭谷，詠早梅云，「前村深雪裏，昨夜數枝開。」谷曰，「數枝非早也，未若一枝。」齊已拜谷爲一字師。——戴埴鼠璞卷上。

孔子侍坐於季孫，季孫之宰通曰，「君使人假馬，其與之乎？」孔子曰，「吾聞，君取於臣謂之取，不曰假。」季孫悟，告宰通曰「今以往，君有取謂之取，無曰假。」孔子曰，「正假馬之言而君臣之義定矣！」——韓嬰韓詩外傳卷五。

後漢書梁愷傳，「陳忠上疏薦愷，言『臣父寵前忝司空。』」忝，豈可施於父乎！此范氏不擇之罪。——孔平仲珩璜新論。

這一類的例子很多（我別輯文病治療集一書。）上列的例子，都是指摘詞兒底不明確的。

這里，我們提出下列的四項的語詞論述其明確與否：（1）前代語；（2）地方語（或方言）（3）術語；（4）外來語。

此外，我們更指出下列六項不明確的語詞：（1）曖昧語；（2）同義異詞；（3）異義同詞；（4）訛用語；（5）濫造語；（6）冗濫語。

（1）前代語——前代語，可以分為兩類：一類是迄今還在我們嘴裏說的，這當然是能明確地表達我們底意思的；一類是已經從我們底嘴上消滅了的，便是所謂「死語，」或者已死的前代語。

這種已死的前代語，不消說是不能明確地表達我們底意思的（見前第一章第二節第二段語文底變遷的大勢及第二章文章底特質。）

「合下休傳音問。」——黃庭堅少年心。「合下手安排了。」——辛棄疾戀繡衾。宋人白話裏常用合下、合手下，如我們現在說的當下、卽時。朱子語類百四十，「秦少游詩甚巧。謂之『對客揮毫』者，想他合下得句便巧。」（見胡適詞選頁一四一，二三五。）

「然自武昌興起，淸吏所在奉頭鼠竄者，其氣奪也。」——章太炎喩培倫傳。不曰奔竄，而必曰鼠竄，不免文人好古之習也。（見金兆梓實用國文修辭學頁一三四。）章太炎好玩這套把戲，他底國故論衡曾寫作或古侖魚，他底公館牌子曾寫作劉漢章（大漢章。）

此外，如陽關三疊、一曲渭城、銀燈漏聲、翡翠衾、鴛鴦瓦等等，都是已死了的卽如計學、羣學等，也是已死了的。

（2）地方語——地方語，卽方言，這是自古至今不斷地在用着的（詩三百中已有很多方言。）但是一直到現在，還有很多的人反對用方言（如金兆梓實用國文修辭學頁一三九。說「須避方言」）我以爲這個問題要從兩方面來看：（1）用土話寫文章，這是萬分需要的（如水滸中一部分的山東話，紅樓夢底京話，金瓶梅底山東——河南話，海上花列傳底蘇州話，各地歌謠底各地方言等。）這可以使數目大得一場糊塗的文盲比較地有「開眼」（一般人叫「文盲」爲「瞎子」）的機會，而且將來的中國底「國語」是大大地需要各地地方言底混和的；（2）在現在一般的使用藍靑官話式的國語的文人，在沒有適切的國語可以使用的時候，應該絕不避「偏僻」地使用地方語（尤其是表現「地方色」的文章。）

這里，我們試舉幾個地方語的例子。

舊唐書李密傳云「爲左歸侍在仗下。煬帝謂宇文述曰，『個小兒視瞻異常，勿令宿衞。』」

【按】王鳴盛十七史商榷云，「新書改作『此兒顧盼不常，無入衞！』此等以仍舊爲佳。通鑑第百八十五卷，『煬帝好效吳語，謂蕭后曰，「外間大有人圖儂。」』胡三省注，『吳人自稱曰儂。』個小兒，亦吳語也。」　自楊樹達中國修辭學頁一五三。

小爾雅，「肆，極也。」說文，「肆，極陳也。」大雅，「其風肆好。」傳，「肆，長也。」通以今語，猶言極好耳。今遼東謂「富有」曰「有得肆；」蘇州謂「甚好」曰「好得肆，」「甚熱」曰熱得肆。」——章太炎新方言一。

金陵謂「中酒」曰「酒惡；」則知李後主詩（應作「詞」）云「酒惡時拈花蘂嗅，」用鄉人語也。——趙德鄰侯鯖錄。

俞仲華蕩寇志時有杭州語，如第七十回，「尉遲大娘聽了，也是駭然道，『奇了！昨日靈靈清清送他入棺西村人都在那裏送殯，敢道是做夢不成！』」靈靈清清，是明明白白的意思。

「但她穿得厚裏囉哆的，一點沒有衣架子，倒活像個老員外。」——俞平伯西冷橋上賣甘蔗（燕知草）厚裏囉哆，是杭州話，上海話叫「厚子格得」與「挺厚的」意思差不多。

「拿起來費勁，放下卻很豪燥的，……但我壓根兒未見得有才哩。」——俞平伯雪晚歸船（燕知草）豪燥，上海、杭州、湖州一帶都說，在這里是容易的意思（也解作快速）壓根兒，北平話，是澈頭澈尾的意思。

（3）術語——術語，這是沒有一定的界限的；有一些詞兒，起初使用時是當作術語看的，待大家會用了，便不再看作術語了。例如，目的、手段、權利、義務之類也是術語，現在一般人都不看作術語了。

要注意的是做文章的人，應該選定了讀者去使用。對於一般的大衆，應該盡量少用術語，用了術語也應該加以解釋。對於學文科的學生，用了太專門的醫藥學上、物理學上、工程學上的術語，也會使他不懂的。

至於術語底比一般用語來得明確，這是不消說的事。

（4）外來語——外來語底使用，與術語的條件差不多。用得多了，也便會慣的；使用時，應該看準了讀者；外來的事物底採用外來語當然比用一般用語明確。

這里，有一點，是應該提出來的。一切外來的事物在中國底語文中沒有適切的用語的時候，應該盡量用外來語，再不可像從前那麽「半三夘四」最滑稽的，是「洋化」如洋錢，洋油，洋火，洋襪，洋燈，洋釘，洋筆，洋墨水，洋蠟燭，洋行，洋紅（也叫外國紅）洋肥皂，洋琴，洋傘等等。又如一般的學術上的用語，如 Bolsheviki 譯爲過激黨，Decadent 譯爲頹廢派或墮落派，絕不適切；如 Philosophy譯爲哲學，成了「哲人之學」了；Ethics 譯爲倫理學，成了「倫常之學；」Logic 譯爲論理學也不適切；Economic 譯爲經濟學，實在也是可笑的：這種沒有適切的譯語的，應該老老實實地譯音（將來世界字母的拼音文字實施了，可以把原文寫進去；用注音字母時，也還只能譯音。）

上面，關於前代語、地方語、術語及外來語，已經檢討過了；下面，指摘曖昧語等六項不明確的語詞。

（1）曖昧語——曖昧語，在前代底文章中，不知打了多少官司；在現代的語文中，因爲詞兒和句式都進化了，這種官司便少了許多。

從前的這種官司，很多書中都有，這里，隨手就王引之經義述聞舉兩個例子。

邶風柏舟篇，「耿耿不寐，如有隱憂。」毛傳曰，「隱，痛也。」正義曰「如人有痛疾之憂。」引之謹案：如，讀爲而。惟有隱憂，是以不寐；非謂若有隱憂也。——卷五如有隱憂條。

谷風篇，「不念昔者，伊予來塈。」毛傳曰，「塈，息也。」箋曰，「君子忘舊，不念往昔年稚我始來之時安息我。」如傳箋說，則伊予來三字與塈字義不相屬。今案：伊，惟也；來，猶是也：皆語詞也。塈，讀爲愾愾，怒也。此承上文「有洸有潰」言之（毛傳，「洸洸，武也；潰潰，怒也。」）君子不念昔日之情，而惟我是怒也。——卷五伊予來塈條。

又如：

「言之無文，行而不遠。」（左傳說是孔子的話）「文」字可以說是「詞藻繽紛，」就是有妝點的意思也可以說是「文理密密，」就是有條理的意思。——唐鉞中國史的新頁語言對於思想的反響頁二七。

論語，「子路無宿諾。」何晏集解以爲「宿，」猶預也，「宿諾，」預諾也，子路篤信，恐臨時多故，故不預諾。朱熹集注，「宿，留也，猶宿怨之宿；急於踐言，不留其諾也。」是卽因「宿」有兩解，使此語有二義，何說朱說可此可彼，殊不能定其孰是孰非也。——金兆梓實用國文修辭學頁一三一。

上列的例子，是說明同一詞兒可這麼解，可那麼解的。

又如沈括夢溪筆談（卷九）載，劉幾小賦內有「內『積』安行之德，蓋稟於天」句，歐陽修以「積」近於學，改爲「蘊。」

周益公與韓无咎同賦詞科，試交趾國進象表，有「備法駕之前『陳』」此无咎句也。益公止改「陳」字作「驅」字，遂中大科，「陳」字不切，「驅」字象上有用。——張端義貴耳集卷上。

上兩例，是說明不但不能用一詞數義的曖昧語，甚至於疑似的詞兒，都要辨別得清清楚楚的。

(2)同義異詞——同義異詞底名句，是「關門閉戶掩柴扉；」「天地乃宇宙之乾坤，」也是一個有名的例子。

古書有上下文異字而同義者。孟子公孫丑篇，「有仕於此，而子悅之，不告於王，而私與之吾子之祿爵。夫士也，亦無王命而私受之於子。」按：「有仕於此」之「仕」，仕卽「夫士也」之「士」。「夫士也，」正承「有仕於此」而言。士正字，仕叚字，是上下用字不同而實同義也。——俞樾古書疑義舉例卷一上下文異字同義例條。

魏志陳思王植傳云，「臣聞明主使臣，不廢有罪，故奔北敗軍之將，用秦魯以成其功；絕纓盜馬之臣，赦楚趙以濟其難。」裴松之注云，「秦穆公赦盜馬事，趙則未聞，蓋以秦亦趙姓，故互文以避上秦字也。」——楊樹達古書疑義舉例續補避重複而變文例條。

孔尚任（字聘之，號雲亭山人）木皮散客傳，「予髫年偶造其廬，讓予賓座，……」末一段說，「雲亭山人曰，……」予與雲亭山人，同是孔尚任。

呂后紀云「呂后祓還，過軹道，見物如蒼犬據高后掖。」呂后、高后，似是兩人；但云「據其掖」可矣。「丁公窘高祖彭城西。沛公顧曰，『兩賢豈相阨哉？』」方言高祖，遽曰沛公，此亦同病也。——王若虛滹南遺老集史記辨惑雜辨。

這里有一點要提及，便是「同義異詞」與「錯綜句」底辨別。如「上之所賞，命固且賞，非賢故賞也；上之所罰，命固且罰，不暴故罰也。」（墨子非命）這便是錯綜句（其詳，見後句子底構成。）

（3）異義同詞——例如：

左傳襄公二十八年云，「子稚子尾怒，慶封使析歸父告晏平仲。平仲曰，『嬰之衆不足用也，知無能謀也。言弗敢出。』子家曰，『子之言云，又焉用盟！』……冬十月，慶封田於萊，陳無宇從。丙辰，文子使召之。請曰，『無宇之母疾病，請歸。』慶季卜之，示之兆，曰，『死。』奉龜而泣，乃使歸。慶嗣聞之，曰，『禍將作矣。』謂子家，『速歸！禍作必於嘗，歸猶可及也。』子家弗聽，亦無悛志。」【按】樹達按：此文再稱「子家，」杜注前「子家」云，「子家，析歸父。」注後「子家」云，「子家，慶封字。」同一字而別指二人，於文略無區別，向非杜注別之，讀者鮮不迷惑矣！——楊樹達中國修辭學第六章嫌疑第二節混淆，頁一〇一——一〇二。

呂氏春秋音初篇注曰，「之，其也。」詩旄邱曰，「旄邱之葛兮，何誕之節兮？」上「之」字，句中語助也；下「之」字，則訓爲「其。」言旄邱之葛，何疏闊其節而不相符？……禮記檀弓曰，「公再拜稽首請於尸曰，『有臣柳莊也者，非寡人之臣，社稷之臣也，聞之死，請往。』言聞其死也。……昭十六年左傳曰，「斬之蓬蒿藜藋而共處之。」言斬其蓬蒿藜藋也。……孟子公孫丑篇，「天下之民，皆悅而願爲之氓。」周官載師注引此，「爲之氓」作「爲其民。」——王引之經傳釋詞卷九。

漢書刑法志引孫卿語曰，「世俗之爲說者，以爲治古者無肉刑，有象刑墨黥之屬，菲履赭衣而不純，是不然矣。以爲治古，則人莫觸罪耶；豈獨無肉刑哉，亦不待象刑矣。以爲人或觸罪矣，而直輕其刑，是殺人者死，而傷人者不刑也，」——劉氏助字辨略曰。「前『以爲』謂詞也，後兩『以爲，』將爲之詞也。」——劉師培古書疑義舉例補同字同詞異用之例條。

退之行難篇云，「先生矜語其客曰『某胥也；某商也。其生，某任之；其死，某誄之。』予謂上二某字，胥商之名也；下二某字先生自稱也；一而用之，何以別乎？——王若虛滹南遺老集卷三十五。世說述「徐孺子年九歲，嘗月下戲。人語之曰，『若令月中無物，當極明邪？』徐曰，『不然。譬如人眼中有瞳子，無此必不明。』」以為至理。其實前「明」字是光線的強，後「明」字是看得清楚；兩個「明」字意義完全不同，不應該相提並論。——唐鉞中國史的新頁語言對於思想的反響頁二七。

（4）訛用語——例如：

書稱「乃心」「乃祖」「乃父」「乃」之訓「汝」也。周瑜上孫權疏云，「是瑜乃心日夜所憂。」郤正教劉禪云，「乃心而悲，無日不思。」楊子雲逐貧賦云，「昔我乃祖，宣其明德。」沮渠蒙遜謂其衆云，「吾之乃祖，翼奬竇融，保寧河右。」無乃悖乎！——王若虛滹南遺老集謬誤雜辨。

「公孫見過乃祖；進房去見母親劉氏，母親問了些路上的話，慰勞了一番，進房歇息。次日，在乃祖跟前說道，『王太守枕箱內還有幾本書。』取出來送與乃祖看。」（儒林外史第八回）「不想那一日早，弟媳婦不曾出來，是他乃眷抱柴，衆人就搶了去。」（儒林十九回）「鮑文卿回來把這話向乃眷說了一篇，乃眷也歡喜。」（儒林二十五回）

【漢書】班伯與王許子弟爲羣，至綺襦紈袴之間，而非其好。紈綺，貴戚子弟之服耳。劉子玄自述其兒童時事云，「年在紈綺；」此何謂哉！——王若虛滹南遺老集謬誤雜辨

在從前的「藏詞」（現在稱「歇後語」）中，時有訛用語。如司馬貞譏史記不傳季札諸人，有「何爲蓋闕」句，係訛用孔丘說的「君子於其所不知，蓋闕如也。」

(5)濫造語——例如；

人以文字就質於人，稱曰「正之；」忽念「政」者正也，改稱曰政；又念正者必須删削，乃曰「削政；」又念斧斤所以削也，轉曰「斧政；」又念善斧斤者，莫如郢人，易曰「郢政，」且或單稱曰「郢；」而最奇者，以爲孔子筆削春秋，而春秋絕筆於獲麟，遂曰「麟郢。」愈文而愈不通，令人絕倒。今俗人作古人官名地名之屬，務稱古號以爲新別，而復多錯謬，否則杜選拈合，如稱給事中爲給諫，狀元官修撰者爲殿撰，三孤三公，保其一也，而通曰宮保。牽強支離，竟不成語。著於文章之內，眞所謂金甌玉

醆盛狗矢也。——魏際瑞伯子論文。

(6)宂濫語——例如：

「叵」字乃「不可」之合，其義亦然。然史傳多連用「叵可」字，蓋重出。如安祿山傳「叵可忍」之類是也。——費袞梁谿漫志卷十。

史記平準書云，「天下大氐無慮皆鑄金錢。」漢書食貨志亦同。「師古，曰大氐，猶言大凡；無慮，亦謂大率。」然則語意重複矣。史記稱莊周之書大抵率寓言，「率」亦「大抵」也。——王若虛滹南遺老集謬誤雜辨。

我家父病在牀上，近來也略見好些。——儒林外史第十六回。

趙氏……見衆人都不說話，自己隔着屏風請教大爺，數說這些從前已往的話。——儒林六回。

第二節　句子及其整理

把一個以上的詞兒依照思維及語文底法則聯繫起來的句子，其構成底形態也很複雜，我們試加以分析；句子底語氣，也很複雜，也試加以分析。句子整飾的條件，是明確、通順及遒勁。

這里，我們分作三段來敍述：（1）句子構成底分析；（2）句子語氣底分析；（3）句子底整理。

第一段　句子構成底分析

句子底構成，可以分析爲下列的六類：（1）正格句；（2）省略句；（3）倒裝句；（4）斷轉句；（5）層疊句；（6）錯綜句。此外，還有歇後句及析詞句，附帶地提到一下。

（1）正格句——正格句，便是語法上的一般的單句及複句。

單句，最少的限度，要包括主語及述語的兩種成分，而且是主語在前，述語在後的（少了主語或述語，便是省略句；顚倒了位置，便是倒裝句。）或者，包括主語、述語、賓語、補足語、形容的附加語及副詞的附加語的六種成分。

複句分爲三類：（1）包孕複句（分名詞句、形容句、副詞句。）（2）等立複句（分平列句、選擇句、承接句、轉折句。）（3）主從複句（分時間句、原因句、假設句、範圍句、讓步句、比較句。）

單句與複句，玆據黎錦熙國語文法，各錄一例於后。

單句

日出。（主語——述語）（在中國語文法中，形容詞也可以作「述語，」如「這扇窗子大」底「大，」是形容詞，可以作「述語。」）

工人造橋。（主語——述語——述語所帶的賓語）

主人讓客坐。（主語——述語——述帶賓語——再帶補足語）

許多強壯的工人造橋。（「許多強壯的」是主語底形容附加語。）

工人辛辛苦苦的趕緊修造鐵橋。（「辛辛苦苦的趕緊」是述語底副詞附加語。）

包孕複句

名詞句——「他不來」是一件怪事。（「他不來」是一句，作名詞用。）

形容句——他覓了一家客店「房子也還整潔。」（「房子也還整潔」是一句「整潔，」形容詞，作述語，這一句形容「客店。」）

副詞句——三個人「你一句，我一句，」說個不了。「你一句，我一句，」形容「說，」是副詞句。）

等立複句
- 平列句——風息了，雨「也」住了。
- 選擇句——「或者」我上他那兒去，「或者」他到我這兒來。
- 承接句——法庭宣告他無罪，他「就」出了監獄。
- 轉折句——許多人反對他的主張，「然而」他的主張總不變。

主從複句
- 時間句——「恰好」『壁上的時鐘噹噹的響了四下，』他「就」到我家裏來了。
- 原因句——「因」『他廟裏做的饅頭好，』「就」起了這個渾名。
- 假設句——「若是」『他沒有法律的保障，』那些強人「就」要欺侮他。
- 範圍句——「只要」『天氣好，』他「一定」來。
- 讓步句——「雖然」『這事不容易，』我們「還」得做去。
- 比較句——問君能有幾多愁，「恰」似『一江春水向東流。』

（2）省略句——由於省略構成的句子，可以分爲兩類：一是詞兒底省略，一是句子底省略。

詞兒底省略，可以分爲三組，一爲習慣的省略，一爲語急的省略，一爲蒙上下語文的省略。

習慣的省略，是在下列的三種情況之下使用的：（1）對話；（2）自述；（3）承前。

帝曰，「皋陶，蠻夷猾夏，寇賊姦宄。」（書舜典）（這皋陶，有「皋陶聽之」的意思。）

魯達罵道，「直娘賊！〔你〕還敢應口！」（水滸第二回）

史進……喝叫莊客，「〔我〕不許〔你們〕開門！」（水滸一回）

智深不曉得戒壇答應「能」「否」二字，卻便道，「洒家記得。」衆僧都笑。（水滸三回）（「能」便是「洒家能夠」「洒家記得；」「否」便是「洒家不能」「洒家不省得。」）

坐，我明語子。（孟子公孫丑下）（「坐。」是說「我喊你坐。」）——以上，對話的省略。

夫文武之道，各隨時而用。〔余〕生於中平之季，長於戎旅之間；是以，〔余〕少好弓馬，至今不衰。〔余〕逐禽輒十里，馳射常百步，日多體健，心每不厭。（曹丕自敍）——自述的省略。

秦明上了馬，〔他〕拿着狼牙棒，〔他〕趁天色大明，〔他〕離了清風山，〔他〕取路飛奔青州來。〔他〕到得十里路頭，恰好巳牌前後，〔他〕遠遠地望見煙塵亂起，並無一個人來往。（水滸三十三回）——承前的省略。

語急的省略，例如：

詩君子偕老篇，「是紲袢也。」毛傳曰，「是當暑袢延之服也。」然則「袢」卽「袢延」也。論語先進篇，「由也喭。」鄭注曰，「子路之行，失於畔喭。」然則喭卽畔喭也。並古人語急而省也。雍也篇「君子博學於文，約之以禮，亦可以弗畔矣夫，」畔，亦卽畔喭也。畔喭本疊韻字，急言之，則或曰（喭），「由也喭」是也或曰「畔，」「亦可以弗畔矣夫」是也。（兪樾古書疑義舉例卷二語急例條。）

蒙上下語文的省略，可以分爲兩組：一是蒙上省略，一是蒙下省略。

楚人爲食，吳人及之；「楚人」奔，「吳人」食而從之。——左傳定四年。

王不待大湯以七十里「王」，文王以百里「王」。——孟子公孫丑（上）

人一能之，己百「能」之；人十能之，己千「能」之。——禮記中庸。

醫和曰，「上醫醫國，其次「醫」疾，固醫官也。」——晉語。

咸最先進，年十八，爲左曹，二十餘，「爲」御史中丞。——漢書蕭育傳。

魯智深又取出一二十兩銀子，與林冲，把二三兩「銀子」與兩個公人。——水滸第八回。

若是死時，我與你們同死；（若是）活時，「我與你們」同活。——水滸第二回。

——以上，蒙上省略。

楊子之鄰人亡羊，既率其黨「追之，」又請楊子之豎追之。——列子。

躬自厚「責」而薄責於人，則遠怨矣。——論語衛靈公。

夏后氏五十「畝」而貢，殷人七十「畝」而助，周人百畝而徹。——孟子滕文公（上，）

——以上，蒙下省略。

句子底省略，可以分為兩組，一為概括的省略，一為語急的省略。

河內凶，則移其民於河東，移其粟於河內；河東凶，亦然。（孟子梁惠王上）（「亦然，」是說「河東凶，則移其民於河內，移其粟於河東。」）

口之於味，有同嗜也；易牙，先得我口之所嗜者也。如使口之於味也，其性與人殊，若犬馬之與我不同類也；則天下何嗜皆從易牙之於味也？至於味，天下期於易牙，是天下之口相似也。惟耳亦然。至於聲，天下期於師曠，是天下之耳相似也。惟目亦然。至於子都，天下莫不知其姣也；不知子都之姣者，無目者也。（孟子告子上）（「惟耳亦然，」是說「耳之於聲，有同嗜也；」「惟目亦然，」是說「目之於色，有同嗜也。」）

——以上，概括的省略。

禮記檀弓上篇云，「子夏喪其子而喪其明。曾子弔之，曰『吾聞之也「朋友喪明則哭之。」』曾子哭；子夏亦哭，曰，『天乎，予之無罪也！』曾子怒，曰，『商，汝何無罪也！吾與女事夫子於洙泗之間，退而老於西河之上，使西河之民疑女於夫子，爾罪一也；喪爾親，使民未有聞焉，爾罪二也；喪爾子，喪爾明，爾罪三也。而曰——女何無罪與！』」【按】本當云，「而曰女無罪，女何無罪與！」

史記馮唐傳：「上既聞廉頗李牧爲人良說而搏髀曰，『嗟乎，吾獨不得廉頗李牧時爲將，——吾豈憂匈奴哉！』」【按】本當云，「吾若得廉頗李牧時爲將，吾豈憂匈奴哉！」（上兩例，見楊樹達中國修辭學頁二〇七——二〇八。）

——以上，語急的省略。

（3）倒裝句——例如：

少頃，東郭牙至。管子曰，「子耶，言伐莒者？」（呂氏春秋重言篇）（言伐莒者，子耶？）亦太甚矣，先生之言也。（史記魯仲連傳）（先生之言也，亦太甚矣。）必我也爲漢患者。（漢書匈奴傳）（爲漢患者，必我也。）伯魚之母死，期而猶哭。夫子聞之曰，「誰歟，哭者？」（禮記檀弓篇）（哭者，誰歟？）中婦諸子謂宮人「盍不出從乎？君將有行。」（管子戒篇）（君將有行，盍不出從乎？）蓋殯也，問於聊曼父之母。（禮記檀弓篇）（問於聊曼父之母，蓋殯也。）至於「諺所謂室於怒、市於色者，楚之謂矣。」（是「怒於室，色於市」的意思。）（左傳昭十九年）「啓乃淫溢康樂，野於飲食。」（是「飲食於野」的意思。）（墨子非樂）這種倒裝法，在古代語文中也是「反常」的，在現代語文中絕不用，所以不多舉例了。又如「紅豆啄餘鸚鵡粒，碧梧棲老鳳凰枝。」（是「鸚鵡啄餘紅豆粒，鳳凰棲老碧梧枝」的意思。）（杜甫秋興詩）這種倒裝法，也是現代語文中所沒有的。

(4) 斷轉句——斷轉句，可分爲「戛止」「轉向」及「遮斷」的三組。

戛止，有的敍述到半中腰裏便轉敍別的，或者轉用別的方法去敍述，或者說到一個地方便不再說下去了：這，都是忽然地停止了的。

智深（中略）提了禪杖，再回香積寺來。這幾個老僧方才吃些粥，正在那裏——看見智深忿忿的出來。（水滸第五回）（「正在那裏」做什麼還沒有敍述出來，便轉敍看見魯智深了。）

鮑廷璽道，「大哥在上，……」便悉把怎樣過繼到鮑家，怎樣蒙鮑老爹恩養，（中略）都說了一遍，（儒林外史第二十七回）（「大哥在上」之後，便轉用別的方法敍述了。）

晴雯嗚咽道，「我今兒既擔了虛名，況且沒了遠限，不是我說一句後悔的話，早知如此，我當日……」說到這裏氣往上咽，便說不出來，兩手已經冰涼。——紅樓夢七十七回。

黛玉笑道，「你也太受用了。卽使大家學會了撫起來，你不懂，可不是對……」黛玉說到那裏，想起心上的事，便縮住口，不肯往下說了。寶玉便笑着道，「只要你們能彈，我便愛聽，也不管牛不牛的了。」——紅樓夢八十六回。

鶯鶯焚香祝拜道，「此一炷香，願亡過父親早生天界；此一炷香，願中堂老母百年長壽；此一炷香，……」——西廂記酬韻。

當是時，諸將皆慴服，莫敢枝梧。皆曰「首立楚者，將軍家也今將軍誅亂，……」乃相與共立羽爲假上將軍。——史記項羽本紀。

「沒有吃過人的孩子，或者還有；救救孩子……」（魯迅吶喊狂人日記）

轉向，是對甲說了話，忽然又轉向乙說；或者思路轉到別的地方去了。

梁中書大喜，叫喚周謹上廳，看了跡，道，「前官參你做個軍中副牌，量你這般武藝，如何南征北討？怎生做得正請受的副牌？——教楊志替此人職役。」（水滸第十二回）（「……副牌？」是對周謹講的，下面是對楊志並衆人講的。）

賀太守聽了，氣得做聲不得，只道得個，「我心疑是個行刺的賊，原來果然是史進一路！——那廝——你看那廝——且監下這廝，慢慢置處！——這禿驢原來果然是史進一路！」（水滸第五十八回）

這樣的玩，頂好是不要約伴，我竟想嚴格的取締，只許你獨身；因爲有了伴多少總得叫你分心，尤其是年輕的女伴。——平常我們從自己家裏走到朋友家裏，或者我們執事的地方，那無非是在同一個大牢裏從一間獄室移到另一間獄室去。(徐志摩巴黎鱗爪翡冷翠山居閒話)(想了「年青的女伴，」又想到別的地方去了。)

遮斷，是到半路上，爲別的東西或者別人底話，或者別的事情，打斷了的。

主管慌道，「都頭在上，小人又不曾傷犯了都……」——武松道，「你要死，休說西門慶去向！你若要活，實對我說西門慶在那裏！」主管道，「卻才和……和一個相識去……去獅子橋下大酒樓上吃……」武松聽了，轉身便走。(水滸第二十五回)(主管還沒有說出都頭的「頭」字，武松便遮斷了問了；後面，吃酒的「酒」字還沒有說出，武松便轉身走了。)

智深走到面前，那和尚吃了一驚，跳起身來，便道，「請師兄坐，同吃一盞。」智深提着禪杖道，「你這兩個如何把寺來廢了！」那和尚便道，「師兄，請坐，聽小僧……」——智深睜着眼道，「你說，你說！」——「……說，在先敝寺十分好個去處，(下略)」(水滸第五回)(和尚說了「聽小僧」，還沒說出「說」字，魯智深便性急地遮斷了話，喊「你說！你說！」)

其時進來的是一個黑瘦的先生，（中略）向學生介紹自己道，「我就是叫作藤野嚴九郎的……。」後面有幾個人笑起來了。（魯迅朝華夕拾藤野先生）（說了「我就是叫作藤野嚴九郎的，」便給笑斷了。）

魏絳曰，「諸侯新服，陳新來和，將觀於我。我德則睦，否則攜貳。勞師於戎，而楚伐陳，必弗能救，是棄陳也。諸華必叛。戎禽獸也，獲戎失華，無乃不可乎！夏訓有之曰，『有窮后羿……』」——公曰，『后羿何如？」（左傳襄四年）（說了「有窮后羿，」便給公底話打斷了。）

魏武侯謀事而當，羣臣莫能逮，退朝而有喜色。吳起進曰，「亦嘗以楚莊王之語，聞於左右者乎？楚莊王謀事而當，羣臣莫逮，退朝而有憂色。楚莊王以憂，而君以喜，……」——武侯逡巡再拜曰，「天使夫子振寡人之過也！」（荀子堯問篇）（吳起還沒說出結論來，便給武侯底話打斷了。）

（5）層疊句——由於層疊構成的句子，可以分為下列的六類（甲）複疊句；（乙）層遞句；（丙）**排比**句；（丁）對偶句；（戊）回文句；（己）映襯句。

（甲）複疊句可以分為兩組：一組是意義相等的，其中分（A）字面相同的及（B）字面各異的；

一組是意義不相等的。例如：

知我者，其惟春秋乎；罪我者，其惟春秋乎！——孟子滕文公（下）。

命也夫，斯人也而有斯疾也，斯人也而有斯疾也！——論語。

子曰「天何言哉，四時行焉，萬物生焉，天何言哉！」論語陽貨篇。

從浦口山上發脈，一個墩，一個磡，一個墩，一個磡，一個墩，一個磡；彎彎曲曲，骨裏骨碌，一路接着滾了來。滾到縣裏周家崗，龍身跌落過峽，又是一個墩，一個磡；骨骨碌碌幾十個磡趕了來，結成一個穴情。這穴情，叫做『荷花出水。』——儒林外史第四十五回。

以上，意義相等且字面相同的。

且夫蘇秦特窮巷掘門、桑戶棬樞之士耳。——戰國策。

有席捲天下，包舉宇內，囊括四海之意，併吞八荒之心。——賈誼過秦論。

盧俊義猛省，喝道，「……倘或執迷，我片時間教你人人皆死，個個不留！」——水滸第六十回。

李逵在內大叫道，「……我和你眉尾相結，性命相撲！」——水滸第六十一回。

梁中書得這個消息，驚得三魂失二，七魄剩一。——水滸六十二回。

張清便道「一個，來一個！走兩個，來兩個！逃……」——水滸六十九回。

燕青跪在地下，眼淚如拋珠、撒豆。——水滸六十一回。

誓畢，衆人同聲發願：「但願生生相會，世世相逢，永無間阻，有如今日！」——水滸七十回。

宋江執盞擎杯，設筵拜謝。——水滸第五十八回。

衆人只得拿翻李逵，打得「一佛出世，二佛涅槃。」——水滸第五十二回。

萬中書……念不絕口的說道，「老爹眞是我的『重生父母，再長爹娘！』……」——儒林外史第五十一回。

——以上，意義相等而字面各異的。

有始也者，有未始有始也者，有未始有夫未始有始也者。——莊子齊物論。

老吾老，以及人之老；幼吾幼，以及人之幼。——孟子梁惠王（上）。

——以上，意義不相等的。

（乙）層遞句，例如：

古之欲明明德於天下者，先治其國；欲治其國者，先齊其家；欲齊其家者，先修其身；欲修其身者，先正其心；欲正其心者，先誠其意；欲誠其意者，先致其知；致知在格物。——禮記大學。

知止而後有定，定而後能靜，靜而後能慮，慮而後能得。——同上。

天時不如地利，地利不如人和。——孟子公孫丑（下）。

（丙）排比句，例如：

吾妻之美我者，私我也；妾之美我者，畏我也；客之美我者，欲有求於我也。——戰國策。

無惻隱之心，非人也；無羞惡之心，非人也；無辭讓之心，非人也；無是非之心，非人也。——孟子公孫丑（上）。

（丁）對偶句，例如：

覯閔既多，受侮不少。——詩柏舟。

聖人不死，大盜不止。——老子。

有情皮肉，無情杖子。——水滸第六十一回。

關於對偶句，五四時有很多人反對。「胡適底「八不主義」有「不講對仗」的一條。他主張須「近於語言之自然而無牽強刻削之迹」的才行（見胡適文學改良芻議。）錢玄同說，「凡作一文，欲其句句相對與欲其句句不相對者，皆妄也。」

對偶句，有種種不同的對偶法，詳見陳子展應用文作法講話（北新書局版）頁二五三——二八九，應用文作法頁七五——九九。

（戊）回文句，例如：

仕而優則學，學而優則仕。——論語。

善者不辯，辯者不善。——老子八十一章。

知者不博，博者不知。——同上。

信言不美，美言不信。——同上。

又如「國語的文學，文學的國語，」「文學革命，革命文學，」也是。

至於所謂「回文詩」「回文詞」「回文曲，」那只是好奇的遊戲。最著名的，是蘇伯玉妻盤中詩、竇滔妻璇璣圖。

(己)映襯句，例如：

我們到那裏出兵，只消幾天沒有水吃，便活活的要渴死了。——儒林外史第三十九回。

只許州官放火，不許百姓點燈。——諺語。

一將功成萬骨枯。——曹松己亥歲二首。

郝思文拍馬大罵，「草賊匹夫！當吾者死，避吾者生！」——水滸第六十三回。

(6)錯綜句——例如：

仁有數義，有長短大小。（禮記表記篇。鄭注曰，「數與長短大小，互言之耳。」）

吾王不遊，吾何以休；吾王不預，吾何以助。（孟子梁惠王（下）。趙注曰，「言王者巡狩觀民，其行從容若遊若預，預亦遊也。」「不遊不預，變文以成辭而無異義。」）

孟子見梁惠王。王立於沼上，顧鴻雁麋鹿，曰，「賢者亦樂此乎？」孟子對曰，「賢者而後樂此；不賢者雖有此不樂也。」——孟子梁惠王（上。）

那些老婆子們都老天拔地，伏侍了一天，也該叫他們歇歇；小丫頭們也伏侍了一天，這會子還不叫他們頑頑去麼？——紅樓夢第二十回。

這里，順便提及一下歇後句及析詞句。例如：

城頭上出棺材——團團轉。

巷子裏扛木頭——直來直往。

狗咬呂洞賓——勿識好人心。

侯白好俳諧。一日，楊素與牛宏退朝，白語之曰「日之夕矣。」素曰，「以我爲羊牛下來耶？」——諧笑錄。（按：詩君子于役，「日之夕矣，羊牛下來。」）

梁元帝一目眇，爲湘東王時，嘗登其宮以望，侍臣曰，「今日所謂帝子降於北渚。」帝疑其戲之，答曰，「卿道目眇眇兮愁予耶？」——雲笈雜鈔。（按：楚辭九歌湘夫人，「帝子降於北渚，目眇眇兮愁予，」）

陳輔之，自號南郭先生，嘗謁介甫不值，留詩壁上曰，「北山松粉未飄花，白下風高麥脚斜；正是舊時王謝燕，一年一度到君家。」介甫見之，笑謂龔深之曰，「此卽以我爲尋常百姓矣。」——五總志。（按唐劉禹錫烏衣巷「朱雀橋邊野草花，烏衣巷口夕陽斜；舊時王謝堂前燕，飛入尋常百姓家。」）

（以上歇後句）

黛玉道，「……今兒得罪了我的事小，倘或明兒寶姑娘來，什麼貝姑娘來，也得罪了，事情豈不大了？」——紅樓夢第二十八回。（這爲析詞句）

第二段　句子語氣底分析

句子底語氣，一般的語法上，只分爲決定句、商榷句、疑問句、驚嘆句、祈使句的五種；此外，如倒反句、鋪張句等陳望道先生所謂「意境上的辭格」（見修辭學發凡頁一三六——一三七，頁二一九——二六五）也是由於句子語氣底不同而產生的。

現在，分爲下列的十五類：（1）決定句；（2）疑問句；（3）商榷句；（4）呼祈句；（5）驚嘆句，（6）婉曲句；（7）倒反句；（8）鋪張句；（9）示現句；（10）譬喻句；（11）比擬句；（12）括連句；（13）雙關句；

(14)仿擬句;(15)引用句。

(1)決定句——例如:

那婦人道,「了便了了,只是我手腳軟了,安排不得!」王婆道,「有甚麼難處,我幫你便了。」——水滸第二十四回。

(2)疑問句——例如:

何九叔問道,「這武大是甚病死了?」——水滸第二十四回。

老紂王倘然留得一口氣,他還有七十萬雄兵怎肯安寧?——賈鳧西木皮詞。

知府再問道,「……或是黑瘦也白淨肥胖?長大也是矮小?有鬚的也是無鬚的?」——水滸第三十九回。

誰能思不歌?誰能飢不食?日冥當戶倚,惆悵底不憶!——子夜歌四十二首之廿三。

太守爲誰?廬陵歐陽修也。——歐陽修醉翁亭記。

我且問你,這七人端的是誰?不是別人,原來正是晁蓋、吳用、公孫勝、劉唐、三阮這七個。——水滸

第十五回。

(3)商榷句——例如：

我們三個人要去殺他，恐怕……不會成事吧。（老殘遊記）

喒們走罷。（紅樓夢）

王相公，也罷，老爺拿帖子請你，自然是好意，去走一回罷。（儒林外史）（例，錄自黎錦熙國語文法頁三二〇——三二一。

(4)呼祈句——例如：

寶玉……笑道，「……老天，老天，你有多少精華靈秀，生出這些人上之人來。」——紅樓夢四十九回。

那婦人道，「……不想誤觸犯了官人，望乞恕罪，高擡貴手！」——水滸第二回。

(5)驚嘆句——例如：

原來是本村失火；一家人一齊跑出來說道，「不好了！快些搬！」——儒林外史第十六回。

潘保正道，「匡二相公，原來昨晚的火，你家也在內！可憐！」——同上。

（6）婉曲句——例如：

勃既出曰，「吾嘗將百萬軍，然安知獄吏之貴乎？」（史記絳侯周勃世家）（「用隱約的話顯示獄吏的作威作福。」）

故使陛下赤子盜弄陛下之兵於潢池中耳。（前漢書龔遂對漢宣語。盜弄云云，謂爲寇盜也。）

這種婉曲句，在詩歌中用得最多。例如：

奉帚平明金殿開，且將團扇共徘徊；玉顏不及寒鴉色，猶帶昭陽日影來。——王昌齡長信秋詞。

（7）倒反句——例如：

優孟曰，「馬者王之所愛也。以楚國堂堂之大，何求不得，而以大夫禮葬之，薄請以人君禮葬之！」——史記滑稽傳。

孫定道，「這南衙開封府，不是朝廷的，是高太尉家的。」——水滸第七回。

在諷刺小說中說倒反話的地方很多，如儒林外史第十三回馬二先生論「舉業」的一番話，完全是倒反的。

（8）鋪張句——例如：

武王伐紂，血流漂杵。——書武城。

噲……瞋目視項王，頭髮上指，目眥盡裂。——史記項羽本紀。

武松聽了，心頭卻把無明業火高三千丈，沖破了青天。——水滸第三十回。

（9）示現句——「示現是把實際上不見不聞的事物，說得如見如聞」的。例如：

獨在異鄉爲異客，每逢佳節倍思親；遙知兄弟登高處，遍插茱萸少一人。——王維九月九日憶山東兄弟。

六王畢，四海一。蜀山兀，阿房出。……長橋臥波，未雲何龍？複道行空，未霽何虹？高低冥迷，不知西東。歌台響暖，春光融融。……明星熒熒，開粧鏡也。綠雲擾擾，梳曉鬟也。渭流漲膩，棄脂水也。烟斜霧橫，焚椒蘭也。……楚人一炬，可憐焦土。——杜牧阿房宮賦。

（10）譬喻句——例如：

吾今見老子，其猶龍乎。——史記老莊申韓列傳。

狡兔死，走狗烹；高鳥盡，良弓藏；敵國破，謀臣亡。——史記淮陰侯傳。

人無有不善，水無有不下。——孟子告子。

趙衰，冬日之日也，趙盾，夏日之日也。——左傳文七年。

(11)比擬句——例如：

況陽春召我以煙景，大塊假我以文章。——李白春夜宴桃李園序。

飢來驅我去，不知竟何之。——陶潛乞食詩。

濃妝呵，嬌滴滴擎露山茶；淡妝呵，顫巍巍帶雨梨花。——喬孟符揚州夢第三折。

(12)拈連句——例如：

一夜東風，枕邊吹散愁多少？——曾允元點絳唇詞。

重門不鎖想思夢隨意遶天涯。——趙令時錦堂春詞。

陳軫貴於魏王，惠子曰，「必善事左右。夫樹，橫樹之卽生，倒樹之卽生，折而樹之，又生。然使十人樹之而一人拔之，則毋生楊矣。至以十人之衆，樹易生之物，而不勝一人者，何也？樹之難，而去之易也。子雖工自樹於王，而欲去子者衆，子必危矣。」——韓非子語林（上。）

(13)雙關句——例如：

始欲識郎時，兩心望如一；理絲入殘機，何悟不成匹。(子夜歌)(「『匹』，雙關布匹與匹偶。」)

這裏寶玉又說「不必燙了，我只愛吃冷的。」薛姨媽道「這可使不得，吃了冷酒，寫字打顫兒。」「寶釵笑道，寶兄弟，虧你每日價雜學旁搜的，難道就不知道酒性最熱。若熱吃下去，發散的就快；若冷吃下去，便凝結在內，——五臟去煖他，豈不受害？從此還不改了？快不要吃那冷的了。」寶玉聽這話有情理，便放下冷的，令人燙來方飲。黛玉磕着瓜子兒，只管抿着嘴笑。可巧黛玉的丫環雪雁走來，與黛玉送小手爐。黛玉因含笑問他說「誰叫你送來的？難爲他費心，那裏就冷死了我？」雪雁道，「紫鵑姐姐怕姑娘冷，叫我送來的。」黛玉一面接了抱在懷中，笑道，「也虧你倒聽他的話！我平日和你說，全當耳旁風；怎麼他說了，你就依的比聖旨還快！」（紅樓夢第八回）（圈「出的幾句，都是雙關吃冷酒和送手爐兩件事，所以，『寶玉聽這話，便知是黛玉借此奚落他。』」）

麝月聽了道，「使得。」說着，將文具鏡匣搬來，打開頭髮。寶玉拿了篦子替他篦，只篦了三五下兒，見晴雯忙忙走進來取錢；一見他兩個便冷笑道，「哦！交杯盞兒還沒吃，就上了頭了！」——紅樓夢第二十回。

黛玉聽了，笑道，「你們聽聽，這(只)是吃了他一點子茶葉，就使喚起人來了。」鳳姐笑道，「你既吃了我們家的茶，怎麼還不給我們家作媳婦兒？」——紅樓夢第二十五回。

(14)仿擬句——例如：

道士程子霄登華山，偶有顛仆，郎中宇文翰以老子語，致書戲之曰，「不知上得不得，且怪懸之又懸。」(獨逸窩退士笑笑錄懸之又懸條引諧笑錄)(「上德不德，」「玄之又玄，」見老子。)

史同叔爲相日，府中開宴，用雜劇人作一士人念詩曰，「滿朝朱紫貴盡是讀書人。」旁一士人曰，「非也。滿朝朱紫貴盡是四明人。」自後相府有宴二十年不用雜劇。——張端義貴耳集。

崇禎庚辰三月，昭慶寺火。是歲及辛巳壬午洊飢，民强半餓死。壬午虜鯁山東，香客斷絕，無有至者，市遂廢。辛巳夏，余在西湖，但見城中餓殍舁出，扛挽相屬。時杭州之劉太守夢謙，汴梁人，鄉里抽豐者多寓西湖，日以民詞饋送。有輕薄子改古詩誚之曰，「山不青山樓不樓，西湖歌舞一時休；暖風吹得死人臭，還把杭州送汴州！」可作西湖實錄。——張岱陶菴夢憶西湖香市。（古詩，指蘇軾詩：「山外青山樓外樓，西湖歌舞幾時休；暖風薰得遊人醉，直把杭州作汴州。」

仿擬，是在滑稽嘲弄的時候使用的；與應該避免的板起面孔的「摹倣，」完全不同。

(15)引用句——例如：

王太守道，「自古道，『休官莫問子。』看世台這等襟懷高曠，尊大人所以得暢然掛冠。」——儒林外史第八回。

太誓所謂商兆民離、周十人同者，衆也。（左傳成二年）（書泰誓，「受有億兆夷人，離心離德；予有亂臣十人，同心同德。」）

引用句，與應該避免的作爲「文章游戲」的「集句」（如香屑集）完全不同。

第三段　句子底整理

句子底整理，其準則，是「明確、」「通順」及「遒勁。」要明確，除了詞兒明確之外，要遵守多講了也不好，少講了也不好的周到穩妥的「周穩律；」要通順，應該遵守「前後相呼應」的「呼應律；」要遒勁，非遵守要特別表達某一點便特寫某一點的「側重律」不可。

一　周穩律

周穩律，是指語文對於我們要表達的意思，要說得周到穩妥，就是少說了也不行、多說了也不行（即「簡晦」了也不行，「繁濫」了也不行，）這纔能明確。從別一方面講，「簡」得不到晦澀的地步，「繁」得不到冗濫的地步，都是恰巧的（文章，簡也不是病，繁也不是病，應「簡」「的」便「簡」，應「繁」的便「繁」，只是不可簡得或繁得到晦澀或冗濫的地步。）（顧亭林日知錄卷十九文章繁簡中說「辭主乎達，不論其繁與簡也；繁簡之論興，而文亡矣。」）

這裏，我們試舉幾個「簡晦」的例子。

例一　黃氏日鈔言，蘇子由古史，改史記多有不當。如樗里子傳，史記曰，「母，韓女也；樗里子滑稽多智。」古史曰，「母，韓女也，滑稽多智。」似以母爲滑稽矣。然則「樗里子」三字，其可省乎？甘茂傳，史記曰，「甘茂者，上蔡人也；事下蔡史舉，學百家之說。」古史曰，「下蔡史舉，學百家之說。」似史舉自學百家矣。然則「事」之一字，其可省乎？——顧亭林日知錄卷十九文章繁簡條。

例二　胡纘宗修安慶府志，書正德中劉七事，大書曰，「七年，閏五月，盜七來寇江境。」而分注於賊七之下，曰「姓劉氏。」舉以示人，無不笑之。不知近日之學爲秦漢文者，皆賊七之類也。——同上原注。

例三　南史后妃傳，「梁元帝徐妃淫通多人。及死，以屍還徐氏。帝製金樓子，述其淫行。」今金樓子不及徐妃事，蓋書有缺也。第金樓子文多依理，中有后妃三篇亦載古今后妃內行可鑒戒者，或有述徐妃事爲戒者耳。如南史傳文，似金樓子一書，專爲述徐妃淫事而作，文法未分明也。——章學誠乙卯劄記。（楊樹達中國修辭學頁二一八說，「樹達按：『述』上增一『嘗』字，則無此病矣。」）

例四　史記，「而宋無忌正伯僑充尚羨門子高最後皆燕人，爲方仙道，形解銷化，依於鬼神之事。」此語之關節卽不淸，意義亦因而不淸晰。若改爲「至所謂宋毋忌正伯僑充尚羨門子高以至最後起者，則皆爲燕人，爲方仙道，而形解消化者，大抵依於鬼神之事。」則其語之關節淸而意義明矣。——金兆梓實用國文修辭學頁一〇五——一〇六。

例五　道原曰，齊百官志，「晉太康中刺史治民，都督治軍事。至惠帝乃并任，非要州則單爲刺史。」是刺史不加督字者，不得總其統內軍事也。檀道濟都督江州之江夏、豫州之西陽、新蔡、晉熙四郡諸軍事江州刺史。晉宋志，「江州領郡九，豫州領郡十，而道濟止得都督四郡。」南北朝時軍任甚重，都督豈虛名哉？南史但云「江州刺史，」務欲省文，不知害義也。——劉羲仲通鑑問疑。

例六　「宋養士三百年，得人之盛，軼漢唐而過之遠矣。盛時，忠賢雜遝，人有餘力；及天命已去，人心已離，有（疑問一）挺然獨出於百萬億生民之上，而欲舉其已墮，續其已絕，使一時天下之人，後乎百世之下，洞知君臣大義之不可廢，人心天理之未嘗泯（疑問二），其有功於名教爲何如哉！」（許有壬文丞相傳序）按：……「疑問一」處，應加「人焉」二字，或此處不加而於「疑問二」處加一「者」字。今兩處皆缺，則洋洋灑灑一大長句，而缺少「主詞，」在文法上爲一極大錯誤。——胡懷琛一般作文法頁九五——九六。

例七　國策，「老臣竊以爲媼之愛燕后，賢於長安君。」此處所謂「媼之愛燕后，賢於長安君」云者，豈謂「媼之愛燕后賢於長安君之愛燕后」乎？抑謂「媼之愛燕后，賢於愛長安君」也？一語而可作兩解，此卽句法之失其「醇壹」也。其病，卽坐省一動詞「愛」字，遂使語生歧義。——金兆梓實用國文修辭學頁八九。

例八　卻說宋江中軍人馬到來，林冲等接着，具說前事。宋江吳用聽了大驚，與軍師道，「是何神術，如此利害?」吳學究道，「想是妖法。若能回風逐火，便可破敵。」——水滸第五十一回。按：「與軍師道，」是宋江說的，還是林冲說的，不明。

例九　說了一會，【蘧】公孫告別。馬二先生問明了住處，明日就去回拜。公孫回家向魯小姐說，「馬二先生明日來拜。他是個舉業當行，要備個飯留他。」小姐欣然備下。次早，馬二先生換了大衣服，寫了回帖，來到蘧府。——儒林外史第十三回。按：「明日就去回拜」底上面，少一個動詞「說」。

例十　鮑廷璽……第二日起早走了幾十里路，到了一個地方，叫作四號墩。鮑廷璽進去坐下，正待要水洗臉，只見門口落下一乘轎子來。——同上第三十一回。按：「鮑廷璽進去坐下」的地方，是一家客店。

例十一　儒林第四十三回湯鎭台把府裏兵房書辦叫了來，關在書房裏，逼他答應一件事。

「湯鎮台道，『……明日上頭有行文到府裏叫我出兵時，府裏知會過來，你只將「帶領兵馬」四個字寫作「多帶兵馬，」我這元寶送爲筆資。并無別件奉託。』書辦應允了，收了銀子，放了他回去。」按：「放了他回去」底主詞，在事實上是湯鎮台，看文章卻是「書辦。」

上列的，都是說得不周到的簡晦的例子。

這里我們再試舉幾個「繁濫」的例子。

例一　【史記】鄧通傳云，「文帝崩，景帝立。」劉子元謂不必言「帝崩，」固當矣。（按：劉氏史通十六雜說上說，「史記鄧通傳云，『文帝崩，景帝立。』向若但云『景帝立，』不云『文帝崩，』斯亦可知矣，何用兼書其事乎！」）然遷史類此者甚多。夫文、景相繼，猶或可也；至賈生傳云，「孝文崩，孝武皇帝立。」既隔景帝，而亦書之，豈不愈無謂也？——王若虛滹南遺老集史記辨惑。

例二　鄭世家云，「孔子嘗過鄭，與子產如兄弟云。及聞子產死，孔子爲泣曰，『古之遺愛也！』兄事子產。」……夫既如兄弟，……則何必復言「兄事」哉？——同上。

例三　武涉說韓信，「足下雖自以與漢王爲厚交，爲之盡力用兵，終爲之所離矣。」「之」「所」

二字，當去其一。——同上。

例四　關於「繁濫」的例子，胡懷琛在一般作文法（見頁四六，九七——九九。）中也有幾個。(1)「如柳宗元鈷鉧潭記，有幾句云，『孰使余樂居夷而忘故土者，非茲潭也歟！』這裏『孰』字與『者』字重複，兩字必須刪去一個，方合文法。」(2)「『南有山，正方而崇，類屏者。』（柳宗元柳州山水近治可遊者記）按此句『者』字應刪。」(3)「『漢學未嘗無裨於人，惟自矜其博，而盡委宋儒一代之書，棄之不觀。』（劉開論學中）按，『委』字與『棄』字重複。」(4)如古之無聖人，人之類滅久矣。』（韓愈原道）按『古之無聖人，』『之』字應刪去。」

例五　歐陽修眞州東園記，「台，吾望以拂雲之亭；池，吾俯以澄虛之閣；水，吾泛以畫舫之舟。」邵博聞見後錄卷十六說，「曾南豐讀歐陽修畫錦堂記『來治於湘，』眞州東園記『泛以畫舫之舟』二語，皆以爲病。」

例六　日本遍照金剛在文鏡祕府論中說，「繁說病（謂一文再論，繁詞寡義，或名「相類」，或名「疣贅。」）卽假對酒詩曰，『淸觴酒恆滿，綠酒會盈杯，』又曰，『滿酌余當進，彌甌我自傾。』

釋曰，『清觴、』『綠酒，』本自靡殊，『滿酌、』『盈杯，』何能有別，『余』之與『我，』同號己身一說足明，何須再陳。」又說，「犯相濫（或名「繁說」）。謂一首詩中再度用事；一對之內，反覆重論，文繁意疊，故名『相濫。』犯詩曰，『玉繩耿長漢，金波麗碧空；星光暗雲裏，月影碎簾中。』釋曰，玉繩者，星名；金波者，月號。上既論說，下復陳之，甚為相濫，尤須慎之。」（見儲皖峯校印文二十八種病頁五六，六二——六三。）

例七　漢書昌邑王傳，「即位後，夢青蠅之矢積西階東，可五六石，以屋版瓦，發覆視之，青蠅矢也。」按文繁複而無當。宜改上句云，「夢有物積西階東，」接其下云云，則文省而事理益明矣。——章學誠乙卯劄記。

例八　水滸四十六回，石秀扮了賣柴的人到祝家莊做細作，碰到一個老人，老人告訴他祝家莊如何了得。石秀道，似此「如何卻怕梁山泊做甚麼？」「如何」與「做甚麼」重複。

上列的，都是說得不穩妥的繁濫的例子。

二　呼應律

呼應律，是指我們說話做文章，要前後相呼應，不可顧了頭不顧腳，顧了腳不顧頭。

例一　如俞樾古書疑義舉例卷一古人行文不嫌疏略例條，舉出易繫辭「潤之以風雨」禮記玉藻「大夫不得造車馬」論語鄉黨「沽酒市脯不食」的三個例子，這都是前後不相呼應的。「潤」只能照顧到「雨」，照顧不到「風」；「造」照顧到「車」，照顧不到「馬」。關於沽酒市脯不食」底「食」之不能照顧到「酒」，梁晉竹兩般秋雨盦隨筆食酒條中說，「有闤闠子，作日記册云，『某日買燒酒四兩食之。』人遂傳爲笑柄，而不知亦未可非也。于定國傳曰，『定國食酒，數石不亂。』柳子厚序飲亦云，『吾病不能食酒。』則酒之言食，其來有自。」或者像我們現在可不講「喝酒」而講「吃酒」，如前第二段句子語氣底分析第十三類「雙關句」中紅樓夢的例子，便說「吃」），古人可不說「飲酒」而說「食酒」也未可知。

例二　又，宋文翰國語文修辭法頁一四二，舉禮記「養老幼於東序，」說「事實上，只有『老』被養於東序，『幼』是沒有資格的。」（同書同頁，舉禮記「猩猩能言，不離禽獸」說「猩猩是走獸，不是禽，而併言禽獸，語言卽不純一。」按戴震屈原賦注，天問「何獸能言」句下，注引曲禮作「猩猩能言，不離走獸」一）。

例三　楊樹達中國修辭學頁一七三，舉書禹貢「江漢朝宗於海」及「伊洛瀍澗，既入於河」引閻若璩底話說，「閻若璩古文尚書疏證卷六之上云，『余嘗謂古人文多連類而及之，因其一并及其一，漢入江，江方入海，因江入海，漢亦同之。伊瀍澗悉入洛，洛方入河，因洛入河，并及於伊澗，皆連類之文也。』」楊樹達以爲這種文章，是「宜戒」的。

例四　漢書載子長與任少卿書，歷說自古述作皆因患而起，末云，「不韋遷蜀，世傳呂覽。」案呂氏之修撰也，廣招俊客，比跡春陵，共集異聞，擬書荀孟，思刊一字，購以千金，則當時宣布，爲日久矣，豈以遷蜀之後方始傳乎！且必以身既流移，書方見重，則又非關作者本因發憤著書之義也；而輒引以自喻，豈其倫乎！若要多舉故事，成其博學，何不云「虞卿窮愁，著書八篇」而曰「不韋遷蜀，世傳呂覽，」斯蓋識有不該，思之未審耳。——劉知幾史通雜說。（按：這是「不韋遷蜀，世傳呂覽」句，與發憤著書之義不能呼應。）

例五　漢書云，「嚴君平既卒，蜀人至今稱之。」皇甫謐全錄斯語載於高士傳。夫孟堅士安年代懸隔，「至今」之說，豈可同云！——同上因習。（按：這是「至今」之說，與作者士安底時代不能呼應。）

例六　宿太尉道，「義士何故如此邀截船隻？」宋江道，「某等怎敢邀截太尉？只欲求請太尉上岸，別有稟覆。宿太尉道，「……朝廷大臣如何輕易登岸！」船頭上吳用道，「太尉若不肯時，只怕下面伴當亦不相容。」（水滸第五十八回）說下面伴當「亦」不相容，那便是說他們「原」不相容了，與上下文的口氣不能呼應。

例七　暗地叫出郁保四來，用好言撫卹他，十分恩義相待。（水滸六十七回）撫卹，是有拯救的意思的，與好言不能呼應，改作「安慰」才能呼應。

例八　宋江就忠義堂上與衆兄弟商議立梁山泊之主。……宋江道，「向者晁天王遺言：『但有人捉得史文恭者，不揀是誰，便爲梁山泊之主。』今日盧員外生擒此賊，赴山祭獻晁兄，報仇雪恨，正當爲尊，不必多說。」（水滸六十七回）宋江等正在山上，說「赴」與所處的地點不能呼應。

例九　孫立聽罷，大笑道，「我等衆人來投大寨入夥，正沒半分功勞。獻此一條計，去打破祝家莊爲進身之報，如何？」石勇大喜道，「願聞良策！」（水滸四十八回）一條什麼計已經說出來之後才能說「此一條計」云云；既未說出，用「此」這詞兒，便沒呼應。

例十　於是家人延畫工畫出二子，命之曰，「鼻以上畫有光鼻以下畫大姊」以二子肖母也。（歸有光先妣事略。）命之曰底主詞是家人，大姊是作者歸有光底稱呼，前後不能呼應。

例十一　水滸第四十四回，「那賊禿卻請乾爺和賢妹去小僧房裏拜茶。」這句話，如爲作者底敍述，不該稱乾爺、賢妹和小僧；如爲對話，卻很難標點，只能標點作「那賊禿卻，『請乾爺和賢妹去小僧房裏拜茶。』」亞東本是照作者底敍述的口氣標點的，這便乾爺等等的稱呼與作者底口氣不能呼應了。

例十二　鳳四老爹便問，「此位尊姓？」秦二侉子代答道，「這是此地胡尚書第八個公子胡八哥，爲人極有趣，同我最相好。」胡老八知道是鳳四老爹，說了些彼此久慕的話。（儒林外史第五十二回）如其「說了些彼此久慕的話」底主詞，是胡老八（照詞面上看，是如此的。）便不通，因爲自己不能說別人久慕自己的；改作「彼此說了些久慕的話，」才能前後相呼應。

例十三　如某氏（按某氏爲顧實。）的文章學綱要開端這一段，「詩曰『他山之石，可以攻玉。』中國從來獨創文化，第知則古稱先，以往古爲他山之石，今也不然，五洲棣通，不獨可橫而溝通中外，幷可縱而貫穿古今焉。……」其中「不獨可橫而溝通中外，幷可縱而貫穿古今」一語，被覺悟指爲顚倒着的。……照理，上文說古今，下文說中外，中間一句，當然該作「不獨可縱而貫穿古今，幷可橫而溝通中外，」且必如此才與本句前半截「今也不然，五洲棣通」八字順連。原文疏忽，未曾顧及上下文，所以便不通順了。——陳望道修辭學發凡頁一一五——一一六。

例十四　（例一）論語「惟其言而莫予違也。」（例二）范祖禹進唐鑑表「禹、益之於舜，則言其所無於佚於樂。」例一中「其」字究指第一身（First Person）乎？抑第三身（Third Person）乎？按常例，「其」字率用於第三身，而此乃與「予」字同用，語意卽不淸晰。例二中「其」「所」二字皆代名詞，「所」字所指分明，而「其」字則究指舜，抑並禹、益，無從確定，而語言卽爲之不淸。——金兆梓實用國文修辭學頁一〇一。

例十五　國策秦圍趙之邯鄲章：「今秦萬乘之國，梁亦萬乘之國，交有稱王之名，睹其一戰而勝，欲從而帝之。」此處本責梁之不應帝秦，但首兩句平列，秦梁各爲其主詞，第三句又總束一句，秦梁並爲其主詞，於是第四句「睹其一戰而勝」句之主詞，遂無法確定。通觀全文，吾人固知此句主詞爲梁，但僅就此複句之文法言，秦亦可爲其主詞，秦梁並亦可爲其主詞，主詞遂以不確定，而敍述辨論因失其目標。故此處應於第四句仍復用一梁字爲主詞，遂無語病矣。——同上頁八七。

上列的這些例子，或者在同一的動詞下有了這個動詞所不能包括的賓語，或者時間不相應，或者地點不相應，或者口氣不相應，……等等，都不能前後相呼應，違反了「呼應律」便是不通順的。

三　側重律

我們表達意思，有的時候特別注重某一點，那末應該應用「側重律」便是把我們注重的一點，不依照一般的實體詞底「詞位」安排法，而應用一種變例的（這種變例，也正是我們底語文中日常使用的一種「詞位」安排法，並不是例外的意思。）「詞位」安排法，顯示我們底注重點，這對於讀者也纔能叫注意我們底注重點。

這里，我們先講一隻「有奔馬踐死一犬」的故事。

往歲文人多尚對偶爲文，穆修、張景輩始爲平文，當時謂之古文。穆、張嘗同造朝，待旦於東華門外。方論文次適見有奔馬踐死一犬(1)，二人各記其事以較工拙。穆修曰「馬逸有黃犬遇蹄而斃」。(2)「張景曰有犬死奔馬之下」(3)，時文體新變，二人之語皆拙澀，當時已謂之工，傳之至今。——沈括夢溪筆談。

歐陽公在翰林日，與同院出遊，有奔馬斃犬於道(4)，公曰「試書其事。」同院曰「有犬臥通衢，逸馬蹄而死之」(5)，公曰「使子修史，萬卷未已也。」曰「內翰以爲何如？」曰「逸馬殺犬於道」(6)，——唐宋八家叢話。

這兩種傳說底記載，他們雖則在論「工拙」論「繁簡」，實在這是「側重律」的問題。

上列的六種句式可以分爲三類：一，(1)(4)(6)這三個單句，側重「馬」；二，(3)這單句，側重「犬」；三，(2)(5)這兩個複句，「馬」「犬」並重。

我們由於這隻故事，也可以大概地瞭解「側重律」了。

這里，我們開始敍述側重律。

側重律，如前所述，是應用詞位安排法底變例的。

這種詞位安排法之變例底應用，可以分爲下列的六類：(1)把述語提前；(2)把賓語提前；(3)把補足語提前；(4)把附加語提前；(5)把領有語提前；(6)主語底重疊。

當我們要側重述語的時候，便不可依照一般的詞位安排法，先主語後述語，卻要把述語提到前面，句子才遒勁有力。其他各類也如此。（請參照黎錦熙比較文法。）

(1)把述語提前——常例是主語在前，述語在後的；爲側重述語，便把述語提前。例如：

盆成括仕於齊。孟子曰，「死矣，盆成括！」——孟子盡心（下。）（「死矣，」述語；「盆成括，」主語。）

未有仁而遺其親者也，未有義而後其君者也。——孟子。

此外，如「去嗎，你？」「破了，那只飯碗」等也是。

(2)把賓語提前——常例，賓語是在主語及述語之後的；爲了側重，便提前。有的單把賓語提在述語之前；有的是把賓語提在主語及述語之前，即句首的例如：

婆惜道，「……這封書老娘牢牢地收着！……」——水滸第二十回。（「這封書，」賓語；「老娘，」主語；「收着，」述語。）

聖，則吾不能；我學不厭而教不倦也。——孟子。（「聖則吾不能，」猶云「聖人呢，那我可夠不上。」）

武松……看着婦人罵道，「……你把我的哥哥性命怎地謀害了？……」——水滸第二十五回。

只見這首座、監寺、都寺並一應職事僧人都到方丈稟說，「這野貓今日醉得不好！把半山亭子、山門下金剛，都打壞了！……」——水滸三回。（二十五回的例，是「你怎地謀害了我的哥哥性命？」三回的例，是「【他】打壞了半山亭子、山門下金剛。」將賓語提前時，要用介詞「把」或「將」或「拿」。有時用「對於，」如「對於那些，他已經很懂得。」有時用「連，」或「並」或「幷，」如，「連一根針掉在地下，都聽見的。」——老殘遊記第二回。）

把美滿恩情卻丟下。——元曲揚州夢第三折。

還有一種方法，便是把賓語提在句首，用一個「同位詞」例如：

詩三百，一言以蔽之，曰「思無邪。」——論語。（「詩三百」賓語；「之，」詩三百底同位詞）。

夏禮，吾能言之。——論語。

如「這個人，我很喜歡他。」「吃飯，誰都不能免了牠。」等也是。

（3）把補足語提前——常例，述語的動詞（在這里是同動詞）在前，補足語在後；爲了側重，便提前。有的，補足語提在句首，有的只提在同動詞之前。例如：

少頃，東郭牙至。管子曰，「子耶，言伐莒者？」——呂氏春秋重言。（「子耶，」是補足語。意思是，「說伐莒的，是您嗎？」同動詞「是，」省略了。）

野哉，由也！——論語。

小人哉，樊須也。——論語。

如「眞慢，他底走路。」「壞透了，那個傢伙。」等也是。

古之人有行之者，文王是也。——孟子。（「文王，」是補足語；「是，」是同動詞。「此在今語爲倒，而在古語爲順，」「猶今云『就是文王了。』」）

宋江道，「賤眼不識觀察，少罪！小吏姓宋名江的便是。」——水滸第十七回。（黎錦熙在比較文法頁一六六中說，「『貧僧是弟子法聰的便是』；王本西廂一；此犯重複，凌本卽無第一『是』字。」「……是……的便是」這種句式，在水滸中很多，如「洒家是關西魯達的便是。」（第六回）「洒家是東京制使楊志的便是。」（十六回）俺是延安府老种經略相公帳前軍官督提轄的便是。」（十六回）「小人是濟州府緝捕使臣何濤的便是。」（十七回）「我是鄆城縣宋江的便是。（二十一回）等等。我以爲，這並不犯重複，原來是「洒家是關西叫魯達的便是，」省卻了「叫，」便成了「……是……的便是」了。）

（4）把附加語提前——常例，介詞在先，附加語在後，爲側重而提前，有的爽性提在句首，有的只提在介詞之前；提在句首的，都用「同位詞。」例如：

以能問於不能，以多問於寡，有若無，實若虛，犯而不校，昔者吾友嘗從事於斯矣。——史記。（「以能……不校」爲附加語，「於」爲介詞，「斯」爲「以爲……不校」底同位詞。）

昔晉君朝以入，則婢子夕以死；夕以入，則朝以死。——左傳僖十五年（「夕」爲附加語，「以」爲介詞，使是「以朝入」「以夕死。」）

如「這件嚕囌事情，我們爲了牠着實費了點心」也是。

(5)把領有語提前——常例，領位詞和牠底領有語，總是領位詞在前而其領有語在後的；爲了側重，可以把領有語提前，而用一個「同位詞。」例如：

由也，千乘之國，可使治其賦也。——論語。（馬氏文通卷十彖一、系六，「賦者，千乘之國之賦也。」）

求也，千室之邑，百乘之家，可使爲之宰也。——論語。（文通，「爲之宰者，猶云爲其宰也。」）

細大之義，吾未能得其中。——史記文帝紀。

疇昔之羊，子爲政；今日之事，我爲政。——左傳宣二年。（「子爲政」「我爲政」各略「其」字，卽「子爲其政」「我爲其政。」）

如「這篇文章，我總認識不到牠底中心思想，」「一個中學校，他做校長綽綽有餘的」（「他做校長」省「牠底」即「他做牠底校長；」不提前，即「他做一個中學校底校長」）等，也是。

（6）主語底重疊——爲要側重主語，把主語重疊一下。例如：

且夫二子者，又何足以稱物哉？——莊子庚桑楚。（「二子，」主語；「者，」主語「二子」底重疊，便是說「二子這種人。」）

呂公者，好相人。——史記高帝紀。

古之君子，其責己也重以周，其待人也輕以約。——韓愈原毀。

如「讀書這件事，不是一件壞事呀。」「武松，他是粗中帶細的人」等等，也是。

此外，如主從複句底把從句提在前面；把主句放在後面在前代語文中是可以稱爲應用側重律的，在現代語文中，已經經常地說寫了，所以便不能再看作應用側重律了。

第三節　段落及其剪裁

段落，是把一句以上的句子，依照思維底法則，聯繫了起來的（也有一句句子便成爲一個段落的。）其構成底形態，也很複雜，我們試加以分析。段落也是要整飾的；其整飾的準則，是明確、通順和適勁。

這里，我們分爲兩段來敍述：（1）段落構成底分析；（2）段落底剪裁。

第一段　段落構成底分析

我們在分析段落底構成之前，關於段落底長短及寫法，先帶便敍述幾句。

段落，是以「主意」（或者叫作「中心思想」）爲標的來劃分的，所以，一句也可以成爲一個段落，幾句、幾十句甚至幾百句也可以只是一個段落。（有的時候，一篇文章只有一個段落；有時，一篇文章每一句每一句都各成一個段落；有時一篇文章，開始的一句或結末的一句自成一個段落，其餘的全部自成一個段落。）這是說，文章段落底長短，完全是依據「主意」而劃分的。

段落底寫法是：當依據主意底推移劃分段落時，一般的形式，是另起一行寫（普通，另起一行低兩格寫。）但當一方面應該連續下去，而別一方面卻並不十分聯繫時，應空一行寫。如小說中，用

「……不在話下」結束了一段之後，次一段用「再說……」的時候，大多是應連下去而又不十分聯繫的，便應該空一行寫。（又，如詩歌、加重語氣的句子、對話句、引用句、綱目底列舉等，常另起一行寫；又如「詞」底上闋及下闋之間，常空一行寫。）

這里，我們試分析段落底構成。

段落底構成，是依據「意思」的（卽思維底法則，）如前頁一二中所述，文章中的意思可以分爲景物、事實、情感及知識的四類；這里，我們只分爲景物、事實（也叫作事件、事端、事蹟）及知識的三類，因爲情感底本身不是一種的意思，牠是由于景物、事實及知識（尤其是事實）纔能產生的。

我們分析段落底構成，可以分爲四類：（1）景物底描寫；（2）事實底紀敍；（3）知識底論說；（4）上列三者底兩者或三者之交錯。

一　景物底描寫

景物，可以分爲景象、物體及人物的三項，所以，由於景物底描寫構成的段落，有時是描寫景象底形狀的，有時描寫物體底性質，有時描寫人物底形狀，……更有上列三項底兩項或三項底交錯的，很是複雜；但每一個段落，總是以一個「主意」爲標的的，所以，無論怎樣複雜，甚至於景物、事實及知識三者底交錯，牠底段落也可以分析得清清楚楚的。

這里，還有一點要指摘出來的，便是：不論描寫景物，或紀敍事實，或論說知識，在一篇文章中，甚至於在一個段落中，大多不會是純粹的，即大多是交錯着的，只是着重某一方面的便稱爲某一類的文章而已。

現在，我們試舉一二例，分析由景物底描寫構成的段落。

(1)從小丘西行百二十步，隔篁竹，聞水聲如鳴佩環，心樂之。伐竹取道，下見小潭，水尤清洌。

(2)泉石以爲底；近岸，卷石底以出，爲坻，爲嶼，爲嵁，爲岩。青樹翠蔓，蒙絡搖綴，參差披拂。

(3)潭中魚可百許頭，皆若空游無所依；日光下澈，影布石上，佁然不動，俶爾遠逝，往來翕忽，似與游者相樂。

(4)潭西南而望，斗折蛇行，明滅可見。其岸勢犬牙差互，不可知其源。

(5)坐潭上，四面竹樹環合，寂寥無人，淒神寒骨，悄愴幽邃；以其境過淸，不可久居，乃記之而去。

(6)同游者，吳武陵、龔古、余弟宗玄。隸而從者，崔氏二小生：曰恕己，曰奉壹。——柳宗元永州八記右至小丘西小石潭記四。

這篇小石潭記，有六個段落，除段落(1)(6)是紀敍事實的之外，其餘的四個段落都是描寫景物的（其中也是記敍事實的。）段落(2)底「主意」是「泉」「石」及其周圍的「樹木」（如其「青樹翠蔓」底上面，有「潭旁」或「四週」的字樣，便是另一主意，便應是另一段落了；）段落(3)底主意是「潭中魚」；落段(4)底主意是「潭西南而望」；段落(5)底主意是「坐潭上」。

(1)何濤看時，只見縣裏走出一個押司來。

(2)那人姓宋，名江，表字公明，排行第三。祖居鄆城縣宋家村人氏。為他面黑身矮，人都喚他做黑宋江；又且馳名大孝，爲人仗義疏財，人皆稱他做孝義黑三郎。上有父親在堂，母親蚤喪；下有一個兄弟，喚做鐵扇子宋淸，自和他父親宋太公在村中務農，守些田園過活。

(3)這宋江自在鄆城縣做押司。他刀筆精通，吏道純熟；更兼愛習鎗棒，學得武藝多般。平生只好結識江湖上好漢：但有人來投奔他的，若高若低，無有不納，便留在莊上館穀，終日追陪，並無厭倦；若要起身，盡力資助。端的是「揮金似土！」人問他求錢物，亦不推托。且好做方便，每每排難解紛，只是周全人性命。時常散施棺材藥餌，濟人貧苦，賙人之急，扶人之困。以此，山東河北聞名，都稱他做及時雨，卻把他比做天上下的及時雨一般，能救萬物。——水滸第十七回。

段落(1)是紀敘事實的。段落(2)底主意是描寫宋江底姓、名、籍貫、綽號及家世的；段落(3)底主意，是描寫宋江底「為人」的。

(1)明人王叔遠能以徑寸之木為宮室、器皿、人物以至鳥、獸、木、石，罔不因勢象形，各具情態。

(2)嘗貽核舟一，蓋大蘇泛赤壁云。

(3)舟首尾長八分有奇，高可二黍許。中軒敞者為艙，箬篷覆之。旁開小窗，左右各四，啟窗以觀，雕欄相望；閉之，則右刻「山高月小，水落石出，」左刻「清風徐來，水波不興，」石青糝之。

(4)船頭坐三人：中峨冠而多髯者為東坡，佛印居右，魯直居左。蘇、黃共閱一手卷。東坡右手執卷端，左手撫魯直背，魯直左手執卷末，右手指卷如有所語；東坡現右足，魯直現左足；身各微側；其兩膝相比者隱卷底衣褶中。佛印絕類彌勒，袒胸露乳，矯首昂視，神情與蘇、黃不屬；臥右膝，詘右臂支船，而豎其左膝，左臂掛念珠，——珠可歷歷數也。

(5)舟尾橫臥一檝。檝左右舟子各一人：居右者椎髻仰面，左手依一橫木，右手攀右趾，若嘯呼狀；居左者右手執蒲葵扇，左手撫爐，——爐上有壺，——其人視端容寂，若聽茶聲然。

(6)船背稍夷，題名其上，文曰「天啓壬戌秋日，虞山王毅叔遠甫刻，」細若蚊足，鉤畫了了，其色墨；又用篆章一，文曰「初平山人，」其色丹。

(7)通計一舟：爲人五，爲窗八，爲篛篷、爲檝、爲爐、爲壺、爲手卷、爲念珠各一，對聯題名並篆文爲字共三十有四，而計其長曾不盈寸，蓋簡桃核修狹者爲之。

(8)嘻，技亦靈怪也哉！——魏學洢核舟。

自段落(3)到段落(7)，描寫核舟，每一個段落各有一個主意。段落(3)底主意是船艙底描寫；段落(4)是船頭；段落(5)是舟尾；段落(6)是船背；段落(7)是「通計一舟」底描寫。

二　事實底紀敘

事實底紀敍，普通都是以事實底先後爲其順序的，也有紀敍同時發生的事實的，也有插敍過去的事實的。各種由於事實底紀敍構成的段落也各以一個「主意」爲標的。

這里，試舉若干的例子。

（1）元和三年十月，翺既受嶺南尚書公之命。

（2）四年正月己丑，自旌善第，以妻子上船於漕。乙未，去東都，韓退之、石濬川假舟送予。明日，及故洛東，弔孟東野，遂以東野行。濬川以妻疾，自漕口先歸。黃昏，到景雲山居。詰朝，登上方，南望嵩山，題姓名記別。既食，韓、孟別予西歸。戊戌，予病寒，飲葱酒以解表，暮宿於鞏。庚子，出洛，下河，止汴梁口，遂汴泛流，通河於淮。辛丑，及河陰。乙巳，次汴州，疾又加，召醫察脈，使人入盧。

（3）又二月，丁未朔，宿陳留。戊申，莊人自盧又來，宿雍邱。乙酉，次宋州，疾漸瘳。壬子，至永城。甲寅，至埇口。丙辰，次泗州，見刺史，假舟轉淮上河，如揚州。庚申，下汴渠入淮，風帆及盱眙，風逆天黑色波激水，順潮入新浦。壬戌，至楚州。丁卯，至揚州。戊辰，上棲靈浮圖。辛未，濟大江，至潤州。戊寅，至常州。壬午，至蘇州。癸未，如虎邱之山，息足千人石，窺劍池，宿望海樓，觀走砌石；將遊報恩，水涸舟不通，無馬道，不果遊。乙酉，濟松江。丁亥，官艘隙，水溺，舟敗。戊子，至杭州。己丑，如武陵之山，臨曲波，觀輪藤，登石橋，宿高亭，晨望平湖孤山江濤，窮竹道，上新堂，周眺群峯，聽松風，召靈山永吟，叫猿山童學反舌聲。癸巳，駕濤江，逆波至富春。丙申，七里灘，至睦州。庚子，上楊盈川亭。辛丑，至衢州，以妻疾止行，居開元佛寺臨江亭後。

(4)三月，丁未，朔，翱在衢州。甲子，女某生。

(5)四月，丙子，朔，翱在衢州與侯高宿石橋。丙戌，去衢州。戊子，自常山上嶺，至玉山。庚寅，至信州。甲午，望君陽山怪峯直聳似華山。丙申，上於越亭。己亥，直渡擔石湖。辛丑，至洪州，遇嶺南使，游徐孺亭，看荷華。

(6)五月，壬子，至吉州。壬戌，至虔州。己丑，與韓泰安平渡江，游靈應山居。辛未，上大庾嶺。明日，至湞昌。癸酉，上靈屯西嶺，見韶山。甲戌，宿靈鷲山居。

(7)六月，乙亥，朔，至韶州。丙子，至始興公室。戊寅，入東蔭山，看大竹，筍如嬰兒，過湞陽峽。己卯，宿清遠峽山。癸未，至廣州。——李翱來南錄。

來南錄中的七個段落，因爲是分年、分月的，所以，事實底順序，是清清楚楚的；這里，便以年、月分劃一個個「主意。」

（1）只說，董超正在家裏拴束包裹，只見巷口酒店裏酒保來說，「董端公，一位官人在小人店中請說話。」董超道，「是誰？」酒保道，「小人不認得，只叫請端公便來。」（原來宋時的公人，都稱呼「端公。」）

（2）當時，董超便和酒保逕到閣兒內看時，見坐着一個人，頭戴頂萬字頭巾，身穿領皂紗背子。下面皂靴淨襪。【那人】見了董超，慌忙作揖，道「端公請坐！」董超道，「小人自來不曾拜識尊顏，不知呼喚有何使令？」那人道，「請坐，少間便知。」董超坐在對席。

（3）酒保一面鋪下酒盞。菜蔬菓品按酒，都搬來擺了一桌。那人問道，「薛端公在何處住？」董超道，「只在前邊巷內。」那人喚酒保，問了底腳，「與我去請將來。」

（4）酒保去了一盞茶時，只見請得薛霸到閣兒裏。……——水滸第七回。

這四個段落，段落（1）紀敍董超見酒保來找；段落（2）紀敍董超與那人（陸虞候）相見；段落（3）紀敍陸虞候要找薛霸；段落（4）紀敍薛霸來。

（1）自西坑嶺入，過遇龍橋，北行二十步，始入西潭。……

（2）又行二里所，地稍夷曠，……

（3）又前行半里所，泉自石潭中出，……

（4）又前行五十步，大石闕道，……

（5）又行三十步，榛篠成林，……

（6）又過十步許，抵小潭。……——宋濂五洩水山志。

這里段落（1）到段落（6），都是以走了若干路換了一種景緻爲「主意」的。

戴宗攔擋不住，李逵一直去了。戴宗對宋江說道，「兄長休怪。小弟引這等人來相會，全沒些個體面，羞辱殺人！」宋江道「他生性是恁的，如何教他改得。我倒敬他眞實不假。」兩個自在琵琶亭上笑語說話取樂。

卻說李逵走到江邊看時，見那漁船一字排着，約有八九十隻，都纜繫在綠楊樹下；船上漁人，有斜枕着船梢睡的，有在船頭上結網的，也有在水裏洗浴的。……——水滸第三十七回。

前一段，敍述宋江要吃鮮魚，李逵便衝出去「討」魚去了，宋江戴宗兩個仍舊在琵琶亭上談着天，吃着酒；後面，述敍李逵獨自個去討魚和張順打了起來的事，這是和宋江戴宗仍在談天、吃酒是同時的。這不但前後兩個段落各有一個主意，而且簡直是另外一件事了，所以，不但各自成一個段落，而且要空一行寫的。（這便是所謂記敍底中斷。）

此外，當觀察點變動時，又當敍述倒逆時，時常便成了另一「主意，」便是另成了一個段落；但有時，帶便地變動觀察點，又帶便地倒逆敍述時，便並不另成一主意，也卽並不另成一個段落。

三　知識底論說

由於知識底論說構成的段落，都是以知識底體系爲標的的（這裏所謂知識，包括意象、思想、事理等。）整個的知識底體系，或者條分列舉地來論說，或者廣羅例證地來論說，或者罕譬曲喻地來論說，……當然也很是複雜。

我們試舉幾個例子，來加以分析。

「那個、」「那樣」（「那」作「彼」解）之「那，」章炳麟先生知道他就是「若」之轉音（新方言釋詞；）「若，」如論語「君子哉若人」之「若。」這是不錯。但是「那」並不是由「若」直接轉來。世說新語呼「那日、」「那夜、」「那時」爲「爾日、」「爾夜、」「爾時。」可見「若」字到晉時轉爲 n 。

「爾時」兩見世說雅量篇。又見賞譽篇，又見排調篇，又見規箴篇，又兩見容止篇，又見企羨篇。

「爾日」見世說規箴第十「謝中郎在壽春」條，又豪爽第十三「桓宣武平蜀」條。

「爾夕」見世說文學「衛玠始渡江……」條。

「爾夜」見世說賞譽第八下「許掾嘗詣簡文」條。

世說假譎第二十七「魏武……陽眠。所幸一人竊以被覆之，因便斫殺。自爾每眠，左右莫敢近者。」「自爾，」自那時也。

世說忿狷第三十一「子敬實自淸立，但人爲爾多矜咳，殊足損其自然。」「爾多，」那麽多也。

今蘇、滬謂「那樣」爲「那行，」世說亦作「爾馨，」也是「爾」可轉「那」之證。

以上云云，可以證明今之「那」字，卽晉時「爾」字。——唐鉞國故新探卷二白話字音考原八則第三則那第一項「那」即「爾」字頁八五——八七。

這是廣羅例證，以說明「那」即「爾」的（這種例子，在王引之經義述聞以及這一類的書籍中，很多，）以每一例證爲一個段落。

從古代的文言，變爲近代的白話，這大段歷史，有兩個大方向可以看得出。（1）該變繁的都漸漸變繁了。（2）該變簡的都變簡了。

（一）該變繁的都變繁了。變繁的例很多，我只能舉出幾條重要的趨向。

第一，單音字變爲複音字。中國文中，同音的字太多了，故容易混亂。……

第二，字數增加。許多反對白話的人，都說白話的字不夠用，這話是大錯的。……

（二）該變簡的都變簡了。……

第一，文言裏一切無用的區別都廢除了。文言裏有許多極無道理的區別。……

第二，繁雜不整齊的文法變化，多變爲簡易畫一的變化了。我們可舉代名詞的變化爲例。……

第三，許多不必有的句法變格，都變成容易的正格了。……——胡適胡適文存卷三國語文法概論第二篇國語的進化(三)頁二〇——三四。

這是把(一)(二)第一、第二第三等標舉了出來的，所以，一個個的段落，很是清楚。

一般的論說知識的文章，都是條張綱舉的；汪倜然論辯文作法附錄綱要舉例分析了二十篇文章（見頁二六三——三三五），這里，試錄其綱要二李斯諫秦逐客書，作爲段落底分析。爲明瞭起見，把原文和綱要對照地列舉出來（綱要舉例，未抄原文。）

諫秦逐客書　　李斯

臣聞吏議逐客，竊以爲過矣。

昔穆公求士，西取由余於戎，東得百里奚於宛，迎蹇叔於宋，來邳豹、公孫支於晉。此五子者，不產於秦，穆公用之，幷國二十，遂霸西戎。孝公用商鞅之法，移風易俗，民以殷盛，國以富強，百姓樂用，

命題：秦不可逐客卿

緒論

(壹)臣聞吏議逐客，竊以爲過矣。

證明

(壹)客無負於秦：

(一)穆公求士，幷國二十，遂霸西戎。

(二)孝公用商鞅之法，至今治彊。

諸侯親服，獲楚魏之師，舉地千里，至今治彊。惠王用張儀之計，拔三川之地，西并巴蜀，北收上郡，南取漢中，包九夷，制鄢郢，東據成皋之險，割膏腴之壤，遂散六國之從，使之西面事秦，功施到今。昭王得范雎，廢穰侯，逐華陽，彊公室，杜私門，蠶食諸侯，秦成帝業。此四君者，皆以客之功。由此觀之，客何負於秦哉！向使四君卻客而弗納，疏士而弗與，是使國無富利之實，而秦無彊大之名也。

今陛下致崐山之玉，有和隨之寶，垂明月之

(三)惠王用張儀之計，功施到今。

(四)昭王得范雎，使秦成帝業。

(貳)逐客非所以跨海內制諸侯之術：

(一)物不出於秦，而秦用之：

(甲)此數寶者，秦不一生焉，而陛下悅之：

(子)崐山之玉；

(丑)和隨之寶；

(寅)明月之珠；

(卯)太阿之劍?

(辰)纖離之馬；

(巳)翠鳳之旗；

(午)靈鼉之鼓。

珠，服太阿之劍，乘纖離之馬建翠鳳之旗，樹靈鼉之鼓，此數寶者，秦不生一焉，而陛下悅之，何也？必秦國之所生然後可，則夜光之璧不飾朝廷，犀象之器不爲玩好，而趙衛之女不充後庭，駿馬駃騠不實外廏，江南金錫不爲用，蜀之丹青不爲采；所以飾後宮充下陳娛心意悅耳目者，必出於秦然後可，則是宛珠之簪，傅璣之珥，阿縞之衣，錦繡之飾不進於前，而隨俗雅化，佳冶窈窕，趙女不立於側也。夫擊甕叩缶彈箏搏髀而歌嗚嗚快耳者，眞

（乙）必秦國之所出然後可，則是：

（子）寶玉不飾朝廷，趙女不充後庭，駿馬不實外廏；

（丑）飾後宮充下陳娛心意悅耳目者，不進於前，不立於側；

（寅）鄭衛之音，異國之樂，不能快意當前。

（二）客不出於秦，而秦逐之：

（甲）非秦者去，爲客者逐：

（子）不問可否；

（丑）不論曲直。

（三）逐客則是重事色樂珠玉而輕乎民人

秦之聲也，鄭衞桑間，韶虞武象者，異國之樂也；今棄叩缶擊甕而就鄭衞，退彈箏而取韶虞，若是者，何也？快意當前，適觀而已矣。今取人則不然，不問可否，不論曲直，非秦者去，爲客者逐，然則是所重者在乎色樂珠玉，而所輕者，在乎民人也。此非所以跨海內制諸侯之術也。

臣聞地廣者粟多，國大者人衆，兵强者則士勇，是以太山不讓土壤，故能成其大，河海不擇細流，故能就其深，王者不卻衆庶，故能明其德。是以，地無四方，民無異國，四時充美，鬼神降福，此五帝

也。

(叁)王者不卻衆庶，故能明其德：

(一)地廣者粟多，國大者人衆，兵强則士勇；

(二)太山不讓土壤，故能成其大！

(三)河海不擇細流，故能就其深。

(四)五帝三王不擇地而用人故能無敵於天下：

(甲)地無四方；

(乙)人無異國。

(肆)逐客無異藉寇兵而齎盜糧：

(一)棄黔首以資敵國；

(二)卻賓客以業諸侯；

三王之所以無敵也。

今乃棄黔首以資敵國，卻賓客以業諸侯，使天下之士，退而不敢西，裹足不入秦，此所謂藉寇兵而齎盜糧者也。

夫物不產於秦，可寶者多，士不產於秦，願忠者衆，今逐客以資敵國，損民以益讎，內自虛而外以樹怨諸侯，求國無危，不可得也。

(三)使天下之士退而不敢西，裹足不入秦。

結論

(壹)物不產於秦，可寶者多；

(貳)士不產於秦，願忠者衆；

(叁)今卻客以資敵國，損民以益讎，內自虛而外樹怨於諸侯：

【故】求國無危，不可得也。

也有罕譬曲喻地來論說的，例如：

君亦聞驥乎？夫驥之齒至矣，服鹽車而上大行，蹄申膝折，尾湛胕潰，漉汁灑地，白汗交流，外阪遷延，負棘而不能上。伯樂遭之，下車攀而哭之，解紵衣以冪之。驥於是俛而噴，仰而鳴，聲達於天，若出金石者，何也？彼見伯樂之知己也。

今僕之不肖，阨於州郡，掘穴窮巷，沉洿鄙俗之日久矣，君獨無意湔祓僕，使得爲君高鳴屈於梁乎？（國策汗明說春申君）（「此章章旨爲『屈於梁而求伸於楚，』特先以驥譬喻之者也。」）

四　景物、事實及知識底交錯

景物、事實及知識交錯時，有時是各成一個段落的（有時並不各成一個段落。）例如：

（1）京中有善口技者。會賓客大宴於廳事之東北隅，施八尺屏幛，口技人坐屏幛中，一桌、一椅、一扇、一撫尺而已。衆賓團坐。

（2）少頃，但聞屏幛中撫尺一下，滿坐寂然，無敢譁者。

（3）遙聞深巷中犬吠聲，便有婦人驚覺欠伸，丈夫囈語。既而兒醒，大啼，丈夫亦醒。婦撫兒乳，兒含乳啼，婦拍而嗚之。又一大兒醒，絮絮不止。當是時，婦手拍兒聲，口中嗚聲，兒含乳啼聲，大兒初醒聲，夫叱大兒聲，一時齊發，衆妙畢備。

（4）滿坐賓客無不伸頸，側目，微笑，默歎，以爲妙絕。

（5）未幾，夫鼾聲起，婦拍兒亦漸拍漸止。微聞有鼠作作索索，盆器傾側。婦夢中咳嗽。

（6）賓客意少舒，稍稍正坐。

（7）忽一人大呼「火起！」夫起大呼，婦亦起大呼。兩兒齊哭。俄百千人大呼，百千兒哭，百千犬吠。中間力拉崩倒之聲，火爆聲，呼呼風聲，百千齊作；又夾百千求救聲，曳屋許許聲，搶奪聲，潑水聲：凡所應有，無所不有。雖人有百手，手有百指，不能指其一端；人有百口，口有百舌，不能名其一處也。

（8）於是無不變色離席，奮袖出臂，兩股戰戰，欲先走。忽然撫尺一下，衆響畢絕。撤屏視之，一人、一桌、一椅、一扇、一撫尺而已。——林嗣環口技（見虞初新志卷一秋聲詩自序新志選自文津選本）

段落（1）描寫口技場及口技者底「道具」；段落（2）（4）（6）（8）紀敍口技聽者情態底變異；段落（3）（5）（7）描寫口技（口技中所表現的，雖則是事實似是紀敍的；但在全篇底主旨上看，這是口技底描寫。）

嘗讀漢天文志載「海旁蜃氣象樓臺，」初未之信。庚寅季春，余避寇海濱。一日飯午，家僮走報怪事，曰「海中忽涌數山，皆昔未嘗有。父老觀之，以爲甚異。」余駭而出。會潁川主人走使邀余；既至，相攜登聚遠樓，

東望，第見滄溟浩渺中，矗如奇峯，聯如疊巘，列如岑岫，隱見不常。移時城郭臺榭，驟變欻起，如衆

大之區，數十萬家，魚鱗相比；中有浮圖老子之宮。三門嵯峨，鐘鼓樓翼其左右，簷牙歷歷，極公輸巧不能過。又移時，或立如人，或散如獸，或列若旌旃之旆，甕盎之器，詭異萬千。日近晡，冉冉漫滅。向之有者安在；而海自若也。——林景熙蜃說。

前一段落，是事實底紀敍，後一段落是景物底描寫。

周進聽了，謙讓不肯僭梅玖作揖。梅玖道，「今日之事不同。」周進再三不肯。衆人道，「論年紀也是周先生長，先生請老實些罷。」梅玖回顧頭來向衆人道，「你衆位是不知道我們學校規矩，老友是從來不同小友序齒的。只是今日不同，還是周長兄請上。」

原來明朝士大夫稱儒學生員叫做「朋友，」稱童生是「小友。」比如童生進了學，不怕十幾歲，也稱爲「老友；」若是不進學，就到八十歲，也還稱「小友。」就如女定嫁人的，嫁時稱爲「新娘，」後來稱呼「奶奶」「太太，」就不叫「新娘」了；若是嫁與人家做妾，就到頭髮白了，還要喚作「新娘。」——儒林外史第二回。

前一段是事實底紀敍，後一段是知識底說明。

智深跟着侍者到方丈。長老道，「……我與你摩頂受記，教你：一不可殺生，二不可偷盜，三不可邪淫，四不可貪酒，五不可妄語：此五戒乃僧家常理。出家人第一不可貪酒。你如何夜來吃得大醉，打了門子，傷壞了藏殿上朱紅槅子，又把火工道人都打走了，口出喊聲？如何這般所爲！」智深跪下道，「今番不敢了。」……

但凡飲酒，不可盡歡。常言，「酒能成事，酒能敗事。」便是小膽的吃了也胡亂做了大膽，何況性高的人！——水滸第三回。

前一段是事實底紀敍，後一段是智識底論述。

前面說到一句過，有時，這種交錯並不各自成一段落的。例如：

例一　項王項伯東嚮坐，亞父南嚮坐（亞父者，范增也。）沛公北嚮坐，張良西向侍。——史記項羽本紀。

例二　匹夫匹婦強死，其魂魄猶能憑依於人；況良霄，先君穆公之胄，子良之孫，子耳之子，敝邑之卿，從政三世矣（鄭雖無腆，抑諺曰「蕞爾國」，而三世執其政柄，其用物也宏矣，其取精也多矣。）

其族又大所憑厚矣，而強死，能為鬼，不亦宜乎，——左傳昭七年。

例三　長老賜名已罷，把度牒轉將下來。書記僧塡寫了度牒，付與魯智深收受。長老又賜法衣、袈裟，教智深穿了。監寺引上法座前，長老與他摩頂受記，道，「一要皈依佛性，二要皈奉正法，三要皈敬師友：此是『三皈』。……」智深不曉得戒壇答應「能」「否」二字，卻便道，「洒家省得。」衆僧都笑。——水滸第三回。

例一，是紀敍事實的，「亞父者，范增也」云云是知識底說明，但並不各自成一段落。例二，是論說知識的，「匹夫匹婦……」及「所憑厚矣……」是知識底議論，而「先君穆公之胄……」云云是知識底說明；例三，是紀敍事實的，「智深不曉得……」云云是智識底說明：都並不各自成一段落。

第二段　段落底剪裁

段落底剪裁，其準則，也是「明確、」「通順」及「遒勁。」要明確，得遵守「統一律；」要通順，得遵守「聯繫律；」要遒勁，得遵守「側重律。」

一　統一律

段落，以「主意」爲標的；所以，要段落明確，便該整一段的語文，都統一于這「主意，」少說了便主意晦澀，多說了便主意紊亂，不周到不穩妥便成了主意不完整或者成了對于主意的贅疣，因而要遵守「統一律。」例如：

例一　【新唐書】劉子元傳云，「年十二，父授古文尚書，業不退（退，進之謂；）父怒，楚督之。及聞爲諸兄講春秋左氏，冒往聽之，退輒辨析所疑。歎曰，『書如是，兒何怠。』」予始讀之，不能曉。及見史通自敍，則云，「幼奉庭訓，早遊文學。年在紈綺，便愛（愛，受之謂。）古文尚書，每苦其辭艱瑣，難爲諷讀；雖屢逢捶撻，而其業不成。嘗聞家君爲諸兄講春秋左氏傳，每廢書而聽，逮講畢，即爲諸兄說之；因歎曰，『若使書皆如此，吾不復怠。』」然後了然無疑；而覺子京疎略之病爲惡也。——王若虛滹南遺老集卷二十四新唐書辨（下。）

例二　溫公自節通鑑，以爲更加精擇，削其繁蕪，斯固可矣，然亦時有太過處。如漢書郭林宗傳云，「茅容耕於野，與等輩避雨樹下，衆皆夷踞相對，容獨危坐愈恭。林宗見而奇之，遂與共言，因請寓宿。且曰，容殺雞爲饌，林宗謂爲己設，旣而以供其母；自以草蔬與客同飯。林宗起拜，因勸令學。」通鑑載之，略同。而節本直云，「茅容耕者，危坐愈恭。殺雞爲饌，泰謂爲己設，容分半食母。」甚（按：甚爲其之譌。）疎已甚，不盡事情矣。——同上卷二十一諸史辨惑。

例三　宋江便道，「且與拿過劉高那廝來！」燕順便道，「把他綁在將軍柱上，割腹取心，與哥哥慶喜。」花榮道，「我親自下手割這廝！」……把刀去劉高心窩裏只一剜，那顆心獻在宋江面前。小嘍囉自把屍首拖在一邊。——水滸第三十三回（宋江叫拿過劉高來之後，沒有敍明小嘍囉把劉高帶來，便接敍「燕順便道」云云，這箇略得「不盡事情」。）

例四　荀子天論篇，「在天者，莫明於日月；在地者，莫明於水火；在物者，莫明於珠玉；在人者，莫明於禮義。故日月不高，則光輝不赫；水火不積，則暉潤不博；珠玉不睹乎外，則王公不以爲寶；禮義不加於國家，則功名不白。故人之命在天，國之命在禮。君人者隆禮尊賢而王，重法愛民而霸；好利多詐而危，權謀傾覆幽險而盡亡矣。大天而思之，孰與物畜而制之；從天而頌之，孰與制天命而用之；望時而待之，孰與應時而使之；因物而多之，孰與聘能而化之；思物而物之，孰與理物而勿失之也？願於物之所以生，孰與有物之所以成？故錯人而思天，則失萬物之情。」此章章旨爲「不可錯人而思天，」「在人莫明於禮義」「君人者隆禮尊賢而王」一意，不過用以說明章旨之一端。乃於此一端，更加「重法愛民而霸」以下三句，爲之特加渲染，似此章旨又側重禮矣。然則此其章旨，究爲「不可錯人思天」乎？抑爲「隆禮」乎？此卽其不醇壹也。此處若删去「重法愛民而霸」以下三句，易爲「慕天錯己而亡矣，」庶幾章旨不受其紊亂轉移矣。——金兆梓實用國文修辭學頁四四。

例五　左傳「辰在子卯，謂之疾日，君徹宴樂，學人舍業，爲疾故也；君之卿佐，是謂股肱，股肱或虧，痛何如之。」「學人舍業」語，實與全句之主旨無關。——同上頁一〇八。

例六　左氏書晉敗於邲，軍士爭舟，舟中之指可掬。獻帝紀云，「帝渡河；不得渡者，皆爭攀船，船上人以刃擽斷其指，舟中之指可掬。」劉子元稱邱明之體，文雖缺略，理甚昭著，不言攀舟以刃斷指，而讀者自見其事。予謂此亦太簡，意終不完，未若獻帝紀之爲是也。——王若虛滹南遺老集卷三十四文辨。

例七　【韓愈】貓相乳說云，「貓有生子同日者。其一，母死焉。有二子飲於死母，母且死，其鳴咿咿。」「母且死」一句，贅而害理，且字訓將也。——同上卷三十五文辨。

例八　歐公秋聲賦云，……「豐草綠縟而爭茂，佳木葱蘢而可悅；草拂之而色變，木遭之而葉脫。」多卻上二句。或云「草正茂而色變，木方榮而葉脫」亦可也——同上卷三十六文辨。

例九　後漢書九十七范滂傳云「建寧二年，遂大誅黨人，詔下，急捕滂等。督郵吳導至縣，抱詔書閉傳舍，伏床而泣；滂聞之，曰，『必爲我也。』卽自詣獄。縣令大驚，出，解印綬，引與俱亡，曰，『天下大矣，子何爲在此？』滂曰，『滂死則禍塞，何敢以罪累君，又令老母流離乎！』其母就與之訣。滂白母曰，『仲博孝敬足以供養，滂從龍舒君歸黃泉，存亡各得其所。惟大人割不可忍之恩，勿增感戚！』母曰『汝今得與李、杜齊名（李膺、杜密），死亦何恨！既有令名，復求壽考，可兼得乎？』滂跪受教，再拜而辭；顧謂其子曰，『吾欲使汝爲惡，則惡不可爲；使汝爲善，則我不爲惡。』行路聞之，莫不流涕。」淸王鳴盛十七史商榷云，「後漢書范滂傳敍至滂就隸辭母母訓滂之下，宜補一句云『滂竟被害，』然後繼以『行路聞之，莫不流涕』云云。」——楊樹達中國修辭學頁四二——四三。

例十　叔孫通以惠帝作複道，勸之立原廟，上乃詔有司立之。則立廟之由已自見矣，而復云

「原廟起以複道故，」此句安用哉！前漢削之，當矣。——王若虛滹南遺老集卷十五史記辨惑(七)。

例十一　水滸第三回，描寫魯智深大鬧五台山。(1)當魯智深到山時，首座衆僧稟長老，請不要收留。「長老……對衆僧說道，『只顧剃度他。此人上應天星，心地剛直。雖然時下兇頑，命中駁雜，久後卻得清淨，證果非凡，汝等皆不及他。可記吾言，勿得推阻。』首座道，『長老只是護短，我等只得從他。不諫不是，諫他不從便了。』」(2)後來智深在寺前吃了一桶酒，吃得爛醉，又打了門子等；衆多職事僧圍定了長老，說這隻野貓，不能再留了。「長老道，『雖是如今眼下有些囉唣，後來卻成得正果。……』衆僧冷笑道，『好個沒分曉的長老！』各自散去歇息。」(3)後來智深又是一次爛醉，衆僧又向長老稟說，長老還是「護短，」「衆僧出得方丈，都道，『好個囫圇竹的老長！……』」看了第三段，可知第一、二段底「首座道」「衆僧冷笑道，」都是離開了長老，在背後講的話；在這里，卻沒有敍述清楚，是作者太「省儉」了。

例十二　衆軍健聽了這話，湊了五貫足錢，來買酒吃。……那賣酒的漢子說道，「這桶酒被那客人饒一瓢吃了，少了你些酒，我今饒了你衆人半貫錢吧。「衆軍漢湊出錢來還他。——水滸第十五回後面的「湊出錢來，」是多餘的。

上列的例子，如例（1）（2）（6）（11）都太少說了，使主意晦澀；例（3）（9）說得不周到，使主意不完整；例（4）太多說了，使主意紊亂；例（5）（7）（8）（10）（12）或者說得太多，或者說得不穩妥，成了對于主意的贅疣。

二　聯繫律

段落底通順，一方面要前後相呼應，一方面要上下相連貫，因而要遵守「聯繫律。」例如：

例一　退之盤谷序云「友人李愿居之。」稱友人則便知爲己之友；其後但當云「予聞而壯之，」何必用「昌黎韓愈」字。柳子厚凌準墓誌，既稱「孤某以其先人善予，以誌爲請，」而終云「河東柳宗元哭以爲誌；」山谷劉仲明墨竹賦，既稱「故以歸我，」而斷以「黃庭堅曰」其病亦同。蓋予、我者自述，而姓名則從旁言之耳。劉伶酒德頌，始稱「大人先生，」而後稱「吾；」東坡黠鼠賦，始稱「蘇子，」而後稱「予；」蘇過思子台賦，始稱「客，」而後稱「吾；」皆是類也。——王若虛滹南遺老集卷三十五文辨。（這一類的例子在詞兒上講爲「同義異詞；」見頁一六八——一七

○；在段落上講，似犯「統一律，」卽不明確，但我以爲歸於犯了前後不能呼應的「聯繫律」似較妥當。）如孔尙任木皮散客傳前稱「予，」後稱「雲亭山人，」亦是類也。

例二　【韓愈送溫處士赴河陽軍序】「伯樂一過冀北之野，而馬羣遂空；夫冀北馬多天下，伯樂雖善知馬，安能遂空其羣邪？解之者曰，吾所謂空，非無馬也，無良馬也。」此一「吾」字，害事。夫言空羣及解之者，自是兩人，而云吾所謂，卻是言之者自解也。——同上。

例三　留侯世家末云「子房始所見下邳圯上老父，與太公書者，後十三年，從高帝過濟北，果見穀成山下黃石，取而葆祠之。」文勢不接。不若云「始下邳老父所言黃石，後十三年，從高帝過濟北，果見於穀城山下。」——同上卷十三史記辨惑（五）文勢不相承接辨。

例四　水滸第三十九回，說蔡九知府叫戴宗送信給他父親蔡太師，「戴宗扣着日期，回到江州，當廳下了回書，」蔡知府賞了戴宗錢，「一面分付教造陷車，商量差人解發起身；」下面說，「且說蔡九知府催併合成陷車，過得一二日，正要起程，只見門子來報道，『無爲軍黃通判特來相探。』……知府道，『昨日下書人已回。……』」「一二日」與「昨日」不合，參照後文，知「昨日」是對的。

例五　次日，楊雄自出去應當官府分付家中道，「安排石秀衣服巾幘。」——水滸第四十三回。前後都稱「叔叔」這里稱「石秀」沒有呼應。又第二十五回，武松稱王婆爲乾娘有一處，稱爲王婆（武松道，「王婆你隔壁是誰？」）這也是前後不相呼應。

例六　祝朝奉親自率引着一班兒上門樓來看時，見正東上一彪人馬，當先一個頭領，乃是豹子頭林冲，背後便是李俊、阮小二，約有五百以上人馬；正西上又有五百來人馬，當先一個頭領，乃是小李廣花榮，隨背後是張橫、張順；正南門樓上望時，也有五百來人馬，當先三個頭領乃是沒遮攔穆弘、病關索楊雄、黑旋風李逵：——四面都是兵馬。——水滸第四十九回。

例七　盧俊義……轉過來打一望，望見紅羅銷金傘下蓋着宋江，左有吳用，右有公孫勝。——水滸第六十回。例六，祝朝奉是不認識林冲等人的，如何一望便知乃是某某；例七，盧俊義只對吳用可以說認得的，但並不認識宋江、公孫勝，如何望見便知某某。這是記敘上不相呼應的。

例八　陳木南看徐九公子時，烏帽珥貂，身穿織金雲緞夾衣，腰繫絲縧，腳下朱履，兩人拉着手。

只見那園裏高高低低都是太湖石堆的玲瓏山子，山子上的雪還不曾融盡。——儒林外史第五十三回。徐九公子底表兄陳四老爺陳木南，是常到徐府走動的；但這里的「只見那園裏高高低低都是太湖石堆的玲瓏山子」的話，是陳木南初次到徐府似的。

例九　這里雨村且翻弄詩籍解悶。忽聽得窗外有女子嗽聲，雨村遂起身往外一看，原來是一個丫鬟在那里掐花，……雨村已不覺看得呆了。那甄家丫鬟掐了花方欲走時，猛抬頭見窗內有人，敝巾舊服，雖是貧窮，然生得腰圓背厚，面闊口方，更兼劍眉星眼，直鼻方腮，這丫鬟忙轉身迴避。——紅樓夢第一回，這個例子，「甄家丫鬟不但『忙轉身』便能看清雨村的又是敝巾舊服，又是面闊口方，又是劍眉星眼，又是直鼻方腮；並且在看呆了的雨村對面也能看見雨村的『背厚，』這就更加離奇了。」（見陳望道修辭學發凡頁一一七——一一八。）

例十　林冲道，「若得大官人如此周濟，教小人安身立命，——只不知投何處去？」柴進道，「是山東濟州管下一個水鄉，地名梁山泊。……如今有三個好漢在那裏扎寨：爲頭的喚做白衣秀士王倫，第二個喚做摸着天杜遷，第三個喚做雲裏金剛宋萬。……多有做下迷天大罪的都投奔那裏躲災避難，他都收留在彼……」——水滸第十回。柴進雖則不知道王倫是一個鼻孔很小的人，但迄柴進薦林冲時，並沒有投奔他的「他都收留在彼」的事實；何況，接着便描寫王倫底拒絕林冲入夥。這是前後不能照應的結果。

例十一　張青勸武松飲酒；至晚，取出那兩口戒刀來，叫武松看了，果是鑌鐵打的，非一日之功。兩個又說些江湖上好漢的勾當，卻是殺人放火的事。武松又說「山東及時雨宋公明仗義疎財，如此豪傑，如今也爲事逃在柴大官人莊上。」兩個公人聽得，驚得呆了，只是下拜。武松道，「難得你兩個送我到這裏了，終不成有害你之心。我等江湖上好漢們說話，你休要吃驚……」——水滸第二十七回。武松說的宋公明也爲事逃在柴大官人莊上這句話，兩個公人不會「驚得呆了」的，所以這「兩個公人……」云云的話放在這里，是不連串的。

上列的例子，或者是前後不相呼應的，或者是上下不能連串的，這都是違反「聯繫律」的。

三　側重律

要段落遒勁有力，應該遵守「側重律，」使一個段落底主意，安置在重要的地方，或者用其他的方法特別用力地顯示出一個段落底主意來。

這里，我們先敍述把一個段落底主意，安置在重要的地方的；這，可以分爲三類。（1）放在一段底開始；（2）放在一段底末尾；（3）在一段底開始及末尾，反複申述；也有不拘開始及末尾，在一段中，反複申述的。

（1）把一段底主意，放在一段底開始的。例如：

馬二先生問道，「先生名門，又這般大才，久已該高發了，因甚困守在此？」

【蘧】公孫道，「小弟因先君見背的早，在先祖膝下料理些家務，所以不曾致力於舉業。」

馬二先生道，「你這就差了。『舉業』二字，是從古及今人人必要做的。就如孔子生在春秋時候，那時用『言揚行舉』做官，故孔子只講得個『言寡尤，行寡悔，祿在其中』；這便是孔子的舉業。講到戰國時，以遊說做官，所以孟子歷說齊梁：這便是孟子的舉業。到漢朝用『賢良方正』開科，所以公孫弘、董仲舒，舉賢良方正：這便是漢人的舉業。到唐朝用詩賦取士，他們若講孔孟的話，就沒有官做了，所以唐人都會做幾句詩：這便是唐人的舉業。到宋朝又好了，都用的是些理學的人做官，所以程朱就講理學：這便是宋人的舉業。到本朝用文章取士，這是極好的法則。就是夫子在而今，也要念文章，做舉業，斷不講那『言寡尤，行寡悔』的話。何也？就日日講『言寡尤，行寡悔，』那個給你官做？孔子的道也就不行了。」——儒林外史第十三回。

作者求與古人合，不若求與古人異；求與古人異，不若不求與古人合而不能不合，不求與古人異而不能不異。彼惟有見乎詩也，故向也求與古人合，今也求與古人異；及其無見乎詩已，故不求與古人合而不能不合，不求與古人異而不能不異，其來如風，其止如雨，如印印泥，如水在器，其蘇子所謂不能不爲者乎。——姜夔白石道人詩集自序。

充性恬澹，不貪富貴，爲上所知，拔擢越次，不慕高官；不爲上所知，貶黜抑屈，不恚下位。比爲縣吏，無所擇避。——王充自紀。

天行有常，不爲堯存，不爲桀亡。應之以治則吉，應之以亂則凶。強本而節用，則天不能貧；養備而動時，則天不能病；循道而不忒，則天不能禍。故水旱不能使之飢，寒暑不能使之疾，妖怪不能使之凶。——荀卿天論。

蓋寬道，「老爹，『世情看冷暖，人面逐高低。』當初我有錢的時候，身上穿的也體面，跟的小廝也整齊，和這些親戚本家在一塊，還搭配的上；而今我這般光景，走到他們家去，他就不嫌我，我自己也覺得可厭。至於老爹說有受過我的惠的，那都是窮人，那裏還有得還出來！他而今又到有錢的地方去了，那裏還肯到我這裏來！我若去尋他，空惹他們的氣，有何趣味！」——儒林外史第五十五回。

（2）把一段底主意，放在一段底末尾的。

左右皆曰賢，未可也；諸大夫皆曰賢，未可也；國人皆曰賢，然後察之，見賢焉，然後用之。左右皆曰不可，勿聽；諸大夫皆曰不可，勿聽；國人皆曰不可，然後察之，見不可焉，然後去之。左右皆曰可殺，勿聽；諸大夫皆曰可殺，勿聽；國人皆曰可殺，然後察之，見可殺焉，然後殺之。故曰國人殺之也。如此，然後可以爲民父母。——孟子梁惠王（下）。

客有歌於郢中者，其始曰下里巴人，國中屬而和者數千人；其爲陽阿薤露，國中屬而和者數百人；其爲陽春白雪，國中屬而和者，不過數十人；引商刻羽，雜以流徵，國中屬而和者，不過數人而已。是其曲彌高，其和彌寡。——宋玉對楚王問。

今有一人，入人園圃，竊其桃李。衆聞則非之，上爲政者得則罰之。此何也？以虧人自利也。——墨子非攻。

鄒忌脩八尺有餘，而容貌昳麗。朝服衣冠窺鏡，謂其妻曰，「我孰與城北徐公美？」其妻曰，「君美甚；徐公何能及君也。」城北徐公，齊國之美麗者也；忌不自信，而復問其妾曰，「吾孰與徐公美？」妾曰，「徐公何能及君也。」旦日，客從外來，與坐談，問之客曰，「吾與徐公孰美？」客曰，「徐公不若君之美也。」明日，徐公來，熟視之，自以爲不如；窺鏡而自視，又弗如遠甚。暮寢而思之，曰，「吾妻之美我者，私我也；妾之美我者，畏我也；客之美我者，欲有求於我也。」——國策鄒忌諷齊王納諫。

（3）把一段底主意，在一段底開始及末尾，反復申述的。例如：

例一　十月二十六日，得家書，知新置田穫秋稼五百斛，甚喜。而今而後，堪爲農夫以沒世矣。要須製碓，製磨，製篩羅、簸箕，製大小掃帚，製升、斗、斛。家中婦女，率諸婢妾，皆令習舂、揄、蹂、簸之事。便是一種靠田園長子孫氣象。天寒冰凍時，窮親戚朋友到門，先泡一大碗炒米送手中，佐以醬薑一小碟，最是煖老，溫貧之具。暇日咽碎米餅，煮糊塗粥，雙手捧碗，縮頸而啜之，霜晨、雪早，得此週身俱煖。嗟乎，嗟乎，吾其長爲農夫以沒世矣。——鄭板橋范縣署中與弟墨第四書。

例二　孟子對曰，「王何必曰利，亦有仁義而已矣。王曰何以利吾國，大夫曰何以利吾家，士庶人曰何以利吾身，上下交征利，而國危矣。萬乘之國，弒其君者，必千乘之家；千乘之國，弒其君者，必百乘之家。萬取千焉，千取百焉，不爲不多矣，苟爲後義而先利，不奪不饜；——未有仁而遺其親者也，未有義而後其君者也。王亦曰仁義而已矣，何必曰利。」——孟子梁惠王（上）

例三　子貢問孔子曰，「賜爲人下而未知所以爲人下之道也。」孔子曰，「爲人下者，其猶土乎。種之則五穀生焉，掘之則甘泉出焉，草木植焉，禽獸育焉，生人立焉，死人入焉，多其功而不言。爲人下者，其猶土乎。」——說苑。

例四　信陵君聞之畏秦，猶豫未肯見；曰，「虞卿何如人也？」時侯嬴在旁，曰，「人固不易知，知人亦不易也。夫虞卿躡屩擔簦，一見趙王，賜白璧一雙，黃金百鎰；再見，拜爲上卿；三見，卒受相印，封萬戶侯。當此之時，天下爭知之。夫魏齊窮困過虞卿，虞卿不敢重爵祿之尊，解相印，捐萬戶侯而閒行，急士之窮而歸公子，公子曰『何如人』；人固不易知，知人亦不易也。」——史記范雎蔡澤列傳。

（按：「人固不易知」的「知，」作「被知」解。）

例（1），把一段底主意，在首尾用不同的話反複申述；例（2），用錯綜的話，反複申述；例（3，）（4），用相同的話，反複申述。

有把一段底主意，不拘開始及末尾，在一段中反複申述的；試舉例於后。

人之性惡，其善者，僞也。今人之性，生而有好利焉，順是，故爭奪生而辭讓亡焉；生而有疾惡焉，順是，故殘賊生而忠信亡焉；而有耳目之欲，有好聲色焉，順是，故淫亂生而禮義文理亡焉。然則從人之性，順人之情，必出於爭奪，合於犯文亂理而歸於暴；故必將有師法之化，禮義之道，然後出於辭讓，合於文理而歸於治。因此觀之，然則人之性惡明矣，其善者，僞也。故枸木，必將待檃括烝矯然後直；鈍金，必將待礱厲然後利；今人之性惡，必將待師法然後正，得禮義然後治。今人無師法，則偏險而不正；無禮義，則悖亂而不治。古者聖王以人之性惡，以爲偏險而不正，悖亂而不治，是以爲之起禮義，制法度，以矯飾人之情性而正之；以擾化人之情性而導之也；使皆出於法，合於道者也。今之人化師法，積文學，道禮義者爲君子；縱性情，安恣睢，而違禮義者爲小人。用此觀之，然則人之性惡明矣，其善者，僞也。

——荀子性惡。（按：「僞，」作「爲」解。）

上面，是敍述把一段底主意，安置在重要的地方的；這里，我們再敍述把一段底主意，用其他的方法，特別用力地顯示了出來的。

這所謂「其他的方法，」可以分爲下列的十一類。（1）映襯；（2）層遞；（3）複疊；（4）諷喻；（5）譬喻；（6）鋪張；（7）引用；（8）排比；（9）倒反；（10）設疑；（11）祈嘆。

（1）映襯——映襯，是着力渲染相關聯的其他的事物，以襯託出一段底「主意」來的；或者用所謂「對照」的寫說法映發得一段底「主意」格外明顯。例如：

例一　弟每過兄家，必見阿雄。客秋從長安歸，阿雄出揖，見其嶄然頭角，宛有父風，喜不自勝，一旦相奪，如喪重寶，中夜徬徨，憤恨塡臆。——尤侗遺亡友湯卿謀書。

例二　賈誼過秦論：「諸侯恐懼，會盟而謀弱秦，不愛珍器重寶、肥美之地，以致天下之士，合縱締交，相與爲一。當是時，齊有孟嘗，趙有平原，楚有春申，魏有信陵，此四君者，皆明知而忠信，寬厚而愛人；尊賢重士，約從離橫，幷韓魏燕趙齊楚宋衞中山之衆；於是六國之士，有甯越徐尚蘇秦杜赫之屬爲之謀，齊明周最陳軫召滑樓緩翟景蘇厲樂毅之徒通其意，吳起孫臏帶佗兒良王廖田忌廉頗趙奢之朋制其兵。嘗以十倍之地，百萬之衆，叩關而攻秦。秦人開關延敵，九國之師逡巡遁逃而不敢進。秦無亡矢遺鏃之費，而天下諸侯已困矣。」此章章旨無非爲「秦之勝算」。自「當是時」以下至「叩關而攻秦，」皆特寫六國聲勢之強，人才之衆，然後落至「秦無亡矢遺鏃之費而天下諸侯已困，」便更覺有力。（見金兆梓實用國文修辭學頁四九。）（此例亦見於包世臣愼伯文譜，祇舉「嘗以十倍之地」至「……而不敢進」止。）

例三　越王勾踐破吳歸，戰士還家盡錦衣，宮女如花滿春殿，——祇今惟有鷓鴣飛。——李白越中懷古。

例四　高帝明並日月，謀臣淵深，然涉險被創，危然後安；今陛下未及高帝，謀臣不如良平，而欲以長策取勝，坐定天下？此臣之未解一也。——署諸葛亮作後出師表。

例（1），是以阿雄生時底可愛，對照地映發出死後底可哀。例（2），見前附說明。例（3），以盛況，對照地映發出衰狀。例（4），特寫「泗上亭長」劉邦底「顫巍巍，」以襯託出阿斗底應該發抖。

（2）層遞——這是一層一層地遞進，以顯出一段底主意來的。例如：

今有一人，入人園圃，竊其桃李；衆聞則非之，上爲政者得則罰之。此何也？以虧人自利也。至攘人犬豕雞豚者，其不義又甚入人園圃竊桃李。是何故也？以其虧人愈多，苟虧人愈多，其不仁茲甚，罪益厚。至入人欄廄，取人牛馬者，其不仁又甚攘人犬豕雞豚。何故也？以其虧人愈多。苟虧人愈多，其不仁茲甚，罪益厚。至殺不辜人也，拖其衣裘，取戈劍者，其不義又甚入人欄廄取人牛馬。此何故也？以其虧人愈多。苟虧人愈多，其不仁茲甚矣。今至大爲不義攻國，則弗知非；從而譽之，謂之義：此可謂知義與不義之別乎？——墨子非攻。

（3）複疊——例如：

故善出奇者，無窮如天地，不竭如江湖；終而復始，日月是也；死而復生，四時是也。聲不過五，五聲之變，不可勝聽也；色不過五，五色之變，不可勝觀也；味不過五，五味之變，不可勝嘗也；戰執不過奇正，奇正之變，不可勝窮也。奇正相生，如循環之無端，孰能窮之。——孫武子執篇。

（4）諷喻——例如：

趙且伐燕。蘇代爲燕謂【趙】惠王曰，「今者臣來，過易水，蚌方出曝，而鷸啄其肉，蚌合而拑其喙，鷸曰，『今日不雨，明日不雨，即有死蚌！』蚌亦曰，『今日不出，明日不出，即有死鷸！』兩者不肯相舍，漁者得而並擒之。今趙且伐燕，燕趙久相支以弊大衆，臣恐強秦之爲漁父也；願王熟計之也！」惠王曰，「善！」乃止。——國策燕策（二）。

（5）譬喻——例如：

離婁之明，公輸子之巧，不以規矩，不能成方員；師曠之聰，不以六律，不能正五音；堯舜之道，不以仁政，不能平治天下。——孟子離婁（上）。

（6）鋪張——例如：

明日一早定要回家去了。雖然住了兩三天，日子卻不多，把古往今來沒見過的，沒吃過的，沒聽過的，都經驗了。——紅樓夢第四十二回。

（7）引用——例如：

小姐道，「『好男不吃分家飯，好女不穿嫁時衣。』依孩兒的意思，總是自掙的功名好，靠着祖

父」只算做不成器』——儒林外史第十一回

晉侯復假道於虞以伐虢。宮之奇諫曰，「虢，虞之表也；虢亡，虞必從之。……諺所謂『輔車相依，脣亡齒寒』者，其虞、虢之謂乎？」——左傳僖五年。

(8)排比——例如：

惻隱之心仁之端也；羞惡之心，義之端也；辭讓之心，禮之端也；是非之心，智之端也。人之有是四端也，猶其有四體也。——孟子公孫丑（上）

(9)倒反——例如：

二世……欲漆其城。優旃曰，「善！主上雖無言，臣固將請之。漆城雖百姓愁費，然佳哉，漆城蕩蕩，寇來不能上。」——史記滑稽列傳。

(10)設疑——例如：

嘻，吾操鏝以入富貴之家有年矣。有一至者焉，又往過之，則爲墟矣；有再至、三至者焉，而往過之，則爲墟矣。問之其鄰。或曰，「噫，刑戮也。」或曰，「身既死，而其子孫不能有也。」或曰，「死而歸之官也。」吾以是觀之非所謂食焉怠其事，而得天殃者邪；非強心以智而不足，不擇其才之稱否而冒之者邪；非多行可愧，知其不可而強爲之者邪；將富貴難守，薄功而厚饗之者邪；抑豐悴有時，一去一來，而不可常者邪？　韓愈圬者王承福傳。

（11）祈嘆——例如：

子畏於匡。曰「文王既沒，文不在茲乎。天之將喪斯文也，後死者不得與於斯文也；天之未喪斯文也，匡人其如予何！」

上列的十一種的方法，都是特別用力地顯示出一段底主意來的。

第四節　篇章及其經營

篇章，在一篇文章中，是由一個以上的段落，依照思維底法則，聯繫了起來的（也有一個段落，便成爲一篇文章的。）（在有系體的著作中，段落之上，有目、項、節、章、編等。）其構成底形態，雖則似乎每一篇都不相同，無從加以分析，實在是可以分析的，只是變化很多就是了。當經營篇章的時候，也是要整飾的；其整飾的準則，也是明•確•，通•順•及適•勁•。

這里，我們也分爲兩段來敍述：（1）篇章構成底分析；（2）篇章底經營。

第一段　篇章構成底分析

篇章底構成，這是完完全全依據「意思」的（即思維底法則）（有人以爲段落與段落之間的連接，是依據語文底法則的；其實不然，這實也是依據思維底法則的。當所謂「文勢不接」的時候，這是因爲思維錯誤了。）其構成底形態，雖則可以說每一篇都不相同，但是，都以「主意」（即「中心思想」）底表達爲標的（不論「主意」在發端或中腹或結尾表達出來，或者在每一段每一段中都表達出來，或者只在某一處稍稍點明一下，或者甚至於全篇中並沒一處明白地表達出來。）

這里，我們分爲下列的五類，各舉例加以分析：（1）景物底描寫；（2）事實底紀敍；（3）知識底說明；（4）知識底論辯；（5）上列四項底錯綜。

景物底描寫

（1）季弟獲桃墜一枚，長五分許，橫廣四分。

（2）全核向背皆山，山坳插一城，雉歷歷可數。城巔具層樓，樓長洞敞，中有人，類司更卒，執桴鼓，若寒凍不勝者。

（3）枕山麓一寺，老松隱蔽三章。松下鑿雙戶，可開闔，戶內一僧，側首傾聽。戶虛掩，如應門，洞開，如延納狀，左右度之無不宜。松外東來一衲，負卷帙踉蹌行，若爲佛事夜歸者。對林一小陀，似聞足音僕僕前。

（4）核側出浮屠七級，距灘半黍。近灘維一舟，蓬窗短舷間，有客憑几假寐，形若漸寤然。舟尾一小童，擁爐噓火，蓋供客茗飲也。艤舟處，當寺陰，高阜鐘閣踞焉。叩鐘者貌爽爽自得，睡足徐興乃然。山頂月晦半規，雜疏星數點。下則波紋漲起，作潮來候。取詩『姑蘇城外寒山寺，夜半鐘聲到客船』之句。

（5）計人凡七：僧四，客一，童一，卒一。宮室器具凡九：城一，樓一，招提一，浮屠一，舟一，閣一，爐竈一，鐘、鼓各一。景凡七：山、水、林木、灘石四；星、月、燈火三。而人事如傳更、報曉、候門、夜歸、隱几、煎茶、統爲六，各殊致殊意；且並其愁苦、寒懼、凝思諸態，俱一一肖之。——宋起鳳核工記。

核工記底「主意」，在於全個桃墜之彫刻底描寫。第一段描寫桃墜。第二段到第四段，描寫全部彫刻底情狀；第五段總計全部彫刻底景物數：這第二段到第五段是本文底主意所在。第一段，不寫也不妨；或者如韓愈畫記底結尾那麼寫上一長段也行（記敍季弟「如何」獲桃墜一枚。）第五段，也是不寫也不妨的；或者寫在前面也行（如黃淳耀李龍眠畫羅漢記，「李龍眠畫羅漢渡江：凡十有八人；一角漫滅，存十五人有半，及童子三人。」）第二段到第四段底或繁或簡，這是完全依據內容的。

這種描寫景物的文章，其構成最單純的，可以拿元好問底朱繇三官圖記及張萱四景宮女畫記為例。前者分三段，描寫那畫着天官、地官、水官的三官圖，沒有一句其他的話，並沒講到畫人朱繇，也沒講到「圖」底收藏者，也沒講到作「記」底因緣，也沒有發什麼議論。後者分五段，前四段順次地描寫春夏秋冬四季的宮女（每一段，多以「已上為一幅」結束，）末一段，是「人物每幅十四，共五十六人」的一個統計表。

二　事實底紀敍

(1)元豐二年中秋後一日，余自吳興道杭；東還會稽。龍井有辨才大師，以書邀余入山。

(2)比出郭，日已夕，航湖至普寧，遇道人參寥；問龍井所遣籃輿，則曰「以不時至，去矣。」

(3)是夕，天宇開霽，林間月明，可數毫髮；遂棄舟，從參寥策杖並湖而行。出雷峯，度南屏，濯足於惠因澗靈石塢，得支徑，上風篁嶺，憩於龍井亭，酌泉據石而飲之。

(4)自普寧凡經佛寺十五，皆寂不聞人聲。道傍廬舍，或燈火隱顯，草木深鬱，流水上激悲鳴，殆非人間之境。

(5)行二鼓矣，始至壽聖院，謁辨才於潮音堂。明日乃還。——秦觀龍井題名。

(1)京師小木局木工數百人，官什伍其人，置長分領之。一工與其長爭，長曲，不下，工遂絕不往來。半歲，衆工謂口語非大嫌，釀酒肉，強工造長居，和解之，乃讙如初。暮醉，散去。

(2)工婦淫，素與所私者謀戕良人，不得間；是日，以其醉於讎而返也，殺之。倉卒藏屍無所；室有土榻，榻中空，——蓋寒則以厝火者，——迺啓榻甎寘屍空中。空陿，割爲四五，始容焉；復甎故所。明日，婦往長家哭曰，「吾夫昨不歸，必而殺之。」訟諸警巡院。院以長仇也，逮之，榜掠；不勝毒，自誣服。婦發喪，成服，召比丘修佛事，哭盡哀。院詰長屍處，曰，「棄壕中。」責伍作二人索之壕，弗得。

（3）伍作本治喪者，民不得良死而訟者主之，是故常也。刑部御史京尹交促具獄，甚急。二人者期十日得屍；不得，笞。既乃竟不得，笞。期七日，又不得；期五日，期三日，四被笞，終不得，而期益近。二人歎惋，循壕相語，「笞無已時！」因謀別殺人應命。暮，坐水傍，一翁騎驢渡橋，犄角擠墮水中，縱驢去。懼狀不類，不敢輒出，又數受笞。涉旬餘，度翁爛不可識，舉以聞。院召婦審視，婦撫而大號曰，「是矣，吾夫死乃爾若耶！」取夫衣招魂壕上，脫簪珥具棺葬之。獄遂成。院當長死，案上，未報可。

（4）騎驢翁之族，物色翁不得。一人負驢皮道中過，宛然其所畜；奪而披視，血皮未燥，執愬於邑。亦以鞫訊慘酷，自誣劫翁驢，翁拒而殺之，屍葬某地。求之，不見，輒更曰某地；辭數更，卒不見。負皮者瘐死獄中。

（5）歲餘，前長奏下，縛出狴犴，衆工隨而譟若雷；雖皆憤其寃而不能爲之明，環視無可奈何；衆工愈哀歎不置。徧訪其事，無所得，不知爲計，乃聚議，裒交鈔百定，處處置衢路：「有得某工死狀者，酬以是。」亦寂然無應者。

(6)初，婦每修佛事，則丐者坌至求供飯。一故偷常從丐往乞。一日，偷將盜他人家，尚蚤，不可；既熟婦門戶，乃闖中依其垣屋以須。迫鍾時，忽醉者踉蹌而入，酗而怒婦，詈之，拳之，且蹴之，婦不敢出聲。醉者睡；婦微諦燭下曰，「緣而殺吾夫，體骸異處土榻下，二歲餘矣；榻既不可火，又不敢塓治，吾夫尚不知腐盡以否？今乃虐我！」歎息飲泣。偷立牖外，悉得之；默自賀曰，「奚偷爲！」明發，入局中，號於衆，「吾已得某工死狀，速付我錢！」衆以其故偷，不肯；曰，「必暴著乃可！」遂書合，分支與偷。——「且俾衆遙隨我往。」偷陽被酒，入婦舍，挑之；婦大罵，「丐，敢爾！」鄰居皆不平偷，將毆之。偷遽去土榻席，扳甎，作欲擊鬭狀，則屍見矣。衆工突入，儐偷縛，反接婦送官。婦吐實，醉者則所私也。

(7)官復窮壤中死人何從來；伍作款，「擠何物騎驢翁墮水。」伍作誅。婦泊所私者磔於市。先主長死吏，皆廢終身。官知水中翁卽鄰獱死者事，然後發之則吏又有得罪者數人，遂寢；負皮者寃竟不白。——宋本工獄。

龍井題名一文底「主意，」在於紀敍那到龍井的經過。第一段，紀敍到龍井去的因緣；第二段，第三段及第五段，紀敍出郭，到龍井亭，到壽聖院，及「還；」其間第四段，描寫自普寧到龍井亭的路上的情景。「主意，」在第二、三、五的三段中。第一段及第四段，假使不寫，也是不妨的（當然，沒有第一段，第二段底開始應稍改寫；至於第四段，丟掉了全然無關。）但是，把第一段寫得更多點，同樣無妨，第四段卻不宜過長，除非沿路底描寫都較長而且在「憩於龍井亭，酌泉據石而飲之」這邊寫得長些。

工獄一文底「主意，」在於紀敍這件複雜的案件。這里前後七段，完全在紀敍這件案件底始末。如其在七段底後面，加上一段議論，也是一般的構成法。

三　知識底說明

（1）家大人曰，「『移、』『易』二字同義，人所共曉；然書傳多訓『移』爲『易，』未有訓『易』爲『移』者。」

（2）今案：盤庚曰，「我乃劓殄滅之，無遺育，無俾易種於茲新邑。」言毋使移種於新邑也（正義曰，「易種者，卽今俗語云相染易也；惡種在善人之中，則善人亦變易爲惡。」失之。）宣十七年左傳，「喜怒以類者解，易者實多。」言怒彼而移於此也（杜注，「易，遷怒也。」）襄十年傳，「女既勤君而興諸侯，牽帥老夫以至於此，既無武守，而又欲易余罪。」言女欲移罪於余也。定七年傳，「侯犯將以郈易於齊。」言以魯之郈移於齊也。魯語曰，「譬之如疾，余恐易焉。」言恐禍之移於我也。

（3）凡同義之字，皆可互訓，而注疏多未之及，且有誤解「易」字者，故略言之。——王引之經義述聞通說上易條。

易一文底「主意，」在說明易與移同義，可以互訓。第一段提出主意，第二段證明主意，第三段斷論主意。

說明知識的文章及論辯知識的文章，其構成法常常應用「八股文」底哥哥的「三股文。」

【關於文章底分爲三段，這里試錄兩家底說法。劉勰文心雕龍鎔裁第三十二，「凡思緒初發，辭采苦雜，心非權衡，勢必輕重。是以草創鴻筆，先標三準：履端於始，則設情以位體；舉正於中，則酌事以取類；歸餘於終，則撮辭以舉要。然後舒華布實，獻替節文，繩墨以外，美材既斲，故能首尾圓合，條貫有序。」日本加藤咄堂在應用修辭學中說，「……其大綱，常可分爲三段，卽冒頭、中腹及結尾。」又說，

「佛經，都被稱爲記錄釋尊底說法的，歷來的學者，常將牠還分爲三段，卽分爲序分（冒頭）『正宗分』（中腹）及『流通分』（結尾，）論列其組織，在說教中也以這三段爲主要。」（見頁一三一及一三四）便是「第一股」提出主意，「第二股」羅列論證，「第三股」斷論主意；但是當然，「三股文」可以應用，卻不能奉爲「金科玉律，」不然便成了牠底弟弟「八股文。」三股文，可以「加股，」可以「退股，」而三股底次序也當然可以變換。】

在說明知識的文章中，關於「主意」以外的話，大多只是寫一點做這篇文章的因緣，及表示願望的話。

四　知識底論辯

(1)「『白馬非馬，』可乎？」曰，「可。」曰，「何哉？」曰，「馬者，所以命形也；白者，所以命色也；命色者，非命形也，故曰『白馬非馬。』」

——(2)曰，「有白馬，不可謂無馬也；不可謂無馬者，非馬也？有白馬爲有馬，白【馬】之非馬，何也？」

曰，「求馬，黃黑馬皆可致；求白馬，黃黑馬不可致。使白馬乃馬也，是所求一也；所求一者，白者不異馬也。所求不異，如黃黑馬有可，有不可，何也？可與不可，其相非明，故黃黑馬一也；而可以應有馬，而（疑衍）不可以應有白馬，是白馬之非馬，審矣。」

（3）曰，「以馬之有色爲非馬，天下非有無色之馬也；天下無馬可乎？」曰，『馬固有色，故有白馬，使馬無色，有馬而已耳，安取白馬，故白者非馬也。白馬者，馬與白也，馬與白馬也，故曰『白馬非馬』也。」

（4）曰，「馬未與白爲馬，白未與馬爲白，合馬與白，復名白馬。是相與，以不相與爲名，未可。故曰，白馬非馬，未可。」曰，「以有白馬爲有馬，謂有馬爲有黃馬，可乎？」曰，「未可。」曰，「以有馬爲異有黃馬，是異黃馬於馬。異黃馬於馬，是以黃馬爲非馬。以黃馬爲非馬，而以白馬爲有馬，——此飛者入池，而棺槨異處，此天下之悖言亂辭也。」

（5）曰，「有白馬不可謂無馬者，離白之謂也。是離者，有白馬，不可謂無馬也。故所以爲有馬者，獨以馬爲有馬耳，非有白馬爲有馬；故其爲有馬也，不可以謂馬馬也。」曰，「白者，不定所白，忘之而可也。白馬者，言白定所白也；定所白者，非白也。馬者，無去取於色，故黃黑皆所以應。白馬者，有去取於色，黃黑馬皆所以色去，故唯白馬，獨可以應耳。『無去』者，非『有去』也，故曰，『白馬非馬。』」——公孫龍子白馬論。

（1）愈與李賀書，勸賀舉進士。賀舉進士有名；與賀爭名者毀之曰，「賀父名晉肅，賀不舉進士爲是，勸之舉者爲非。」聽者不察也，和而唱之，同然一辭。皇甫湜曰，「若不明白，子與賀且得罪。」愈曰，「然。」

（2）律曰，「二名不偏諱。」釋之者曰：謂若言徵不稱在，言在不稱徵是也。律曰，「不諱嫌名。」釋之者曰：謂若禹與雨、丘與蓲之類是也。今賀父名晉肅，賀舉進士，爲犯二名律乎，爲犯嫌名律乎？父名晉肅，子不得舉「進」士；若父名仁，子不得爲「人」乎？

（3）夫諱始於何時？作法制以教天下者，非周公孔子歟？周公作詩不諱，孔子不偏諱二名，春秋不譏不諱嫌名。康王釗之孫，實爲「昭」王；曾參之父名晳，曾子不諱「昔」。周之時有騏期，漢之時有杜度：此於其子，宜如何諱？將諱其嫌，遂諱其姓乎？將不諱其嫌者乎？漢諱武帝名，徹爲「通」，不聞有諱車轍之「轍」爲某字也；漢諱呂后名，雉爲「野雞」，不聞有諱治天下之「治」爲某字也。今上章及詔，不聞諱「滸」「勢」「秉」「機」也；惟宦官宮妾乃不敢言「諭」及「機」，以爲觸犯。士君子言語行事，宜何所法守也？

（4）今考之於經，質之於律，稽之以國家之典，賀舉進士，爲可耶，爲不可耶？凡事父母，得如曾參，可以無譏矣；作人，得如周公孔子，亦可以止矣。今世之士，不務行曾參周公孔子之行，——而諱親之名，則務勝於曾參周公孔子，亦見其惑也。夫周公孔子曾參，卒不可勝，勝周公孔子曾參，乃比於宦官宮妾；則是宦官宮妾之孝於其親，賢於周公孔子曾參者耶？——韓愈諱辯。

白馬論底主意，在辯明「白馬非馬」。全文五段，第一段以設問的形態提出主意；第二段到第五段，都以論辯的設問，辯明主意。

諱辯一文底主意，在辯明李賀底父親雖名晉肅，但無礙於李賀舉進士。文分四段。第一段，紀敘做這一篇文章的因緣。第二段，引據權威的經典（所引兩語，見禮記曲禮）辯明李賀並沒犯「律」。第三段，列舉例證。第四段，以周公孔子曾參與宦官宮妾「較量」，辯明應從周公孔子曾參。

五　景物、事實及知識底錯綜

一般的文章，大多是錯綜的。（我們分析的時候，應該先明白其主意之所在。例如，有時候一篇「遊記」，作者並不記遊，而描寫那個地方底景物；有時候一篇「傳」，作者並不傳其生平，而如小說般描寫其性格或其他；有時候，一篇烈女傳或孝子傳之類，在記敘了事件之後，末了拖一個「嗚呼可以風矣」之類的尾巴，這個尾巴雖只拖了一下，事實上卻正是主意之所在。）

（1）京師渴處，得水便歡。安定門外五里有滿井；初春，士女雲集，予與吳友張度往觀之。

（2）一亭函井，其規五尺，四窪而中滿，故名。滿之貌，泉突突起，如珠貫貫然，如蟹眼睜睜然，又如魚沫吐吐然，藤蓊草翳資其溼。

（3）遊人自中貴、外貴以下，巾者、帽者，擔者、負者，席草而坐者，引頸勾肩履相錯者，語言嘈雜；賣飲食者，邀訶好火燒，好酒，好大飯，好果子。貴有貴供，賤有賤鬻，勢者近，弱者遠，霍家奴驅逐態甚焰。有父子對酌，夫婦勸酬者，有高髻雲鬟，覓鞋尋珥者，又有醉詈潑怒，生事禍人，而厥天陪乞者。傳聞昔年有婦即此坐蓐，各老嫗解襦以帷者，萬目睽睽，一握爲笑。而予所目擊，則有軟不壓驢，厥天扶掖而去者，又有腳子抽登復墮，仰天露醜者，更有喇唬恣橫，強取人衣物，或狎人妻女，又有從旁不平，鬭毆血流，折傷致死者，一國惑狂。

（4）予與張友買酌葦蓋之下，看盡把戲乃還。——王思任遊滿井記。

（1）木皮散客喜說稗官鼓詞。木皮者，鼓板也，嬉笑怒罵之具也。說於諸生塾中，說於宰官上，說於郎曹之署，木皮隨身，逢場作戲，身有窮達，木皮一致。凡與臣言忠，與子言孝，皆以稗詞證，不屑引經史；經史中帝王卿相，別有評駁與諸儒不同，聞者咋舌以爲怪物，——終無能出一言以折之。

（2）其道似老莊：亦婚，亦宦，亦治生產。婚必美妻，宦必顯達，生產必良田廣宅，肥牛駿馬蔬果雞豚之屬，畜孳蕃庶。嘗曰，「吾好利，能自生之，不奪竊，——奪竊，盜也！吾好勢，吾竟使之，不謬爲謙恭，不仗人，——謬爲謙恭，娼也；仗人，犬也！」

（3）崇禎末，起家明經，爲縣令，遷部曹。改革後，高尙不仕；有縣尉數挾之，遂翻然起，仍補舊秩，假王事過里門，執縣尉撲於階下以爲快。不數月，引疾乞放，不得請；乃密告主者，曰，「何弗劾我？」主者曰，「汝無罪。」曰，「吾說稗詞廢政務，此一事可以釋西伯，何患無詞也。」果以是免。

（4）里居，常著公服，以臨鄉鄰。催稅吏至門，令其跪，曰，「否則不輸。」與故舊科跣相接，拱揖都廢。

（5）予髫年，偶造其廬，讓予賓座，享以魚肉曰，「吾自奉廉，不惜魚肉啖汝者，爲汝慧異凡兒，吾老矣，或有須汝處，非念汝故人子也，——」指牆角糞除者曰，「此亦故人子，彼奴才也，吾直奴之矣！」又曰，「汝家客廳後綠竹可愛，所掛紅嘴鸚鵡無恙否？吾夢寐憶之。汝父好請我，我不憶也。」臨別，講論語數則，皆翻案語。

（6）居恆取論語爲稗詞，端坐坊市，擊鼓板說之。其大旨謂古今聖賢，莫言非利，莫行非勢而違心欺世者，鄉愿也。木皮之嬉笑怒駡，悉奉此輩。

（7）行年八十，笑駡不倦。夫笑駡者，人恆笑駡之，——遂不容於鄉。自曲阜移家滋陽，閉門著書數十卷曰澹圃恆言。文字雅俚莊諧不倫，頗類明之李卓吾徐文長袁中郎者，鄉人多不解。有沛縣閻古古、諸城丁野鶴爲之手訂，付其子，——蓋閻丁亡命時，嘗往來其家云。

（8）雲亭山人曰，「天道渾淪，聖賢蘊藉，木皮子以快論發之，所謂吾黨狂簡，不知所裁者；知所以裁，則又居之似忠信，行之似廉潔矣。故曰『不得中行而與之，必也狂狷乎；』狂狷，亦聖人之徒也。」

——孔尙任木皮散客傳。

遊滿井記一文底主意，在描寫滿井及初春的一國惑狂的「滿井節。」第一段，紀述遊滿井。第二段，描寫滿井；第三段，描寫滿井節底一國的惑狂：這兩段，是主意所在處。第四段，紀敍在滿井看完了把戲回家。（這篇文章，雖則題目是「遊記，」只第一段底後一句及第四段的一句，是記遊的。）

木皮散客傳一文底主意，在描寫木皮散客（賈應寵，字思退，亦字晉蕃，別號鳧西，亦署木皮散客或木皮散人或木皮子。）底個性。從第一段到第七段，都是在描寫木皮底個性中，傳述其身世的；只第七段，紀敍的成份稍多。第八段，是作者孔尙任（雲亭山人，是他底別號。）底贊嘆式的議論。（這篇文章底題目是「傳，」實在，是一篇描寫文。）

第二段　篇章底經營

篇章底經營，其準則也是「明確、」「通順」及「遒勁。」要明確、通順及遒勁，得遵守「統一律、」「聯繫律」及「側重律。」

一　統一律

篇章，以「主意」爲標的；所以，要篇章明確，便該全篇文章統一於這篇文章底主意。如其不周到、不穩妥，當然會阻礙「主意」底統一，而使文章不明確。

文章底主意，因爲體製底不同及體製底錯綜，表達的形態很複雜。試舉例于后（參照本節第一段。）

（1）李伯時效唐小李將軍，爲着色泉石雲物草木花竹，皆妙絕動人，而人物秀發，各肖其形，自有林下風味，無一點塵埃氣，非凡筆也。

（2）其烏帽黃道服捉筆而書者，爲東坡先生；仙桃巾紫裘而坐者，爲王晉卿；幅巾青衣據方機而凝竚者，爲丹陽蔡天啓；捉椅而視者，爲李端叔；後有女奴雲鬟翠飾侍立，自然富貴風韻，乃晉卿之家姬也。孤松盤鬱，後有凌霄纏絡，紅綠和間；下有大石案，陳設古器瑤琴，巴蕉圍繞。坐於石盤傍，道貌紫衣，右手倚石，左手執卷而觀書者，爲蘇子由；團巾繭衣，手秉蕉箑而熟視者，爲黃魯直；幅巾野褐，據横卷畫淵明歸去來者，爲李伯時；披巾青服撫肩而立者，爲晁無咎；跪而捉石觀書者，爲張文潛；道巾素衣，按膝而俯視者，爲鄭靖老；後有童子執靈壽杖而立。二人坐于盤根古檜下，幅巾青衣，袖手側聽者，爲秦少游，琴尾冠，紫道服摘阮者，爲陳碧虛；唐巾深衣，昂首而題石者，爲米元章；袖手而仰觀者，爲王仲至；前有髯頭頑童捧古硯而立，後有錦石橋，竹逕繚繞，於清溪深處，翠陰茂密中，有袈裟坐蒲團而說「無生論」者，爲圓通大師；傍有幅巾褐衣而諦聽者，爲劉巨濟，二人並坐于怪石之上。下有激湍，潨流于大溪之中，水石潺湲，風竹相吞，爐烟方裊，草木自馨，人間清曠之樂，不過於此。

（3）嗟乎，洶湧於名利之域而不知退者，豈易得此耶！自東坡而下，凡十有六人，以文章議論，博學辨議，英辭妙墨，好古多聞，雄豪絕俗之資，高深羽流之傑，卓然高致，名動四夷；後之覽者，不獨圖畫之可觀，亦是彷彿其人耳。——米芾西園雅集圖記。

這篇文章底主意，在于描寫這幅描繪西園「雅」集的圖畫。第一段，贊美這幅圖畫底「妙絕」及「有林下風味，無一點塵埃氣。」第二段，描寫這幅圖畫，并贊嘆「人間清曠之樂，不過於此。」第三段，贊嘆這「雅集」底「高致」。

（1）南京柳麻子，黧黑，滿面皰瘤，悠悠忽忽，土木形骸。善說書，一日說書一回，定價一兩，十日前先送書帕下定，常不得空。南京一時有兩行情人，王月生、柳麻子是也。

（2）余聽其說景陽岡武松打虎白文，與本傳大異。其描寫刻畫，微入毫髮，然又找截乾淨，並不嘮叨，𠽌夬聲如巨鐘，說至筋節處，叱咤叫喊，洶洶崩屋。武松到店沽酒，店內無人，謈地一吼，店中空缸空甓皆甕甕有聲，閒中著色，細微至此。

（3）主人必屏息靜坐，傾耳聽之，彼方掉舌。稍見下人呫嗶耳語，聽者欠伸有倦色，輒不言，故不得強。每至丙夜，拭桌剪燈，素甆靜遞，款款言之，其疾徐輕重，吞吐抑揚，入情入理，入筋入骨，摘世上說書之耳而使之諦聽，不怕其不齰舌死也。

（4）柳麻子貌奇醜，然其口角波俏，眼目流利，衣服恬靜，直與王月生同其婉孌，故其行情正等。

——張岱柳敬亭說書。

柳敬亭說書這篇文章底主意，在說書的柳敬亭及柳敬亭底說書。第一段及第四段，描寫說書的柳敬亭，第二段及第三段，描寫柳敬亭底說書。

（1）余嘗自比馮敬通，而有同之者三，異之者四。

（2）何則？

（3）敬通雄才冠世，志剛金石，余雖不及之，而節亮慷慨：此一同也。敬通值中興明君，而終不試用；余逢命世英主，亦擯斥當年：此二同也。敬通有忌妻，至於身操井臼；余有悍室，亦令家道轗軻：此三同也。

（4）敬通當更始之世，手握兵符，躍馬食肉；余自少迄長，戚戚無歡：此一異也。敬通有子仲文，官成名立；余禍同伯道，永無血胤：此二異也。敬通膂力剛強，老而益壯；余有犬馬之疾，溘死無時：此三異也。敬通雖芝殘蕙焚，終塡溝壑，而為名賢所慕，其風流郁烈芬芳，久而彌盛；余聲塵寂寞，世不吾知，魂魄一去，將同秋草：此四異也。

（5）所以力自為序，遺之好事云。——劉峻自序。

這是一篇「發牢騷」的發抒文。第一段到第四段，用一種和別人比較的方法，來寫出他底「懷才不遇」（他「節亮慷慨」又「逢命世英主，」但「自少迄長，戚戚無歡，」且「擯斥當年，」）家中又「有悍室，」幷「永無血胤，」自己這個身子又有「犬馬之疾，」所以不能不在「魂魄一去，將同秋草」中顫抖着。）第五段，感慨地表示想藉文章來傳名。

(1)徐渭字文長，爲山陰諸生，聲名藉甚。薛公蕙校越時，奇其才，有國士之目。然數奇，屢試輒蹶。

(2)中丞胡公宗憲聞之，客諸幕；文長每見，則葛衣烏巾，縱談天下事，胡公大喜。是時公數督邊兵，威鎮東南，介胄之士，膝語蛇行，不敢舉頭；而文長以部下一諸生傲之，議者方之劉真長、杜少陵云。會得白鹿，屬文長作表；表上，永陵喜，公以是益奇之，一切疏記，皆出其手。

(3)文長自負才略，好奇計，談兵多中，視一世無可當意者；然竟不遇。

(4)文長既已不得志於有司，遂乃放浪麴蘗，恣情山水，走齊、魯、燕、趙之地，窮覽朔漠；其所見山奔，海立，沙起，雲行，雨鳴，樹偃，幽谷大都，人物魚鳥，一切可驚可愕之狀，一一皆達之於詩。其胸中又有勃然不可磨滅之氣，英雄失路托足無門之悲，故其爲詩，如嗔，如笑，如水鳴峽，如種出土，如寡婦之夜哭，羇人之寒起。雖其體格時有卑者，然匠心獨出，有丈夫氣，非彼巾幗而事人者所敢望也。文有卓識，氣沈而法嚴，不以模擬損才，不以議論傷格，韓、曾之流亞也。文長既雅不與時調合，當時所謂騷壇主盟者，文長皆叱而怒之，故其名不出於越，悲夫！喜作書，筆意奔放如其詩；蒼勁中姿媚躍出，歐陽公所謂「妖韶女老，自有餘態」者也。間以其餘旁溢爲花鳥，皆超逸有致。

（5）卒以疑殺其繼室，下獄論死。張太史元汴力解，乃得出。晚年，憤益深，佯狂益甚。顯者至門，或拒不納，時攜錢至酒肆，呼下隸與飲；或自持斧擊破其頭，血流被面，頭骨皆折，揉之有聲；或以利錐錐其兩耳，深入寸餘，竟不得死。

（6）周望言，「晚歲詩文益奇，無刻本，集藏於家。」余同年有官越者，託以鈔錄，今未至。余所見者，徐文長集、闕編二種而已。然文長竟以不得志於時，抱憤而卒。

（7）石公曰，先生數奇不已，遂爲狂疾，狂疾不已，遂爲囹圄。古今文人，牢騷困苦，未有若先生者也。雖然，胡公間世豪傑，永陵英主，幕中禮數異等，是胡公知有先生矣；表上，人主悅，是人主知有先生矣。獨身未貴耳。先生詩文崛起，一掃近代蕪穢之習，百世而下，自有定論，胡爲不遇哉！梅客生嘗寄予書曰，「文長吾老友，病奇於人，人奇於詩。」余謂文長無之而不奇者也；無之而不奇，斯無之而不傳也，悲夫！——袁宏道徐文長傳。

這雖則題爲「傳」，實在是一篇發抒文主意在同情于「數奇」的「奇人」及「奇人」底「數奇。」第一段，敍述奇人數奇。第二段，敍述奇人之奇（且同情地流露了士人之「小售」的得意。）第三段，說明奇人數奇。第四段，敍述詩文、書、畫之無不奇。第五段，敍述奇人之奇事。第六段，說明「晚歲詩文益奇」的奇人之數奇。第七段，發抒作者底同情。

上列的例子，都是說明全篇文章都統一于這篇文章底主意，因而篇章明確的。這里，我們試舉幾個不周穩的破壞統一因而不明確的例子。

例一　王羲之蘭亭詩序所以不入昭明文選，因「天朗氣清」乃是秋景，「絲竹管絃」語爲重複故也。——汪汝懋遯齋閒覽。

例二　韓文公送孟東野序云，「物不得其平則鳴。」然其文云，「在唐虞時，咎陶禹，其善鳴者而假之以鳴，夔假於韶以鳴。伊尹鳴殷，周公鳴周。」又云，「天將和其聲而使鳴國家之盛。」然則非所謂不得其平也。——洪邁容齋隨筆卷四。

例三　退之送溫處士赴河陽軍序云，「洛之北涯曰石生，其南涯曰溫生。」全篇皆從傍記錄之辭。而其末云，「生既至，……其爲吾以前所稱爲天下賀，以後所稱爲吾致私怨於盡取。」此乃方與他人言，而遽與本人語。亦有方與本人語而卻與他人言者，自古詩人如此者，何可勝數哉！——王若虛滹南遺老集卷三十五文辨。（小說中這類寫法很多。如「話說」「却說」「且說」「再說」「休說」「話休絮繁」「話中不說……，只說……」等，又如「說時遲，那時快」「未知後事如何，且聽下回分解」等，都是作者或講者轉換了方向而對讀者或聽者寫說的。）

例四 「宋書謝靈運傳稱，『子建函京，仲宣灞岸，音律調韻，取高前式。』末云，『張蔡曹王，曾無先覺。』同在一篇之中，不知何以毀譽不定。方廷珪云，『江文通恨賦俱以恨人言恨事；而中間數句云「左對孺人，右顧稚子，脫略公卿，跌宕文史，」則極寫山林之樂，與恨字大不近矣。』」——曹冕修辭學一○一——一○二。

上列的例子，都是因為不周穩而破壞了主意底統一，因而不明確的。

二 聯繫律

篇章底通順，對于「主意」要注意下列三點，要層次分明，要上下連貫，要前後呼應。因而要遵守「聯繫律」。

先敍述第一點的要層次分明。

這里，我們試舉一二例，以說明層次底分明（這里有一點，我們得注意。例如，韓愈底畫記，在描寫「畫」之後，接着紀敍得畫的因緣，紀敍作畫者，紀敍作這篇「記」的緣由。這麽的一篇文章，當然也可以把後面的三段紀敍搬到前面，把「畫」底描寫搬到後面來。如岳正江山秋霽圖記，第一段及第二段紀敍作「記」的因緣，及圖底大小暨作者；第三段，描寫「圖」；第四段，贊嘆作圖者底技能；第五段，贊嘆作圖者之胸次寬廣及此圖之寶貴。如宋濂蘭亭觴詠圖記，分三段：第一段，記作圖者；第二段，記「圖」；第三段，總記「圖」中人數及其他。上列數例，說明只要統一於「主意」，則前後可以移動的。）例如：

（1）得楊八書，知足下遇火災，家無餘儲。僕始聞而駭，中而疑，終乃大喜，蓋將弔而更以賀也。道遠言略，猶未能究知其狀；若果蕩焉泯焉而悉無有，乃吾所以尤賀者也。

（2）足下勤奉養，樂朝夕，惟恬安無事是望也；今乃有焚煬赫烈之虞，以震駭左右，而脂膏滫瀡之具，或以不給；吾是以始而駭也。

（3）凡人之言，皆曰：盈虛倚伏，去來之不可常。或將大有爲也，乃始厄困震悸，于是有水火之孽，有羣小之慍，勞苦變動而後能光明。古之人皆然。斯道遼闊誕漫，雖聖人不能以是必信：是故中而疑也。

（4）以足下讀古人書，爲文章，善小學，其爲多能若是；而進不能出羣士之上，以取顯貴者，蓋無他焉；京城人多言足下家有積貨，士之好廉名者，皆畏忌不敢道足下之善。獨自得之，心蓄之，銜忍而不出諸口；以公道之難明，而世之多嫌也，一出口，則嗤嗤者以爲得重賂。僕自貞元十五年，見足下之文章，蓄之者蓋六七年，未嘗言，是僕私一身而負公道久矣，非特負足下也。及爲御史尚書郎，自以幸爲天子近臣，得奮其舌，思以發明足下之鬱塞。然時稱道於行列，猶有顧視而竊笑者；僕良恨修己之不亮，素譽之不立，而爲世嫌之所加，常與孟幾道言而痛之。乃今幸爲天火之所滌盪，凡衆之疑慮，舉爲灰埃，黔其廬，赭其垣，以示其無有，而足下之才能，乃可以顯白而不汚，其實出矣。是祝融回祿之相吾子也，則僕與幾道十年之相知，不若茲火一夕之爲足下譽也。宥而彰之，使夫蓄之於心者，咸得開其喙，發策決科者，授子而不慄，雖欲如向之蓄縮受侮，其可得乎？於茲吾有望於子，是以終乃大喜也。

（5）古者列國有災，同位者皆相弔。許不弔災，君子惡之。今吾之所陳若是，有以異乎古，故將弔而更以賀也。——柳宗元賀王參元失火書。

這篇文章，分爲五段。第一段，總提主意，分四層；第二段，說明第一層（始聞而駭；）第三段，說明第二層（中而疑；）第四段，說明第三層（終乃大喜；）第五段，說明第四層（將弔而更以賀。）

（1）水從玉泉來三十里，至橋下，荇尾靡波魚頭接流，夾岸高柳，絲絲到水，綠樹紺宇，酒旗亭台，廣畝小池，蔭爽交匝。

（2）歲清明，桃柳當候，岸草遍矣，都人踏青高梁橋。輿者則褰，騎者則馳，蹇驢徒步，既有挈攜，至則棚幕靑氊地藉草，嬌妓勤優，和劇爭巧。厥有扒竿、觔斗、唎喇、筒子、馬彈解數、烟火水嬉。

（3）扒竿者，立竿三尺，躶身而緣其頂，舒臂按竿，通體空立移時也。受竿以腹，而項手足張，輪轉移時也。啣竿，身平橫空，如地之伏，手不握，足無垂也。背竿，髁夾之，則合其掌，拜起於空者數也。蓋倒身忽下，如飛鳥墮。

（4）觔斗者，拳據地，俯而翻，反據仰翻，翻一再折，至三折也。置圈地上，可指而仆爾，翻則穿一以至乎三，身僅容而圈不動也。案疊焉，去於地七尺，無所據而空翻，從一至三，若旋風之離於地己，則手兩圈而舞於空，比卓於地，項膝互掛之，以示其翻空時，身手足尙餘閒也。

(5)咽喇者，搯撥數唱，諧雜以諢焉，哀鳴如訴也。

(6)筒子者，三筒在案，諸物械藏，示以空空，發藏滿案，有鴿飛，有猴躍焉，已復藏於空，捷耳，非幻也。

(7)解數者，馬之解二十有四，彈之解二十有四。馬之解，人馬並而馳，方馳，忽躍而上，立焉，倒卓焉，鬣懸，躍而左右焉，擲鞭忽下，拾而登焉，鐙而腹藏焉，鞦而尾贅焉，觀者岌岌，愁將落而踐也。彈之解，丸空二三，及其墜而隨彈之，壘碎也。置丸童頂，彈之，碎矣，童不知也。踵丸，及身彈之，移踵則碎，人見其碎不見其移也。兩人相彈，丸適中，遇而碎，非遇，是俱傷也。

(8)烟火者，魚鱉鳧鷺形焉，燃而沒且出於溪，屢出則爆，中乃其兒雛，衆散，亦沒且出，烟焰滿溪也。

(9)是日，遊人以萬計，簇地三四里；浴佛、重午遊也，亦如之。——劉侗帝京景物略高粱橋。

這篇文章，共分九段。第一段，描寫高粱橋這個地方；第二段，描寫高粱橋清明日底熱鬧，并且列舉了「扒竿、觔斗、咽喇、筒子、馬彈解數、烟火水嬉」的六項遊藝；第三段到第八段，分別地描寫上列的六項遊藝第九段，說明那一天底熱鬧。

在層次分明這一點上，有兩點是應該注意到的。（1）例如紀敍的文章在順次地紀敍的時候，在中間或在末尾插敍一段從前的事情。（2）在文章底中間，插進一段對于「主意」似乎是多餘的文章，而却常爲文章家採用來引起讀者底興味的。

關於第一項，例如三國志演義，諸葛武侯求黃承彥底女兒爲匹配，是躬耕南陽未出草廬之前的事，却在諸葛瞻死難的時候插敍出來；又，管寧割席分坐，本是華歆未任以前的事，却在收捕伏皇后的時候插敍出來。關於第二項，如戲劇中常常插入一段或幾段「打諢」；又如「影戲」（羊皮戲）常常演了半本休息後，到下半本上場之前，插入一段「打諢。」

如其層次不分明，文章便不聯繫，因而不通順了。例如：

禮記儒行篇，「儒有不隕穫於貧賤，不充詘於富貴，不慁君王，不累長上，不閔有司，故曰儒。」按：上文所陳十五儒，皆以「儒有」起，「有如此者」結，此文亦以「儒有」起，而以「故曰儒」結之，既不一律，且義亦未足。豈所謂儒者，止以其「不慁君王，不累長上，不閔有司」乎？疑「儒有不隕穫」

至「不閔有司」二十六字，當在上文「其尊讓有如此者」之前，與前所列十五儒一律。孔子說儒之行，蓋十有六也。上文「溫良者，仁之本也」至「猶且不敢言仁也，」當在此文「故曰儒」之上，乃孔子總論儒行也。自簡策錯亂，而十六儒止存十五儒，鄭君說「溫良者」一節爲聖人之儒行說，「儒有不隕穫於貧賤」一篇爲孔子自謂，其失甚矣！

【孟子盡心】鄉原章「曰何以是嘐嘐也言不顧行行不顧言則曰古之人古之人行何爲踽踽涼涼」按：此三十字當在「其志嘐嘐然」之下，「夷考其行」之上。「曰，『何以是嘐嘐也？』」萬章問也。「言不顧行」以下，孟子答也。狂者言行不相顧，每以古人之行爲隘小而非笑之，「則曰古之人，古之人行何爲踽踽涼涼。」此狂者譏古人之詞。及考其所爲，實未能大過古人，故曰，「夷考其行，而不掩焉者也。」此三十字誤移在後，而前文止存「曰古之人古之人」七字，乃爛脫之未盡者，可藉以考見其舊也。（按：據校正，孟子文如下。「何以謂之狂也？」曰，「其志嘐嘐然。曰，『何以是嘐嘐也？』「言不顧行，行不顧言，則曰，『古之人，古之人，何爲踽踽涼涼！』夷考其行，而不掩焉者也。」」

——以上，見俞樾古書疑義舉例卷六簡策錯亂例條。

第二點，關于上下底連貫，要不離開主意而左連右接地互相貫串起來。例如：

(1)沿香泉溪行，數里中像類分明，呈奇獻巧者無窮，視之，皆石也。

(2)其在溪上，有虎負嵎立，昂首張牙，勢同搏噬，前一石揞其頦，於不意中顧之，殊駭愕；已乃傴僂出入其腹下，曰虎頭巖。

(3)巖上里許，有僧傍溪蹐立而嘔，負手側項，衣袂仙仙，若不勝飲而逃以避者，曰醉石。

(4)石旁有聲鏜鞳，出林木之上，曰鳴絃泉。

(5)一山中凹旁張，凹處層石磊磊，懸泉百仞，至山半而阨於石，則激射逆上，散爲數十道，其勢稍殺；下有橫石長三丈許，虛庋其麓，若琴橫於几，空其中，而泉徑焉，餘沫及濺石上，如冰絃初調，五音畢具。春夏瀑布盛時，則以黃鍾爲宮，其聲爲天風海濤，或鼓霹靂之引，形聲皆肖琴也，曰橫琴石。

(6)下有伏石，爲坻、爲嶼、爲島，色陽白而陰黝，如太古雪積未消，曰停雪石。

(7)入谷行半里，有泉泠然，注石而成科者三，盈科復下，衝激而成科者五，光粲粲然，曰落星泉。

(8)谷折而陘有石，倚巖坼裂，曰劍石。

(9)其下皆溪；溪中亂石間有井，弇口而淺中，底如圓盎，受水十斗許，下積五色卵石，出石成斛，底如故，不能測其所窮，先公（明左司馬，諱道昆。）題曰丹井。

(10)井上有物，鱗甲奮張，攖之刺觸人手，如龍魚也，然無頭角鬐鬛，曰鱗石。

(11)溪中有泉，奔而觸石，石不任受，激而爲狂濤怒浪，一巨石中立砥之，其流乃紆徐磬折，有波轉渦迴之觀，明江中丞東之題曰迴瀾石。

(12)溪邊崖上有石如巨舸，初從峽中出，可坐二十餘人，人坐其上，四顧羣峯環繞，藤蔓披拂，峯影入水，上下一碧，先公大書石上曰「藏舟於壑」。——汪洪度鳴絃泉。

這篇文章底主意，在描寫鳴絃泉底景物。第一段到四段，描寫從「沿香泉溪行」到鳴絃泉諸景物。第五段到十二段，描寫鳴絃泉諸景物。其連貫底線索，是景物底自然的位置。

(1)姑蘇張廷義以所藏江山秋霽圖，求記於予。

(2)圖數紙爲一幅，廣不盈尺，長數倍蓰之，有題識印記，知其爲九龍山人王孟端所作者也。

(3)其空闊澄明，或淪或瀾，或湧而浪，激而濤，蕩而瀲灩，漫衍而瀠漣者，爲大江。江之中，或舉網而漁，或亂流而渡，或纜而泊，櫓而進，篙而退，迴帆而風御者，爲舟楫之多。其淵泓而紆迴者，爲江潭。凫雁翔集，菰蒲蘆荻，縈徼而暎帶者，爲江渚。其或連綿而屋，比紛而闈，架列而市肆分，張羅而園圃隔，塍而田區，委而巷蔽者，爲江村。其或平田漾沙，崩崖陡絶，而昂伏不齊者，爲江滸。去滸漸遠而漸高，其或嶺聳而陂平，巖巉而壁立，或障而屏蔽，峯而秀出，巘而奇疊，或壑而有容，谷而能虚，麓而叢薄，岡阜而蜿蜒，其或遠而黛抹，近而劍植，既斷而復續，迤邐重沓，杳莫究其所極者，爲岸江之諸山。山有泉或懸或注，山有石或蹲或臥，或深而澗溜，或曲而溪縈，危而橋横，或草莽翳而雉兎跧伏，或林木鬱而禽鳥巢棲，或佛寺，或道院，或樵而牧，或士女之嬉遊，其掩暎蔽虧，吞吐隱約，千態萬狀，得之心想，而口舌不能道者，不與也。

（4）昔者，予嘗奉使南服，由漢沔出潯陽，乘流而下，直抵揚子；而凡簡册所紀載者，輒躋攀以窮其勝，雖流連累日不辭也。今覩是圖，一瞬千里，坐而致之，能不使予恨相見之晚，而追悔夫曩昔之勞也耶。嗟乎，山人之作，其亦可謂奇矣。

（5）世稱作字作畫，在人品高下；山人之草書墨竹，世之所共知者也，而未必盡知其人。方文皇尙治時，薦賢彙進，而山人之位，纔中書舍人。蓋其高風峻節，睥睨一世，有可慕而不可追者。使其少貶尋尺，俛眉承睫之間，立致於通顯之地不難矣。雖然，吾聞之也，心之爲用，攻於此者，必略於彼，其心攻於祿位者，將低昂俯仰，伈伈睍睍，以干譽就俗之不暇，胸次之間，焉能容江山之廣如此哉！山人之作，甚自珍惜，非其趣意所會，雖千金不少顧；故眞跡鮮留於世。世得其一竹一石者，莫不什襲以爲至寶。若此圖者，豈易得耶。廷義，亦知之乎否也。或曰，廷義於吳下號稱博雅，豈徒玩物而不尙德者哉。遂爲之記。——岳正江山秋霽圖記。

這篇文章底主意，在「記」「江山秋霽圖。」第一段，敍述作記底因緣；第二段，說明圖底尺寸及作者；第三段，描寫圖中景物；第四段，讚嘆圖底奇妙；第五段，讚嘆作者底「高風峻節。」這五段，都是圍繞着這篇文章底「主意」的；但是，五段底前後，是可以移置的，幷且也可以增減。例如，第一段可以插入第五段中，第二段可以移在第三段之後；又例如，單剩第三段也行，去掉第五段也行，去掉第四段也行。

（1）聲伯之母不聘；穆姜曰，「吾不以妾爲姒。」生聲伯而出之。

(2)嫁于齊管于奚。生二子而寡。以歸聲伯。

(3)聲伯以其外弟爲大夫，而嫁其外妹於施孝叔。

(4)郤犨來聘，求婦於聲伯。聲伯奪施氏婦以與之。婦人曰，「鳥獸猶不失儷，子將若何？」曰，「吾不能死亡。」婦人遂行。生二子於郤氏。郤氏亡。

(5)晉人歸之施氏。施氏逆諸河，沈其二子。婦人怒曰，「己不能庇其伉儷而亡之，又不能字人之孤而殺之，將何以終！」遂誓施氏。——左傳。

這篇文章，以敍述聲伯周圍的一家爲主意；其連貫底線索，爲事實底進展。

(1)村中來一女子，年廿有四五，攜一藥囊，售其醫。有問病者，女不能自爲方，俟暮夜請諸神。

(2)晚潔斗室，閉置其中。衆遶門窗傾耳寂聽，但竊竊語，莫敢欬，內外動息俱冥。

(3)至半更許，忽聞簾聲。女在內曰，「九姑來耶？」一女子答云，「來矣。」又曰，「臘梅從九姑來耶？」似一婢答云，「來矣。」二人絮語間雜，刺刺不休。

(4)俄聞簾鉤復動；女曰，「六姑至矣。」亂言曰，「春梅亦抱小郎子來耶？」一女子曰，「拗哥子，嗚之不睡，定要從娘子來；身如百鈞重，負累煞人。旋聞女子殷勤聲，九姑問訊聲，六姑寒暄聲，二婢慰勞聲。小兒喜笑聲，一齊嘈雜。卽聞女子笑曰，「小郎君亦大好耍，遠迢迢抬貓兒來。」

(5)既而聲漸疎，簾又響，滿室俱譁，曰，「四姑來何遲也？」有一小女子細聲曰，「路有千里且溢，與阿姑走爾許時始至，阿姑行且緩。」遂各各道溫涼，並移坐聲，喚添坐聲，參差並作，喧繁滿室，食頃始定。

(6)卽聞女子問病，九姑以爲宜得參，六姑以爲宜得芪，四姑以爲宜得朮。參酌移時，卽聞九姑喚筆硯。無何，折紙戢戢然，投筆擲帽丁丁然，磨墨隆隆然。既而投筆觸几，震震作響，便聞撮藥包裹蘇蘇然。

(7)頃之，女子推簾呼病者授藥並方，反身入室。卽聞三姑作別，三婢作別，小兒啞啞，貓兒唔唔，又一時並起。

(8)九姑之聲清以越，六姑之聲緩以蒼，四姑之聲嬌以婉。以及三婢之聲，各有態響，聽之了了可辨。羣訝以爲眞神。而試其方，亦不甚效。

(9)此卽所謂口技，特借之以售其術耳；然亦奇矣。——蒲松齡口技。

這篇文章中的「口技」底描寫，卽第三段到第七段，以時間作爲連貫底線索。（第一段及第九段，敍述口技者；第二段描寫演口技時的布置及聽者；第八段，描寫口技「底絕妙」，幷把第一段及第九段聯繫了起來。）

(1)只見法場東邊，一夥弄蛇的丐者，強要挨入法場裏看，衆士兵趕打不退。正相閙間，只見法場西邊，一夥使鎗棒賣藥的也強挨將入來。……正和士兵閙將起來。……

(2 閙猶未了，只見法場南邊，一夥挑擔的脚夫又要挨將入來。……只見法場北邊，一夥客商推兩輛車子過來，定要挨入法場上來。……

(3)沒多時，法場中間，人分開處，一個報，報道一聲，「午時三刻!」監斬官便道，「斬訖報來!」……

(4)說時遲，那夥客人在車子上聽得「斬」字，數內一個客人便向懷中取出一面小鑼兒，立在車子上，噹噹地敲得兩三聲，四下裏一齊動手，那時快，却見十字路口茶坊樓上一個虎形黑大漢，……從半空中跳將下來，手起斧落，早砍翻了行刑的劊子，便望監斬官馬前砍將來。……

（5）只見東邊那夥弄蛇的丐者，身邊都掣出尖刀，看着士兵便殺；西邊那夥使鎗棒的，大發喊聲，只顧亂殺將來，一派殺倒士兵獄卒；南邊那夥挑擔的脚夫，輪起扁擔，橫七豎八，都打翻了士兵和看的人；北邊那夥客人都跳下車來，推過車子，攔住了人。……——水滸第三十九回。

這，以「空間」作連貫底線索。

至于從前的文章作法所謂「起承轉合」的「承」與「轉」，只是妥用「承接」或「轉折」連詞及其作用等于承接或轉折的連詞的語句的問題（在句子、段落及篇章的三個部份上，都一樣的。）這只要瞭解承接的及轉折的連詞及其語句底用法，就得了（關于承、轉的連詞，請參考黎錦熙國語文法頁二七四——二八一「承接句」及「轉折句」；至于其作用等于承、轉的連詞的語句，在目下的文法書中還沒有仔細講述的。）

這里，我們試舉一兩個使用承轉的連詞不妥當的例子。

……李廣與望氣王朔燕語曰，「自漢擊匈奴，而廣未嘗不在其中。而諸部校尉以下，才能不及中人，然以擊胡軍功取侯者數十人，而廣不爲後人，然無尺寸之功以得封邑者，何也？」三「而」字皆剩上一「然」字，却作「而」字：則愜當矣。——王若虛滹南遺老集卷十八史記辯惑（十。）

歐公多錯下其字，……五代史蜀世家論云，「龍之爲物，以不見爲神。今不上于天，而下見于水中，是失職也。然其一何多歟！」「然其」二字，尤乖戾也。——同上卷三十六文辨。

關于上下底連貫，這里還有一點要注意（或者可以說是不必要的注意，但是事實上常有這一類的疏忽，所以這里順帶地敍述一下。）便是從前所謂「文勢」底承接、不承接，這在現在講，便是「主意」底聯繫、不聯繫。例如：

例一　「范睢至秦，秦王使舍食草具，待命歲餘。當是時，昭王已立十六年」「歲餘」下接不得「當是時」字。「樂毅使于燕，昭王以爲亞卿。久之，當是時，齊湣王彊」……「李廣嘗有罪，當「當」之譌）斬，贖爲庶人。頃之，家居數歲。」皆同病也。——王若虛滹南遺老集卷十三史記辨惑（五。）

例二　汲黯傳云，「匈奴渾邪王來降，至京師，賈人與市者坐當死者五百餘人。黯曰，『夫匈奴攻當路塞絕和親，中國興兵誅之，死傷者不可勝計，而費以巨萬百數。臣愚，以爲陛下得胡人，皆以爲奴婢，以賜從軍死事者家，所鹵獲因予之，以謝天下之苦，塞百姓之心。今縱不能，渾邪率數萬之衆來降，盧府庫賞賜，發良民侍養，譬若奉驕子。愚民安知市買長安中物，而文吏繩以爲闌出財物于邊關乎？陛下縱不能得匈奴之資以謝天下，又以微文殺無知者五百餘人，是所謂庇其葉而傷其枝者也。』」剩「今縱不能」一句；不唯語意重疊，而其畛畦亦不通也。——同上。

例三 【韓愈】圬者王承福傳云，「又曰『粟稼而生者也。』」又字不妥，蓋前無承福語也。——同上卷三十五文辨。

第三點，關于前後呼應，也是要就文章底「主意」上來看的。

（1）凡物皆有可觀，苟有可觀，皆有可樂，非必怪奇偉麗者也。餔糟啜醨，皆可以醉，果蔬草木，皆可以飽。推此類也，吾安往而不樂。

（2）夫所謂求福而辭禍者，以福可喜，而禍可悲也；人之所欲無窮，而物之可以足吾欲者有盡，美惡之辨戰於中，而去取之擇交乎前，則可樂者常少，而可悲者常多，是謂求禍而辭福。夫求禍而辭福，豈人之情也哉，物有以蓋之矣。彼遊於物之內，而不遊於物之外，物非有大小也，自其內而觀之，未有不高且大者也，彼挾其高大以臨我，則我常眩亂反覆，如隙中之觀鬭，又烏知勝負之所在，是以美惡橫生，而憂樂出焉，可不大哀乎。

（3）予自錢塘移守膠西，釋舟楫之安，而服車馬之勞，去雕牆之美，而庇采椽之居，背湖山之觀，而行桑麻之野。始至之日，歲比不登，盜賊滿野，獄訟充斥，而齋廚索然，日食杞菊，人固疑予之不樂也；處之期年，而貌加豐，髮之白者，日以反黑。

（4）予既樂其風俗之醇，而其吏民亦安予之拙也；於是治其園囿，潔其庭宇，伐安邱高密之木，以修補破敗，爲苟完之計，而園之北，因城以爲臺者舊矣，稍葺而新之，時相與登覽，放意肆志焉。

（5）南望馬耳常山，出沒隱見，若近若遠，庶幾有隱君子乎。而其東則廬山，秦人盧敖之所從遁也。西望穆陵，隱然如城郭，師尚父齊威公之遺烈，猶有存者。北俯濰水，慨然太息，思淮陰之功，而弔其不終。

（6）臺高而安，深而明，夏涼而冬溫；雨雪之朝，風月之夕，予未嘗不在，客未嘗不從，擷園蔬，取池魚，釀秫酒，瀹脫粟而食之，曰，「樂哉遊乎！」

（7）方是時，予弟子由適在濟南，聞而賦之，且名其臺曰「超然」，以見予之無所往而不樂者，

蓋遊於物之外也。——蘇軾超然臺記

這篇文章底主意，在于「遊於物之外」的人是「無所往而不樂」的。作者在第一段第二段的議論中，「呼」出「這個主意；後面在第三段到第七段的記敘及描寫中，來個「照應。」

(1)予聞世謂詩人少達而多窮，夫豈然哉；蓋世所傳詩者，多出於古窮人之辭也。

(2)凡士之蘊其所有而不得施於世者，多喜自放於山巔水涯之外，見蟲魚草木風雲鳥獸之狀類，往往探其奇怪，內有憂思感憤之鬱積，其興於怨刺，以道羈臣寡婦之所歎，而寫人情之難言，蓋愈窮而愈工，然則非詩之能窮人，殆窮者而後工也。

(3)予友梅聖俞，少以蔭補爲吏，累舉進士，輒抑於有司，困於州縣，凡十餘年；今年五十，猶從辟書爲人之佐，鬱其所蓄，不得奮見於事業。

(4)其家宛陵，幼習於詩，自爲童子，出語已驚其長老，既長，學乎六經仁義之說，其爲文章，簡古純粹，不求苟悅於世，世世之人徒知其詩而已。然時無賢愚，語詩者必求之聖俞，聖俞亦自以其不得志者，樂於詩而發之，故其平生所作，於詩尤多，世既知之矣，而未有薦於上者。昔王文康公嘗見而歎曰，

「二百年無此作矣！」雖知之深，亦不果薦也。若使其幸得用於朝廷，作爲雅頌以歌詠大宋之功德，薦之淸廟而追商周魯頌之作者，豈不偉歟！奈何使其老不得志，而爲窮者之詩，乃徒發於蟲魚物類，羈愁感歎之言，世徒喜其工，不知其窮之久而將老也，可不惜哉！

（5）聖俞詩旣多，不自收拾，其妻之兄子謝景初，懼其多而易失也，取其自洛陽至於吳興以來所作，次爲十卷。予嘗嗜聖俞詩，而患不能盡得之，遽喜謝氏之能類次也，輒序而藏之，其後十五年，聖俞以疾卒於京師，予旣哭而銘之，因索於其家，得其遺稿千餘篇，並舊所藏，掇其尤者六百七十七篇，爲一十五卷。嗚呼，吾於聖俞詩，論之詳矣，故不復云。——歐陽修梅聖俞詩集序。

這篇文章底主意，在于「窮而後工。」第一段、第二段，提出了「主意。」第三段、第四段，「是照應」主意的。第五段，只是敍述「詩」底如何成「集。」

又例如，一部大作品紅樓夢，在第五回（賈寶玉神游太虛境——警幻仙曲演紅樓夢）里已把各人底結局寫下了，後面的事件底進展都「照應」這第五回中預先寫就了的結局的。這里，單舉「紅樓夢」曲中最後的一折飛鳥各投林，即十二釵曲末折。

「十二釵曲末折是總結;但宜注意的,是每句分結一人,不是泛指,不可不知。除掉『好一似』以下兩讀是總述之詞(「好一似食盡鳥投林,落了白茫茫一片大地眞乾淨」),以外恰恰十二句分配十二釵。……(表之排列,依原文次序。)

(1)爲官的家業凋零——湘雲	(2)富貴的金銀散盡——寶釵
(3)有恩的死裏逃生——巧姐	(4)無情的分明報應——妙玉
(5)欠命的命已還——迎春	(6)欠淚的淚已盡——黛玉
(7)寃寃相報豈非輕——可卿	(8)分離聚合皆前定——探春
(9)欲知命短問前生——元春	(10)老來富貴也眞僥倖——李紈
(11)看破的遁入空門——惜春	(12)癡迷的枉送了性命——鳳姐

「這個分配似乎也還確當。……句句分指,文字卻如此流利,眞是不容易。我們平常讀的時候,總當他是一氣呵成,那道這是『百衲天衣』啊!」——兪平伯紅樓夢辨中卷八十回後的紅樓夢頁一五二——一五三。

至于前後不能呼應的例子，如高鶚續書（紅樓夢前八十回，曹雪芹作；後四十回，高鶚續，）有許多地方是不能與前八十回「呼應」的。如「寶玉向來罵這些談經濟文章的人是『祿蠹』」又「雪芹明說『一技無成，半生潦倒，』『風塵碌碌，』『獨自己無才不得入選』等語，」而續書却說「寶玉修舉業，中第七名舉人。」（俞平伯紅樓夢辨上卷後四十回底批評頁七五——一二一，有好多例子。）

三 側重律

篇章要遒勁有力，也該遵守「側重律，」把一篇文章底主意，安置在重要的地方，或者用其他的方法特別用力地顯示出來。

把一篇文章底主意安置在重要的地方，這可以分為三類：（一）放在全文底開始；（二）放在末尾；（三）在開始及末尾，反復申述，也可不拘開始及末尾反復申述。

（1）把一篇文章底主意，放在開始的。例如：

例一 廢天下之生員，而官府之政清；廢天下之生員，而百姓之困蘇；廢天下之生員，而門戶之習除廢天下之生員，而用世之材出。——顧炎武生員論中。（後面，就上列四點分論。）

例二　仁於他物，不仁於人，不得爲仁；不仁於他物，獨仁於人，猶若爲仁。仁也者，仁乎其類者也。故仁人之於民也，可以便之，無不行也。——呂氏春秋愛類。

例三　我的「建設新文學論」的唯一宗旨只有十個大字：「國語的文學，文學的國語。」我們所提倡的文學革命，只是要替中國創造一種國語的文學。有了國語的文學，方才可有文學的國語。有了文學的國語，我們的國語才可算得眞正國語。國語沒有文學，便沒有生命，便沒有價値，便不能成立，便不能發達。這是我這一篇文字的大旨。——胡適建設的文學革命論。

例四　我們現在應該提倡的新文學，簡單的說一句，是「人的文學；」應該排斥的，便是反對的非人的文學。——周作人人的文學。

（2）把一篇文章底主意，放在末尾的。例如：

例一　文字有終篇不見主意，結句見主意者，賈誼過秦論「仁義不施而攻守之勢異也，」韓退之守戒「在得人」之類是也。——李耆卿文章精義。

例二　嗚呼，彼以其飽食無禍爲可恆也哉！——柳宗元三誡永某氏之鼠。

例三　一里尹管解罪僧赴戍，僧故黠，中道，夜酒里尹致沉醉，已取刀髡其首，改紲己縶，反紲尹項而遁。凌晨，里尹寤，求僧不得。自摩其首髡，又縶在項，則大驚詫曰，「僧故在是，我今何在耶？」夫人具形宇內，罔罔然不識眞我者，豈獨里尹乎。——劉元卿賢奕編我今何在耶。

例四　從前的孝子傳、烈女傳、節婦傳、異人傳等，很多在前面單敘事實，最後的一節，爲加上「論曰」「贊曰」「史官曰」某某（作者）曰」等，把「主意」表達出來。（夏丏尊劉薰宇編文章作法附錄二論記敘文中作者底地位幷評現今小說界底文字頁一三八——一三九中說，「記敘文應以不露作者面目爲正宗，……我國從來文人敘述一悲哀的事實，末尾常有『嗚呼悲矣！』的附加語。描寫一難得的人物，往往用『嗚呼！可以風矣！』煞脚。其實，這是作者對於讀者的專制態度。……」這我們以爲，這末尾的「嗚呼悲矣！」「嗚呼！可以風矣！」的話，正是他們底「主意」底表達。）

例五　總而言之人生在世，究竟爲的什麼？究竟應該怎樣？我敢說道：個人生存的時候，當努力造成幸福，享受幸福，幷且留在社會上，後來的個人也能夠享受，遞相授受，以至無窮。——陳獨秀人生眞義。

例六　我的宗教的教旨是：我現在的「小我，」對於永遠不朽的「大我」的無窮過去，須負重大的責任；對於那永遠不朽的「大我」的無窮未來，也須負重大的責任。我須要時時想着，我應該如何努力利用現在的「小我，」方才可以不孤負了那「大我」的無窮過去，方才可以不遺害那「大我」的無窮未來？——胡適不朽。

（3）把一篇文章底主意，在開始及末尾，反復申述，及不拘在開始及末尾反復申述的。例如：

例一　遠東各國，都有祖先崇拜這一種風俗。現今野蠻民族，多是如此，在歐洲古代，也已有過。中國到了現在，還保存這部落時代的蠻風，實是奇怪。據我想，這事既於道理上不合，又於事實上有害，應該廢去才是。

我們切不可崇拜祖先，也切不可望子孫崇拜我們。

尼采說，「你們不要愛祖先的國，應該愛你們子孫的國。……你們應該將你們的子孫，來補救你們自己為祖先的子孫的不幸。你們應該這樣救濟一切的過去。」所以我們不可不廢去祖先崇拜，改為自己崇拜，——子孫崇拜。——仲密祖先崇拜。

例二　性，情，一也。

世有論者曰，「性善」「性惡，」是徒識性情之名，而不知性情之實也。喜怒哀樂好惡欲，未發于外而存于心，性也；喜怒哀樂好惡欲，發于外而見于行，情也。性者，情之本；情者，性之用。故吾曰，性，情，一也。

王安石性情。

例三　信乎，文之以好遊而益工也！

……而要之以好遊而益工，則固千載以來，雄才傑士之所同也。

……——汪琬計甫草中州集序。

以上，是說明把一篇文章底主意安置在重要的地方的；這里，再說明把一篇文章底主意，用其他的方法，特別用力地顯示出來的。

這所謂「其他的方法」可以分爲下列的八類。（1）映襯；（2）層遞；（3）複疊；（4）諷喻；（5）譬喻；（6）鋪張；（7）引用；（8）排比。

（1）映襯——例如儒林外史，映襯的例子很多。如第三回（周學道校士拔眞才——胡屠戶行兇鬧捷報）描寫胡屠戶對于他底女壻范進，起先是「罵了一個狗血噴頭，」後來衆人請他去打掉范進身上的「瘋鬼」，他雖然大着胆子打了一下，心裏到底還是怕的，那手早顫起來，不敢打第二下。」又如第四十九回及第五十回（翰林高談龍虎榜——中書冒占鳳凰池，假官員當街出醜——眞義氣代友求名，）起先描寫萬中書底闊乎其闊，後來描寫萬中書底癟乎其癟。

「又如國策秦策蘇秦以連橫說秦：

「『秦王書十上而不行。黑貂之裘敝，黃金百斤盡，資用乏絕，去秦而歸。羸縢，履蹻，負書，擔囊，形容枯槁，面目黧黑，狀有愧色。歸至家，妻不下紝，嫂不爲炊，父母不與言。蘇秦喟然嘆曰，「妻不以我爲夫，嫂不以我爲叔，父母不以我爲子：是皆秦之罪也！」乃夜發書，陳篋數十，得太公陰符之謀，伏而誦之，簡練以爲揣摩。讀書欲睡，取錐自刺其股，血流至足。曰，「安有說人主，不能出其金玉錦繡，取卿相之尊者乎？」期年，揣摩成。曰，「此眞可以說當世之君矣！」

「『於是乃摩燕烏集闕，見說趙王於華屋之下，抵掌而談。趙王大悅，封爲武安君，受相印。革車千乘，錦繡千純，白璧百雙，黃金萬鎰，以隨其後。約縱散橫，以抑強秦，故蘇秦相於趙而關不通。』

「後來又寫：

「『將說楚王，路過洛陽，父母聞之，淸宮除道，張樂設飲，郊迎三十里。妻側目而視，側耳而聽。嫂蛇行匍伏，四拜自跪而謝。蘇秦曰，「嫂何前踞而後恭也？」嫂曰，「以季子位尊而多金！」蘇秦曰，「嗟乎，貧窮則父母不子，富貴則親戚畏懼；人生世上，勢位富厚，蓋可以忽乎哉？」』

「經此前後一對照，人類慕富貴而厭貧窮底心理，更爲顯然。」——宋文翰國語文修辭法頁八八——八九。

（2）層遞——例如：

唯天下至誠，爲能盡其性；能盡其性，則能盡人之性；能盡人之性，則能盡物之性；能盡物之性，則可以贊天地之化育；可以贊天地之化育，則可以與天地參矣。——中庸（右第二十二章。）

（3）複疊——例如：

孟子曰，「離婁之明，公輸子之巧，不以規矩，不能成方員；師曠之聰，不以六律，不能成五音；堯舜之道，不以仁政，不能平治天下。今有仁心仁聞而民不被其澤，不可法於後世者，不行先王之道也。故曰，徒善不足以爲政，徒法不能以自行。」詩云「不愆不忘，率由舊章。」遵先王之法而過者，未之有也。

「聖人既竭目力焉，繼之以規矩準繩，以爲方員平直，不可勝用也；既竭耳力焉，繼之以六律正五音，不可勝用也；既竭心思焉，繼之以不忍人之政，而仁覆天下矣。故曰，爲高必因邱陵，爲下必因川澤。爲政不因先王之道，可謂智乎？」——孟子離婁（上。）

「『離婁之明』章繁也，『聖人旣竭目力焉』章複也此以兩章爲繁複者也。繁複之妙，古人多善用之。自古文家提倡所謂義法以來，往往以刪節爲能，而文字乃反多一重翳障矣。」（金兆梓實用國文修辭學頁五二。）（這是以複叠顯示「主意」的。）

（4）諷喻——例如：

例一　徐知訓在宣州，聚斂苛暴，百姓苦之。入覲，侍宴，伶人戲作綠衣大面若鬼神者。傍一人問，「誰？」對曰，「我宣州土地神也，吾主人入覲，和地皮掘來，故得至此。」——鄭文寶江南餘載卷上。

例二　孟嘗君將入秦，止者千數而弗聽。蘇秦欲止之。孟嘗君曰，「人事者，吾已知之矣；吾所未聞者，獨鬼事耳。」蘇秦曰，「臣之來也，固不敢言人事也；固且以鬼事見君。」孟嘗君見之。謂孟嘗君曰，「今者臣來，過於淄上，有土偶人與桃梗相與語。桃梗謂土偶人曰，『子，西岸之土也，挺子以爲人；至歲八月，降雨下，淄水至，則女殘矣。』土偶曰，『不然。吾，西岸之土也：吾殘，則復西岸耳。今子，東國之桃梗也，刻削子以爲人；降雨下，淄水至，流子而去，則子漂漂者將何如耳？』今秦，四塞之國，譬若虎口，而君入之；則臣不知君所出矣！」

孟嘗君乃止。——戰國策。

(5)譬喻——例如：

魯穆公使衆公子或宦於晉，或宦於荊。犁鉏曰，「假人於越而救溺子，越人雖善遊，子必不生矣。失火而取水于海，海水雖多，火必不滅矣，遠水不救近火也。今晉與荊雖強，而齊近；魯患其不救乎？」

——韓非子。

(6)鋪張——例如：

蘇秦爲趙合從說齊宣王曰，「齊，南有泰山，東有瑯琊，北有勃海，此所謂四塞之國也。齊，地方二千里，帶甲數十萬，粟如丘山。齊車之良，五家之兵，疾如錐矢，戰如雷電，解如風雨。卽有軍役，未嘗倍泰山，絕淸河，涉勃海也。臨淄之中七萬戶，臣竊度之，下戶三男子，三七二十一萬，不待發于遠縣，而臨淄之卒固已二十一萬矣。臨淄甚富而實，其民無不吹竽鼓瑟，擊筑彈琴，鬬鷄走犬，六博蹹踘者。臨淄之途，車轂擊，人肩摩，連衽成帷，舉袂成幕，揮汗成雨。家敦而富，志高而揚。夫以大王之賢與齊之強，天下不能當今乃西面事秦，竊爲大王羞之！」——國策齊策蘇秦說齊宣王。

(7)引用——例如：

愈與李賀書，勸賀舉進士。賀舉進士有名；與賀爭名者毀之曰，「賀父名晉肅，賀不舉進士爲是，勸之舉者爲非。」聽者不察也和而唱之，同然一辭。皇甫湜曰，「若不明白子與賀且得罪。」愈曰「然。」律曰，「二名不偏諱。」釋之者曰：謂若言徵不稱在，言在不稱徵是也。律曰，「不諱嫌名。」釋之者曰：謂若禹與雨、丘與蓲之類是也。今賀父名晉肅；賀舉進士，爲犯二名律乎，爲犯嫌名乎？父名晉肅，子不得舉「進」士；若父名仁，子不得爲「人」乎？——韓愈諱辨。

(8)排比——例如：

修之於身，其德乃眞；修之於家，其德乃餘；修之於鄉，其德乃豐；修之於天下，其德乃善。故，以身觀身，以家觀家，以鄉觀鄉，以國觀國，以天下觀天下。——老子第五十四章。

至於以「倒反」「設疑」「祈嘆」來顯示一篇文章底「主意」的，也被使用，但不常用。

第四章　文章底體製

文章底體製，我們在緒論（頁三〇五）及第三章（頁九三）中講到過，與「文章底構成」同是講述文章底五項要素之一的表達法的。

由于詞兒、句子、段落及篇章構成的文章，成爲其內容底「意思」可以分析爲（1）景物，（2）事實，（3）情感（由景物、事實及知識織成的）（4）知識的四類；因而，文章底體製，可以析爲（1）描寫景物的，（2）紀敍事實的，（3）發抒情感的，（4）（5）議論知識及說明知識的五種表達法。

這里，我們分六節敍述：（一）描寫文；（二）紀敍文；（三）發抒文；（四）議論文；（五）說明文；（六）五種文體底糅雜。關于應用文，作爲附錄。

第一節　描寫文

描寫文底目的，在于描寫景物（人物景象及物體）底性狀（性質及形狀。）這里，可以分爲兩段來講述：（1）人物底描寫；（2）景象及物體底描寫。

第一段　人物底描寫

人物底描寫，不論用「工筆」或者用「簡筆」，都要攝取最能表現出那個人物底性狀的部分，所以，應該注重「特性」底描寫。

描寫「特性」的方法，常用的，有三種：（一）敍述；（二）描模；（三）表現。這三種方法，照發展上來看，是由敍述到描模，由描模到表現的；在應用上，這三種方法，是時常糅雜的。

「敍述」的例子：

例一　話說大宋高宗，紹興年間，溫州府樂淸縣有一秀才，姓陳，名義，字可常，年方二十四歲，生得眉目淸秀，且是聰明，無書不讀，無史不通。——京本通俗小說菩薩蠻。

例二　那才子姓盧，名柟，字次楩，一字子赤，大名府濬縣人也。生得丰姿瀟灑，氣宇軒昂，飄飄有出塵之表。八歲即能屬文，十歲便嫻詩律，下筆數千言，倚馬可待。人都道他李青蓮再世，曹子建後身。一生好酒任俠，放達不羈，有輕世傲物之志，眞個名聞天下，才冠當今。與他往來的俱是名公巨卿。又且世代簪纓，家資巨富，日常供奉，擬于王侯。所居在城外浮邱山下，第宅壯麗，高聳雲漢。後房粉黛，一個個聲色俱妙。又選小奚秀美者數人，教成吹彈歌曲，日以自娛。至于童僕斷養，不計其數。——今古奇觀盧太學詩酒傲公侯。

例三　話中單表一人，姓蔣，名德，小字興哥，乃湖廣襄陽府棗陽縣人氏。……這孩子雖則年小，生得：眉清目秀，齒白唇紅，行步端莊，言辭敏捷，聰明賽過讀書家，伶俐不輸長大漢，人人喚做粉孩兒，個個羨他無價寶。——今古奇觀蔣興哥重會珍珠衫。

例四　這宋江自在鄆城縣做押司。他刀筆精通，吏道純熟；更兼愛習鎗棒，學得武藝多般。平生只好結識江湖上好漢，但有人來投奔他的，若高若低，無有不納，便留在莊上館穀，終日追陪，並無厭倦，若要起身，盡力資助。端的是揮金似土！人問他求錢物，亦不推托；且好做方便，每每排難解紛，只是周全人性命。時常散施棺材藥餌，濟人貧苦，賙人之急，扶人之困。以此，山東河北聞名，都稱他做及時雨，卻把他比做天上下的及時雨一般，能救萬物。——水滸第十七回。

例五　你道那人姓甚名誰，那裏居住？原來只是陽穀縣一個破落戶財主，就縣前開着個生藥鋪，從小也是一個奸詐的人，使得些好拳棒，近來暴發跡，專在縣裏管些公事，與人放刁把濫，說事過錢，排陷官吏，因此滿縣人都饒讓他些個。那人覆姓西門，單諱一個慶字，排行第一，人都喚他做西門大郎。近來發跡有錢，人都稱他做西門大官人。——水滸第二十三回。

例六　那人原是山後開州人氏，姓秦，諱個明字，因他性格急躁，聲若雷霆，以此人都呼他做霹靂火秦明，祖是軍官出身，使一條狼牙棒，有萬夫不當之勇。——水滸三十三回。

「描模」的例子：

例一　道猶未了，只見一個大漢竟大踏步進入茶坊裏來。史進看他時，是個軍官模樣，頭裹芝蔴羅萬字頂頭巾，腦後兩個太原府紐絲金環，上穿一領鸚哥綠紵絲戰袍，腰繫一條文武雙股鴉青縧，足穿一雙鷹爪皮四縫乾黃靴；生得面圓，耳大，鼻直，口方，腮邊一部貉𦀗髯鬚，身長八尺，腰闊十圍。

——水滸第二回。（魯智深）

例二　智深……只見牆缺邊立着一個官人，頭戴一頂青紗抓角兒頭巾，腦後兩個白玉圈連珠鬢環，身穿一領單綠羅團花戰袍，腰繫一條雙獺尾龜背銀帶，穿一對磕爪頭朝樣皂靴，手中執一把摺疊紙西川扇子，生得豹頭環眼，燕頷虎鬚，八尺長短身材，三十四五年紀。——水滸第六回。（林冲）

例三　林冲看那人時，頭戴深簷煖帽，身穿貂鼠皮襖，脚着一雙獐皮穿𩊠靴；身材長大，相貌魁宏，雙拳骨臉，三叉黃鬚，只把頭來仰着看雪。——水滸第十回。（朱貴）

例四　晁蓋推開門打一看時，只見高高吊起那漢子在裏面露出一身黑肉，下面抓扎起兩條黑魆魆毛腿，赤着一雙脚。晁蓋把燈炤那人臉時，紫黑闊臉，鬢邊一搭硃砂記，上面生一片黑黃毛。——水滸第十三回。（劉唐）

例五　看那人時，似秀才打扮，戴一頂桶子樣抹眉梁頭巾，穿一領皂沿邊麻布寬衫，腰繫一條茶褐鑾帶，下面絲鞋淨襪；生得眉清目秀，面白鬚長。——水滸第十三回。（吳用）

例六　正說着，外邊走進一個人來，兩隻紅眼邊，一副鐵鍋臉，幾根黃鬍子，歪戴着瓦楞帽，身上青布衣服就如油簍一般，手裏拿着一根趕驢的鞭子，走進門來，和衆人拱一拱手，一屁股就坐在上席。這人姓夏，乃薛家集上舊年新參的總甲。——儒林外史第二回。

例七　衆人看周進時，頭戴一頂舊毡帽，身穿元色紬舊直綴，那右邊袖子同後邊坐處都破了，脚下一雙舊大紅紬鞋；黑瘦面皮，花白鬍子。——儒林外史第二回。

例八　公孫看那馬二先生時，身長八尺，形容甚偉；頭戴方巾，身穿藍直綴，脚下粉底皂靴；面皮深黑，不多幾根鬍子。——儒林外史第十三回。

例九　只見樓上走下一個肥胖的道士來，頭戴道冠，身穿沉香色直綴；一副油晃晃的黑臉，兩道重眉，一個大鼻子，滿腮鬍鬚，約有五十多歲的光景。——儒林外史第十三回（來霞士）

例十　這個人打扮，與姑娘們不同。彩繡輝煌，恍若神妃仙子頭上戴着金絲八寶攢珠髻，綰着朝陽五鳳掛珠釵；項上戴着赤金盤螭纓絡圈；身上穿着縷金百蝶穿花大紅雲緞窄裙襖，外罩五彩刻絲石青銀鼠褂；下着翡翠撒花洋縐裙。一雙丹鳳三角眼，兩灣柳葉掉梢眉；身量苗條，體格風騷；粉

面含春威不露，丹唇未啓笑先聞。——紅樓夢第三回。（鳳姐）

例十一　及至進來一看，卻是位青年公子。頭上戴着束髮嵌寶紫金冠，齊眉勒着二龍戲珠金抹額；一件二色金百蝶穿花大紅箭袖，束着五彩絲攢花結長穗宮絛，外罩石青起花八團倭緞排穗褂；登着青緞粉底小朝靴。面若中秋之月，色如春曉之花，鬢若刀裁，眉如墨畫，鼻如懸膽，睛若秋波，雖怒時而似笑，卽瞋視而有情。項上金螭纓絡，又有一根五色絲絛，繫着一塊美玉。……一回再來時，已換了冠帶。頭上週圍一轉的短髮，都結成小辮，紅絲結束，共攢至頂中胎髮，總編一根大辮，黑亮如漆，從頂至梢，一串四顆大珠，用金八寶墜脚；身上穿着銀紅撒花半舊大襖，仍舊帶着「項圈」「寶玉」「寄名鎖」「護身符」等物；下面半露松綠撒花綾褲，錦邊彈墨襪，厚底大紅鞋。越顯得面如傅粉，唇若施脂，轉盼多情，語言若笑，天然一段風韻，全在眉梢，平生萬種情思，悉堆眼角。——紅樓夢第三回。（寶玉）

上列的例子，當然「描模」的比「敍述」的要具體得多，但是，還不能淸淸楚楚地顯示出人物底特性，所以需要用「表現」的手法。「表現，」是以動作與言語或其他顯示出人物底特性來。

例如：

例一　那鳳姐家常帶着紫貂昭君套，圍着那攢珠勒子，穿着桃紅灑花襖，石青刻絲灰鼠披風，大紅洋縐銀鼠皮裙，粉光脂豔，端端正正坐在那裏，手內拿着小銅火箸兒撥手爐內的灰。平兒站在炕沿邊，捧着小小的一個塡漆茶盤，盤內一個小蓋鍾兒。鳳姐也不接茶，也不抬頭，只管撥那灰，慢慢的道，「怎麽還不請進來？」一面說，一面抬身要茶時，只見周端家的已帶了兩個人立在面前了，這才忙欲起身；猶未起身，滿面春風的問好，又嗔着周端家的，「怎麽不早說！」——紅樓夢第六回。（這是劉老老一進榮國府，由周端家的帶去見鳳姐。這裏，由於言語及動作，尤其是動作，顯示出鳳姐底不失身份的面面周到。）

例二　一語未了，忽聽外面人說，「林姑娘來了。」話猶未完，黛玉已搖搖擺擺的進來，一見寶玉，便笑道，「哎喲，我來的不巧了。」寶玉等忙起身，寶釵笑道，「這是怎麽說？」黛玉道，「早知他來，我就不來了。」寶釵道，「這是什麽意思？」黛玉道，「什麽意思呢。來呢，一齊來；不來，一個也不來。今兒他來，明兒我來，間錯開了來，豈不天天有人來呢，也不至太冷落，也不至太熱鬧。姐姐有什麽不解的呢。」……

這裏寶玉又說，「不必燙煖了，我只愛喝冷的。」薛姨媽道，「這可使不得，吃了冷酒寫字手打顫兒。」寶釵笑道，「寶兄弟，虧你每日家雜學旁收的，難道就不知道酒性最熱，要熱吃下去，發散的就快，要冷吃下去，便凝結在內，拿五臟去煖他，豈不受害？從此還不改了呢。快別吃那冷的了。」寶玉聽這話有理，便放下冷的，令人燙來方飲。黛玉磕着瓜子兒，只管抿着嘴兒笑。可巧黛玉的丫鬟雪雁走來給黛玉送小手爐兒。黛玉因含笑問他說，「誰叫你送來的，難爲他費心，那裏就冷死我了呢。」雪雁道，「紫鵑姐姐怕姑娘冷，叫我送來的。」黛玉接了，抱在懷中，笑道，「也虧了你，倒聽他的話。我平日和你說的，全當耳旁風；怎麽他說了你就依，比聖旨還快呢。」寶玉聽這話，知是黛玉借此奚落，也無回覆之詞，只嘻嘻的笑了一陣罷了。寶釵素知黛玉如此慣了的，也不理他。薛姨媽因笑道，「你素日身子單弱，禁不得冷，他們惦記着你倒不好？」黛玉笑道，「姨媽不知道。幸虧是姨媽這裏，倘或在別人家，那不叫人家惱嗎？難道人家連個手爐也沒有，巴巴兒的打家裏送了來；不說丫頭們太小心，還只當我素日是這麽輕狂慣了的呢。」薛姨媽道，「你是個多心的，有這些想頭，我就沒有這些心。——紅樓夢第八回。（顯示黛玉底尖刻善辯。）

例三　寶釵在「滴翠亭」外面聽見這話，心中吃驚，想道，怪道從古至今那些姦淫狗盜的人，心機都不錯！這「窗子」一開了，見我在這裏，他們豈不害臊了？況且說話的語音，大似寶玉房裏的小紅，他素昔眼空心大，是個頭等刁鑽古怪的丫頭，今兒我聽了他的短兒，「人急造反，狗急跳牆，」不但生事，而且我還沒趣。如今便趕着躲了，料也趕不及，少不得要使個「金蟬脫殼」的法子。猶未想完，只聽咯吱一聲，寶釵便故意放重了脚步，笑着叫道「顰兒，我看你往那裏藏！」一面說，一面故意往前趕。那亭內的小紅墜兒剛一推窗，只聽寶釵如此說着，往前趕，兩個人都嚇怔了。——紅樓夢第二十七回。（顯示寶釵底陰險。）

例四　王進：……當日因來後槽看馬，只見空地上一個後生脫膊着，刺着一身青龍，銀盤也似一個面皮，約有十八九歲，拿條棒在那裏使。王進看了半晌，不覺失口道，「這棒也使得好了，只是有破綻，贏不得眞好漢。」那後生聽得大怒，喝道，「你是甚麼人，敢來笑話我的本事！俺經了七八個有名的師父，我不信倒不如你，你敢和我扠一扠麼？」說猶未了，太公到來，喝那後生，「不得無禮！」那後生道「叵耐這厮笑話我的棒法！」太公道，「客人莫不會使鎗棒？」王進道，「頗曉得些。敢問長上，這後生是宅上何人？」太公道，「是老漢的兒子。」王進道，「既然是宅內小官人，若愛學時，小人點撥他端正，如何？」太公道，「恁地時，十分好。」便教那後生，「來拜師父！」那後生那裏肯拜，心中越怒道，「阿爹，休聽這厮胡說！若吃他贏得我這條棒時，我便拜他爲師！」王進道，「小官人若是不當材時，較量一棒耍子。」那後生就空地當中把一條棒使得風車兒似轉，向王進道，「你來！你來！怕你不算好漢！」——水滸第一回。（顯示後生底盛氣。）

例五　當下宋江要盧員外坐第一把交椅。盧俊義大驚道，「盧某是何等人，敢爲山寨之主。但得與兄長執鞭隨鐙，做一小卒，報答救命之恩，實爲萬幸！」宋江再三拜請，盧俊義那裏肯坐。只見李逵叫道，「哥哥偏不直性！前日肯坐坐了，今日又讓別人！這把鳥交椅便眞個是金子做的，只管讓來讓去，不要討我殺將起來！」宋江大喝道，「你這厮！……」盧俊義慌忙拜道，「若是兄長苦苦相讓，着盧某安身不牢。」李逵又叫道，「若是哥哥做個皇帝，盧員外做個丞相，我們今日都住在金殿裏，也直得這般鳥亂；無過只是水泊子裏做個強盜，不如仍舊了吧！」宋江氣得說話不出。——水滸第六十六回。（顯示李逵底莽撞爽直。）

例六　自此，嚴監生的病，一日重似一日，再不回頭。諸親六眷都來問候。五個姪子穿梭的過來陪郎中弄藥。到中秋已後，醫家都不下藥了。把管莊的家人都從鄉裏叫了上來。病重得一連三天不能說話。晚間擠了一屋的人，桌上點着一盞燈。嚴監生喉嚨裏痰響得一進一出，一聲不倒一聲的，總不得斷氣，還把手從被單裏拿出來，伸着兩個指頭。大姪子上前來問道，「二叔，你莫不是還有兩個親人不曾見面？」他就把頭搖了兩三搖。二姪子走上前來問道，「二叔，莫不是還有兩筆銀子在那裏，不曾吩咐明白？」他把兩眼睜的的溜圓，把頭又狠狠搖了幾搖，越發指得緊了。奶媽抱着哥子插口道，「老爺想是因兩位舅爺不在跟前，故此記念。」他聽了這話，把眼閉着搖頭，那手只是指着不動。……趙氏分開衆人，走上前道，「爺，只有我能知道你的心事。你是爲那燈盞裏的是兩莖燈草，不放心，恐費了油。我如今挑掉一莖就是了。」說罷，忙走去挑掉一莖。衆人看嚴監生時，點一點頭，把手垂下，登時就沒了氣。——儒林外史第五回第六回。（顯示嚴監生底吝嗇。）

當然，「表現」是比「描摹」更具體了。

但是，如前面已經講到過一句的那麽，在應用上，這三種方法，時常糅雜的。當人物底某一特性，我們不必十分用力去描寫的時候，便可以糅雜地用「敍述」或「描模」的方法。

關于人物底特性，如職業底特性（律師、教員、新聞記者、農人工人、醫卜星相等，）階層底特性（這種特性，比較不容易觀察得清楚）兩性底特性，特種人底特性（酒徒、博徒、老處女、吝嗇者等，）民族底特性，地方底特性等，各方面都應該注意到（假如描寫一羣律師的時候，律師便成了類性，便得從別的方面來表現其特性了。）

第二段　景象及物體底描寫

景象及物體底描寫，通常應用「鳥瞰」「類括」「步移」「凸聚」「縈營」（即「記述全體」「分類記述」「逐步記述」「分別主從地記述」「側重一部地記述」）的五種方式。例如：

例一　己亥春三月，按部至於汴，汴長吏宴于廢宮之長生殿。懼後世無以考，爲纂其大概云。

皇城南，外門曰南薰。南薰之北，新城門曰豐宜，橋曰龍津，橋北曰丹鳳，而其門三。丹鳳北曰州橋，橋少北曰文武樓。遵御路而北，橫街也，東曰太廟，西曰郊社，正北曰承天門，而其門五，雙闕前引，東曰登聞檢院，西曰登聞鼓樓。檢院之東，曰左掖門，門之南曰待漏院；鼓院之西，曰右掖門，門之南曰都堂。承天之北，曰大慶門，而日精門、左昇平門居其東，月華門、右昇平門居其西，正殿曰大慶殿，東廡曰嘉福樓，西廡曰嘉瑞樓。大慶之後曰德儀殿，德儀之東曰左昇龍門，西曰右昇龍門，正門曰隆德，曰蕭牆，曰丹墀，曰德殿。隆德之左，曰東上閤門，右曰西上閤門，皆南嚮。東西二樓，鐘鼓之所在。鼓在東，鐘在西。隆德之次，曰仁安門，仁安殿東，則內侍局，內侍之東，曰近侍局，近侍之東，曰嚴祇門，宮中則曰撒合門，少南曰東樓，即授除樓也，西曰西樓。仁安之次，曰純和殿，正寢也。純和西曰雲香亭，雲香之北，后妃位也，有樓，樓西曰瓊香亭，亭西曰涼位，有樓，樓北少西，曰玉清殿。純和之次，曰寧福殿。寧福之後，曰苑門。由苑門而北，曰仁智殿，有二大石，左曰敷錫神運萬歲峯，右曰玉京獨秀太平巖。殿曰山莊，莊之西南曰翠微閣，苑門東曰僊韶院，院北曰湧翠峯，峯之洞曰大滌湧翠，東連長生殿。殿東曰湧金殿，湧金之東，曰蓬萊殿，長生西曰浮玉殿。浮玉之西，曰瀛洲殿，長生之南，曰閱武殿，閱武南，曰內藏庫，由嚴祇門東，曰尚食局，尚食東，曰宣徽院，宣徽北，曰御藥院，御藥北，曰右藏庫，右藏之東，曰左藏。宣徽東，點檢司，點檢北，曰祕書監，祕書北，曰學士院，學士之北，曰諫院，諫院之北，曰武器署，點檢之南，曰儀鑾局，儀鑾之南，曰尚輦局。宣徽之南，曰拱衛司，拱衛之南，曰尚衣局，尚衣之南，曰繁禧門，繁禧南，曰安泰門，安泰西，與左昇龍門直，東則壽聖宮，兩宮太后位，本明俊殿，試進士之所。宮北曰徽音殿，徽音之北，曰燕壽殿，燕壽殿垣後，少西，曰震肅衛司，東曰中衛尉司，儀鸞之東，曰小東華門，更漏在焉，中衛尉司東，曰祗肅門，祗肅門東少南，曰將軍司。徽音壽聖之東，曰太后苑，苑之殿，曰慶春，慶春與燕壽並，小東華與正東華對。東華門內正北，尚廄局，尚廄西北，曰臨武殿。左掖門正北，尚食局，局南，曰宮苑司，宮苑司西北，曰尚醞局，湯藥局，侍儀司少西，曰符寶局，器物局，西則撒合門，嘉瑞樓。西曰三廟，正殿曰德昌，東曰文昭，殿西曰光興殿，並南嚮。德昌之後，宣宗廟也。宮西門曰西華，與東華直，其北門曰安貞。二大石外，凡花石臺榭池亭之細，並不錄。

觀其制度簡素比土堦茅茨則過矣；視漢之所謂「千門萬戶，珠璧華麗」之飾，則無有也。然後之人，因其制度而損益之，以求其稱斯可矣。——楊奐汴故宮記。

例二　始予入朝，見鹵簿，心焉識之；不得其名，問之同僚，亦莫能數而對也。及觀禮器圖，乃歎從

來制作之明備，殆無以復加於茲矣。昔司馬遷適魯，觀孔子車服禮器，至低回留之不能去；矧親炙聖人之治化，獲覩當世之禮樂哉！

按鹵簿之別，有曰大駕者，郊祀用之；曰法駕者，朝會用之；曰鑾駕者，四時出入用之；曰騎駕者，行幸所至用之。大駕最爲備物，尊天祖也；法駕稍損其數，文物聲明，取足昭德而上；鑾與騎又加損焉，事非特典，不敢同於所尊貴也。

凡爲蓋者五十有四：九龍而曲柄者四，色俱黃，翠華紫芝兩蓋承之；九龍而直柄者二十，色亦黃，皆以序立；花卉而分五色者十，九龍而分五色者十，色各二，其立不以次而以相間；純紫與赤而方蓋者八。

爲扇者七十二：壽字者八；卍而雙龍者十六；赤而雙龍者八；黃與赤單龍者各八；孔雀雉尾及鸞鳳文而赤且方者，又各八。

幢之屬十有六：長壽也，紫也，霓也，羽葆也，各四。旛之屬，十有六：信旛也，絳引也，豹尾也，龍首竿也，亦各四。

曰教孝表節，曰明刑弼教，曰行慶施惠，曰褒功懷遠，曰振武，曰敷文，曰納言，曰旌善，八者各爲一偶，凡旌之屬十有六。於是有四金節，四儀鍠麾，四黃麾。而繼之以八旗大纛二十四；羽林大纛前鋒大纛共十六；五色銷金大纛四十：凡爲纛者八十。

旂取諸祥禽者，儀鳳翔鸞仙鶴孔雀黃鵠白雉赤烏華蟲振鷺鳴鳶；取諸靈獸者，游麐彩師白澤角端赤熊黃熊辟邪犀牛天馬天鹿；取諸四神者，四；取諸四瀆五嶽者，九；取諸五星二十八宿者，三十三；取諸甘雨者，四；取諸八風者，八；取諸五雷五雲者，十；取諸日月者，各一；其外有門旂八，金鼓旂二，翠華二，五色銷金小旂各四，出警入蹕旂各一：旂之數，共百有二十。

爲金鉞，爲星，爲臥瓜，爲立瓜，爲吾仗，爲御仗，各十有六。

又六八持仗而前導，曰引仗；自蓋至引仗，其名一十有七。紅鐙六，二鐙下之鼓二十四，金二，仗鼓四，板四，橫笛十二；又二鐙之下，鼓二十四，畫角二十四；又二鐙之下，鉦四，大小銅角各十六。自紅鐙至銅角，其名十。

午門之內，有金輦玉輦焉；午門之外，有五輅五寶象焉；天安門之外，則又有四朝象焉，朝象雖非朝期，率晨而一至。引仗以上，在太和門之內；銅角以上，在端門之內。

其最近御座者，有拂塵，有金爐，有香盒，數各二，冰盆唾盂大小金瓶金椅金杌數各一。執大刀者，執弓矢者，執豹尾槍者，每事各三十人，其立亦不以次而以相間。荷殳戟者各四人，侍殿前執曲柄黃蓋者一人。殿下花蓋之間，執靜鞭者四人。自黃龍以下，諸蓋之間，仗馬十，掌騎者十人。殿之上，執戲竹者二人。

計鹵簿所需，幾八百人。

昔者，予入太廟，每事問；予雖卑賤，猶得以時從公卿大夫後，拜舞於庭；問焉而莫對，於心誠不能無慽，今得其名與物而疏記之，其亦於孔子之教，庶幾其不悖耳矣。——陸燿鹵簿名物記。

例三　魏學洢核舟（見前頁二〇九——二一〇。）

例四　五百羅漢圖一軸。

入定於龕中者，一人；蔭樹趺坐而說法者，一人；左右侍聽者，八人；說經者，六人；課經者，六人；課已而收經與誦而倚杖者，各一人；環坐指畫而議論者，塵揮手杖，支頤相嚮而談者，各六人；歸依寶塔者，五人；和南合座者，六人；稽首舍利光者，八人；飯餓鬼者，四人；食烏鳶者，施魚鱉者，各五人；雲升者，六人；指現五色光者，鉢現白光者，泉涌於頂者，火燃於踵者，袒而洗耳金環，手隨求而立者，各一人；受齋請者，七人；受龍女珠獻者，六人；受兩猊花獻者，四人；受往生花獻者，七人；受衣冠從三牛謁者，五人；受胡輸贐者，七人；受胡從兩橐駞而致琛者，四人；受海神跪寶者，五人；騎龍者，跨虎者，乘馬者，象駕者，獅子馭者，各三人；爲犀說法者，一人；後座者，三人；植錫而座巨蟒上者，一人；背樹矚山鵲者，六人；注猱升者仰鳳集者，閱麋鹿者，各四人；俛伏獂者，玩舞鶴者，各五人；攝菡萏者，一人；從後者，五人；書蕉葉者，五人；持蕉葉而涉筆者，二人；焚香而茗飲者，六人；臨流而滌鉢者，三人；滌已而持歸者，一人；浣衣者，就樹絞衣者，浣已而歸者，將浣而進者，隔岸而覘者，各一人；洗屨者，後洗而納屨者，振衣而去者，各一人；削髮者，爲削髮者，沐而待者，解衣者，既解收衣者，各一人；補毳者，二人；操刀尺者，一人；治線者，三人；泉湧於石，遠近而觀者，十六人；度石梁者，三人；欲度者，四人；行杖錫者，二人；導者，二人；贊者，三人；芒屩擔簦而歸者，三人；束裝而行者，一人；或坐，或行，或立，跏趺款欠，杖拄笠，負數珠白拂，山曲水隈，塗覯而卒遇者，十八輩：合一百二十三人。或坐，或行，或立，背樓觀，憑欄楯，據危迫險，俛瞰，仰睇，直視，轉盼，側睨，旁顧，近相，曰遠相望者，二十八輩。合一百三十九人。凡羅漢五百人，而佛處其中焉。佛之旁，又有寶冠珠絡，持如意，執蓮華，座猊象者，菩薩二；右袒徒跣曲拳和南而後侍者，弟子十；瞻贊而前謁者，十六；甲冑椎髻挺劍秉鉞立左右者，善神二；別三十有一焉。又童子有抱經室，主茶奩，荷策持缾典湯徹器，凡十有六；鬼有馭龍馭馬象，受施食，送齋書鱗身鳥咮，衣短後，隱樹而窺者，凡十有四；雜人物，有白衣胡跪獻花香珍怪，衣冠而謁，驅牛以從，載犀象，挈筐篚而進，被甲服弓矢，愕而瞻歎者，凡十有九；鳥獸有鳳鶴鵲烏龍虎犀象獅子馬牛橐駝蟠蟒戲猊猿猱，大小四十有三。然以羅漢爲主，故號五百羅漢圖，世傳吳僧法能之所作也。筆畫雖不甚精絕，而情韻風趣，各有所得，其綿密委曲可謂至矣。昔戴逵常畫佛像，而自隱於帳中，人有所臧否，輒竊聽而隨改之，積數年而就；予意法能亦當研思若此，然後可成，非率然而爲之者也。——秦觀五百羅漢圖。

例五　水從玉泉來，三十里至橋下，荇尾靡波，魚頭接流，夾岸高柳，絲絲到水，綠樹紺宇，酒旗亭臺，廣畝小池，蔭爽交匝。

歲清明，桃柳當候，岸草遍矣，都人踏青高粱橋。輿者則褰，騎者則馳，蹇驅徒步，既有挈攜，至則棚蓆幕青，氈地藉草，驕妓勤優，和劇爭巧。厥有扒竿、觔斗、咽喇、筒子、馬彈解數、煙火水嬉。

扒竿者，立竿三尺，躶身而緣其頂，舒臂按竿，通體空立移時也。受竿以腹，而項手足張，輪轉移時也。啣竿，身平橫空，如地之伏，手不握，足無垂也。背竿，髁夾之，則合其掌，拜起于空者數也。蓋倒身忽下，如飛鳥墮。

觔斗者，拳據地，俯而翻，反據，仰翻，翻一再折，至三折也。置圈地上，可指而仆爾，翻則穿一以至乎三，身僅容而圈不動也。案疊焉，去于地七尺，無所據而空翻，從一至三，若旋風之離于地已，則手兩圈而舞于空，比卓于地，項膝互掛之，以示其翻空時，身手足尚餘閒也。

咽喇者，掐撥數唱，諧雜以諢焉，哀鳴如訴也。

筒子者，三筒在案，諸物械藏，示以空空，發藏滿案，有鴿飛，有猴躍焉，已復藏于空，捷耳，非幻也。

解數者，馬之解二十有四，彈之解二十有四。馬之解，人馬并而馳，方馳，忽躍而上，立焉，倒卓焉，鬣懸，躍而左右焉，擲鞭忽下，拾而登焉，鐙而腹藏焉，鞦而尾贅焉，觀者岌岌，愁將落而踐也。彈之解，丸空二三，及其墜而隨彈之，疊碎也。置丸童頂，彈之，碎矣，童不知也。踵丸，反身彈之，移踵則碎，人見其碎不見其移也。兩人相彈，丸適中，遇而碎，非遇，是俱傷也。煙火者，魚鱉鳧鷺形焉，燃而沒且出于溪，屢出則爆，中乃其兒雛，衆散，亦沒且出，煙焰滿溪也。是日，游人以萬計，簇地三四里；浴佛、重午游也，亦如之。——劉侗于奕正合著帝京景物略高梁橋。

例一，是鳥瞰地描寫汴故宮底全體的。例二，是類括地描寫鹵簿名物的，如「蓋」爲一類，「扇」爲一類，「幢」爲一類，「旛」爲一類，「旌」爲一類，「纛」爲一類，「旂」爲一類等。例三，是步移地描寫核舟底「艙」「船頭」「舟尾」「船背」的；當描寫景象時，常常逐步地描寫，可以有條不紊。例四，是凸聚地以描寫羅漢爲「主」，描寫佛、菩薩、弟子、善神……等爲「從」的（「以羅漢爲主，故號五百羅漢圖」）如韓愈畫記，以人物爲主，馬次之，牛、橐駝等爲從。例五，是欝嘗地描寫高梁橋清明日（浴佛、重午，亦如之）底游藝的。

第二節　紀敍文

紀敍文底目的，在于紀敍人物（人物與物體）底動作及變化（這便是「事件」或「事實」）。紀敍文，如上所述，以事件爲中心事件底開展，一定有其開展者，事件一定有其發生的地點，發生的時間，事件一定有其發生的環境。所以，紀敍文底要素，相當地複雜。

其次，紀敍的方法，通常都是依着事件底進展來紀敍的；但是，碰到複雜的事件，便得應用「追敍」（也稱作「倒行法」）或「插敍」（也稱作「中斷法」）的方法。

這里，我們分兩段來講述：（一）紀敍文底要素；（二）紀敍的方法。

第一段　紀敍文底要素

紀敍文底要素，凡五：（一）事件；（二）人物；（三）時間；（四）地點；（五）環境。

試以宋本工獄（見前頁二五三——二五五）爲例，加以說明。

事件——工與其長爭，衆工和解之；工婦戕良人，置屍土榻中；警巡院傍掠長使誣服；工婦發喪；……

人物——工，長，工婦，工婦所私者，……

時間——如「半歲，衆工謂口語非大嫌，」「暮醉乃去，」「是日，以其醉于䊘而返也，」「明日，婦往長家哭曰，」……

卽使沒有「半歲」「暮」「是日」這些話，一件事件在進展着，便包含了「時間」

地點——京師。卽使不寫明京師，如「强工造長居」底「長居」「暮坐水傍」底「水傍」等也是「地點。」

環境——在事件底進展中，除了人物、時間及地點的三種要素之外，必然地具有「環境」這一個要素。在工獄中，如伍作底因念「笞無已時，」「別殺人應命，」又如「官知水中翁卽鄉爽死者事，然以發之，則吏又有得罪者數人，遂寢，」這些，都是「環境。」

第二段　紀敍的方法

紀敍，不論用第一身的口吻或第三身的口吻（也有第一身的口吻與第三身的口吻糅雜的。如朱琦北堂侍膳圖記，第一段「姚湘波先生，……」是用第三身的口吻的，第二段「猶記琦少時，……」轉用第一身的口吻，第三段「先生以某年官翰林，」又回到第三身的口吻中，）一般都是依着事件底進展來紀敍的。

用第一身的口吻紀敍時，其「觀察點」（也叫作「停留點，」是以始終如一爲主的。用第三身的口吻紀敍時，其「觀察點」有的始終不變更有的是隨時變更的（雖則有人說觀察點隨時變更，「文字使人覺得繁雜不堪；」實際上，稍稍繁複的事件，觀察點是應該隨時變更的，而且，在「紀敍」中夾以「說明」也是稀鬆平常的事，而且是應該的，這不但不會使人「覺得繁雜不堪，」實使人感到紀敍活潑。）例如：

例一　水滸中景陽岡武松打虎（第二十二回，）武松酒後過岡那幾段，自「這武松提了哨棒，大着步，自過景陽岡來」到「武松被那一驚，酒都做冷汗出了，」「這例裏，除了末後『那大蟲又飢又渴，把兩隻爪在地下略按一按，和身望上一撲，從半空裏攛將下來』一句，觀察點都在武松方面，故文中所用『抬頭看時』『見』『回頭看這日色時』『只見』『只聽得』……等文字，都是從武松一邊說的。」（見孫俍工編記敍文作法講義頁二二七——二二九）這是觀察點變更得很少的一個例子。

例二　水滸中黑旋風沂嶺殺四虎（第四十二回，）自「李逵看看捱得到嶺上松樹邊一塊大青石上，把娘放下」起，一直到殺了四虎，「李逵也困乏了，走向泗州大聖廟裏，睡到天明」止，及景陽岡武松打虎，自「說時遲，那時快。武松見大蟲撲來，只一閃，閃在大蟲背後」（緊接例一後，）到「一步步捱下岡子來」止，這兩大段文章，都是用兩個觀察點的，一是李逵或武松，一是大蟲。

例三　水滸中宋公明二打祝家莊（第四十七回）自「且說宋江親自要去做先鋒，改打頭陣」「到扈家莊已把王矮虎解送到祝家莊去了，」據張九如底分析（張九如編初中記事文教學本頁六六——七二）是：

「……觀察點轉變很多，立表如下：

『且說宋江親自要做先鋒，……』一筆，觀察點在宋江方面。

『衆頭領看了，一齊都起來，……』一筆，觀察點在衆頭領方面。

『宋江聽得後面人馬都到了，……』一筆，觀察點又在宋江方面。

『山坡下來軍，……』一筆，觀察點在來軍方面。

『宋江道，「剛纔扈家莊有個女將……」』一筆，觀察點又在宋江方面。
『原來王矮虎初見一丈青……』一筆，觀察點在王矮虎方面。
『那一丈青是個乖覺的人，……』一筆，觀察點在一丈青方面。
『歐鵬見捉了王英，……』一筆，觀察點在歐鵬方面。
『一丈青縱馬跨刀接着歐鵬，……』一筆，觀察點又在一丈青方面。
以後的轉變，更是厲害，有時在宋江方面，有時在鄧飛方面，有時在祝家莊方面，有時在馬麟、秦明、欒廷玉等方面；再後又轉變到莊前的李俊、張橫、張順及對岸的戴宗、白勝等方面。……」
例四　司馬遷項羽本紀，也是觀察點變更得很多的，
上面，我們把依着事件底進展的紀敍的方法，概要地講述過了；有時候，在前面已經提到過一句，要應用「追敍」或「插敍」的方法。
「追敍」也叫作「倒行法，」「就是逆溯上去，追述以前的經過，大抵是敍說緣由的意味，使人對于當前發生的事更易了解。」例如：

例一　父與子（屠格涅甫作，）開頭紀敍「一個沒有戴帽子，衣服上滿是塵土，穿着粗呢短袴，年約四十歲左右的紳士，」等待着他底兒子回來這樣地寫了一頁之後，才說「且把他的生平素介紹給讀者們，」費了三頁來「追敍」這位紳士底生平。（陳西瀅譯本頁一——五）上述的那位紳士尼古拉底弟弟保羅，在頁二二中就「出場」了，一直到頁四五，才追敍他底歷史，寫了約七頁。

例二　宋本工獄，如「工婦淫，素與所私者謀戕良人，不得間，」「初，婦每修佛事，則丐者坌至求供飯，一故偸常從丐住乞，」也是「追敍。」

例三　紅樓夢第三回，紀敍黛玉到賈家。「賈母方一一指與黛玉道，『這是你大舅母。這是二舅母。這是你先前珠大哥的媳婦珠大嫂子。』黛玉一一拜見。」到第四回，才追敍珠大嫂子，「原來這李氏卽賈珠之妻。珠雖夭亡幸存一子，取名賈蘭，已入學攻書。這李氏亦係金陵名宦之女，父名李守中，曾爲國子祭酒。族中男女，無不讀詩書者。至李守中繼續以來，便謂『女子無才便是德，』故生了此女，不曾叫他十分認眞讀書，只不過將些女四書列女傳讀讀，認得幾個字，記得前朝這幾個賢女便了;卻以紡績女紅爲要,因取名爲李紈,字宮裁。」

例三　漢書紀敍李夫人臨死託武帝事,先紀敍她底死,「李夫人少而蚤卒,上憐閔焉,圖畫其形於甘泉宮。及衞思后廢後四年,武帝崩,大將軍霍光緣上雅意,以李夫人配食,追上尊號曰孝武皇后。」紀敍到這里,再追敍她病篤時託武帝的話,「初,李夫人病篤,上自臨候之。夫人蒙被謝曰,『妾久寢病,形貌毀壞,不可以見帝,願以王及兄弟爲託。』上曰,『夫人病甚,殆將不起,一見我,屬託王及兄弟,豈不快哉。』夫人曰,『婦人貌不修飾,不見君父,妾不敢以燕媠見帝。』上曰,『夫人第一見我,將加賜千金,而予兄弟尊官。』夫人曰,『尊官在帝,不在一見。』上復言,欲必見之。夫人遂轉鄉歔欷而不復言。于是上不悅而起。夫人姊妹讓之曰,『貴人獨不可一見上,屬託兄弟邪?何爲恨上如此?』夫人曰,『所以不欲見帝者,乃欲以深託兄弟也。我以容貌之好,得從微賤愛幸于上。夫以色事人者,色衰而愛弛,愛弛則恩絕。上所以攣攣顧念我者,乃以平生容貌也。今見我毀壞,顏色非故,必畏惡吐棄我,意尚肯復追思閔錄其兄弟哉!』及夫人卒,上以后禮葬焉。」

「插敍」也叫作「中斷法」,是當紀敍一事件底進展時,暫時中斷,插入別的事件,而歸結還是「合流」的。

「插敍」的方法;在紀敍複雜的事件時,是經常地應用的。例如:

例一 水滸第二十五回(偷骨殖何九送喪——供人頭武二設祭,)先寫何九叔到武大家入殮,及到化人場上舉火燒化,便暫時中斷插敍武松替陽穀縣知縣到東京親戚處投書下禮回來;再「合流」到武松殺嫂。

例二 水滸第四十八回(解珍解寶雙越獄——孫立孫新大劫牢,)當寫梁山泊好漢們二打祝家莊不能開交時,吳學究報告了一個好消息。「原來這段話正和宋公明初打祝家莊時一同事發,」差不多這一回完全插敍解珍、解寶雙越獄,孫立孫新大劫牢的事。然後,再合流到解珍等上梁山,去三打祝家莊。

例三 水滸第六十四回(托塔天王夢中顯聖——浪裏白條水上報寃,)寫好漢們兵打大名城,宋江病倒了,叫張順去找「醫人;」便「話分兩頭,」插敍截江鬼張旺、油裏鰍孫五事,但並不「合流;」所以,這是離開一般的所謂「插敍」稍遠,成了「插話」了。

例四　如屈原列傳裏，……王怒而疏屈平。底下本來接「屈平既絀，其後秦欲伐齊，」但是他卻插入一大段屈平作離騷的事實，然後用「屈平既絀」接上去。更如左傳厲公侵鄭，六月甲子，傅瑕殺鄭子及其二子，而納厲公。初，內蛇與外蛇鬭于鄭南門中，內蛇死。六年而厲公入。這裏內蛇外蛇鬭的一件事，也是插入的。——周侯于作文述要（頁一〇〇）

例五　紅樓夢第四回（薄命女偏逢薄命郎——葫蘆僧亂判葫蘆案，）開始是紀敘黛玉在賈家，說「今黛玉雖客居於此，已有這幾個姑嫂相伴，除老父之外，餘者也就無用慮了。」接着，插敍賈雨村底判案，「如今且說賈雨村授了應天府，一到任，就有件人命官司詳至案下，卻是兩家爭買一婢，各不相讓，以致毆傷人命。」到判決了案件，便「當下言不着雨村，」而「且說那買了英蓮打死馮淵的那薛公子」了。

第三節　發抒文

發抒文底目的，在于發抒情感；但「情感底本身不是一種的意思，牠是由于景物、事實及知識

（尤其是事實）才能產生的，」所以發抒文底形態，是與前述的描寫文、紀敍文及後面講述的論議文、說明文糅雜的。

當我們面對着一種景物或一種的事實，要發抒情感的時候，便用描寫的或紀敍的形態來發抒情感；又當我們面對着一種的知識，要用感動的方式向讀者宣傳或誘導讀者的時候，便用議論的或說明的形態來「情感地」宣傳及誘導。試舉例于后：

例一　羅大經山居。（見前頁八九）

例二　嗚呼，吾自良月哭汝弟後，淚痕斑斑，在襟袖間，以日計之，相距五十有三，而今又哭汝矣，夢耶，幻耶？

憶汝生於己卯之玄月，迄今未及三載，生而脊立，啼不屬聲，會以再得女，故失愛於母；呱呱繈褓，一聽保母所爲，了無兒女情，汝遂依保母爲命，而於汝父母疏遠矣。自週期後，神色改觀；乍相儞，汝殊解人意，教之嬉戲，輒投人懷。嗣後日復一日，百凡了了，每向人喃喃學語，有鸜鵒之慧，能賺汝父母解頤。其最異著，性酷好潔，甫能循牆走，即踽踽擇蹈，尺武不苟，有不潔，遽避去，間或滓穢少及，必令保母浣滌，再三乃已；偶被新衣，便爾提袂自矜，手整數四，作顧影亦好狀，往往向汝父母舉斂衽端拜焉。家人咸謂是兒聰明，夙有根器，豈期蚤慧福薄，竟爲不育徵也，嗚呼，恨哉！

今年且月中，汝亡弟生，汝母嘗置之懷，招兩姊前與之撫，汝姊素畏母，不知所云，瞪目一視而已，汝獨顧而嘻，俛而呼，以手玩弄，癡欲與語，時時強汝保母乳之，若寧省而口食以相哺也，幼姊亦憐愛其少弟耶，抑何善迎汝父母意若此。

先是汝姊處於祖母之室，汝弟處於汝母之室，汝獨隨保母處於別室，幸保母得人，視汝猶子，而汝父母俱不甚繫念焉。及汝弟夭折，汝母哀苦切骨，怨憤填膺，徘徊登樓，步步淒咽，每當搴帷默坐，孤燈半寄，牀頭闃如，恍聞啼笑，不覺撫几一慟，汝遙聞哭聲，必趨母前，牽衣遶膝，來相問訊，且呼止止，欲爲汝母揾啼痕也。汝母見汝明慧，亦哀憐之，遂命保母攜汝入室，榻於汝弟寢處之所，見汝好弄，則惘然而起，聞汝巧言，則忻然而笑。汝母嘗云「向以阿蒙視汝，不圖乃有隱德，此他日吾家道蘊也。」汝母憶兒情癡，不時哭汝弟於夢中，或至失聲驚覺，汝輒從牀頭慰止之。如是者月餘，汝父母悲結之思，稍稍平釋，以憐汝弟之情憐汝，護汝弟之力護汝，顧復汝弟之光陰顧復汝，幾忘汝身之非汝弟矣。何期五旬之間，踵遘斯酷，竟爲汝弟續耶，痛乎，寃哉！

汝之歿，痘疹爲祟也。先是痘疹盛行吳中，兒女半被荼毒；忽一夕，汝母夢汝寢於牀，臃腫不發，如危迫時狀，遂哭而醒，呼保母與語，私心惡之，汝尙脫然無恙也。越再宿，而患作，宛符所夢，汝以何業，墮此劫中，嗚呼，命矣！

汝素好潔，至死不渝；雖痁楚在牀，一日三遺矢，必呼保母預爲備，五體曾不及穢。

方疾革時，汝心了了，自祖父母及汝父母下逮家人婦婢子之名，一一呼之環立牀隅，若將永訣者。猶記吾與汝母立屏外，汝遙望見，即呼至寢前，相視而啼，淚涔涔不止，汝父母忍號慰汝，每言輒應；而保母暨小婢秋紈，尤縈汝懷，雖氣咽于喉，音僵于舌，以目屬之，以意領之，蓋一則提攜有恩，一則嬉戲相與，周旋寢食，未嘗暫離，誠戀戀故人，不忍去也。由此一念，若延線息，絕而復續者三。汝母急貨冥賄，灑淚爲贈，兼囑汝曰「汝于冥間會須覓我家阿蓮安在，若猶未超輪劫，飢渴有需，汝悉所餘，爲汝濟用。吾將復貽汝。」汝乃張目而視，頷之以臆，迨爐中紙錢飛蝶，而汝竟脫然去矣，吾腸幾何其堪此寸寸斷耶！

先一日，保母衛汝帳中，忽聞旃檀芬馥，經息不散，喜相告語，謂是佛力佑汝，吾等意爲妄語耳；詰朝，汝父母亦聞妙香空來，氤氳滿室，如保母言，竊嘆異之。顧念汝以三歲嬰孩，明慧曉事，取憐旁人，一奇也；性好清潔，沒猶不染，一奇也；臨逝，了然呼諸眷屬，受命母氏而瞑，又一奇也。汝豈夙有定慧，從衆香國來去者耶？

嗚呼，吾疑天道之有無久矣，汝父母生平自念，不作罪業，未審前因何若，而得此報，汝種果何若，而得此緣，汝弟沒以良月旬有八，汝沒以涂月旬有二，中間相距五十三日爾，而既哭一兒，又哭一女，身非木石，誠何以堪，蒼蒼者天，爲有爲無，如其有之，不應荼毒至此！抑尤有痛者，昔汝弟之沒也，房幃寂寥，汝則伴母，昏曉溯漣，汝則慰母，而今迴顧室隅，帷空懸矣，榻虛設矣，啼笑不聞矣，燈篝獨照矣，凄凄慘慘，不日不夜，一如哭汝弟之時矣，曾幾何時，而造物者，如此其不測矣，嗚呼，夢矣，幻矣！今汝姊既從祖母居，汝母出入閨闥，形影無聊，伴之者誰耶，觸目神傷，淚與心迸，慰之者誰耶，汝嘗向保母言，「將養爾終老，」孰知身且不祿，誤彼不得終三年之乳哺耶。

憶汝母哭汝弟日，汝嘗宛轉繞膝，勸母勿慟，孰知哭汝弟未已，遽轉而哭汝耶，汝既非吾女，誰令汝來，徒嫌人腸斷，汝則何忍，縱死者已矣，生者何以爲情耶；雖然，吾終念汝不置也！

疇昔之夜，汝母夢汝依牆而泣，保母夢汝登牀而乳，汝雖骨化形銷，猶能省母，猶能求食，則汝之靈也，今汝魂魄托于何所，亦從汝弟游戲歸來否？汝弟孩抱中物，冥途誰保，汝善視之，或有鏹楮之需，可言於夢，餘諸玩物，悉付保母焚於斯，任汝攜取。

嗚呼，吾於生前之事，不忍言，亦不忍不言，故揾淚言之，彷彿存汝於目，每一念至，若在大夢中，終不信遂有今日也，則吾終念汝不置也！——湯傳楹哭亡女文。

例三　嗚呼！可憐！世人爾許忙！忙個甚麼？所爲何來？

那安分守己的人，從稍有知識之日起，入學校忙，學校畢業忙，求職業忙，結婚忙，生兒女忙，養兒女忙；每日之間，穿衣忙，吃飯忙，睡覺忙；到了結果，老忙，病忙，死忙。忙個甚麼？所爲何來？

還有那些號稱上流社會號稱國民優秀分子的，做官忙，帶兵忙，當議員忙，賺錢忙；最高等的爭總理總長忙，爭督軍省長忙，爭總統副總統忙，爭某項勢力、某項地盤忙；次一等的，爭得缺忙，爭兼差忙，爭公私團體位置忙。由是而運動忙，交涉忙，出風頭忙，搗亂忙，奉承人忙，受人奉承忙，攻擊人忙，受人攻擊忙，傾軋人忙，受人傾軋忙。由是而妄語忙，而欺詐行爲忙，而妒嫉忙，而恚恨忙，而怨毒忙。由是而決鬬忙，而慘殺忙。由是而賣友忙，而賣國忙，而賣身忙。那一時得志的，便宮室之美忙，妻妾之奉忙，所識窮乏者得我忙；每日行事，則請客忙，拜客忙，坐馬車汽車忙，麻雀忙，撲克忙，花酒忙，聽戲忙，陪姨太太作樂忙，和朋友評長論短忙。不得志的，那裏肯干休？還是忙。已得志的，那裏便滿足？還是忙。就是那外面像極安閑的時候，心裏千般百計，轉來轉去，恐怕比忙時還加倍忙。乃至夜裏睡着，夢想顚倒，罣礙恐怖和日間還是一樣的忙。到了結果，依然還他一個老忙，病忙，死忙。忙個甚麽？所爲何來？

有人答道，「我忙的是要想得快樂。」人生在世，是否以個人快樂爲究竟目的，爲最高目的？此理甚長，暫不細說。便是將快樂作爲人生目的之一，我亦承認；但我卻要切切實實問一句話：汝如此忙來忙去，究竟現時是否快樂？從前所得快樂，究竟有多少？將來所得快樂，究竟在何處？拿過去現在未來的快樂，和過去現在未來的煩惱，相乘相除，是否合算？白香山詩云，「妻子歡娛僮僕飽，看來算只爲他人。」當知雖有廣廈千間，我坐不過要一牀，臥不過要一榻；雖有貂狐之裘千襲，難道我能彀無冬無夏，把他全數披在身上？雖有侍妾數百人，我難道能同時一個一個陪奉他受用？若眞眞從個人自己快樂着想，倒不如萬緣俱絕，落得清淨；像汝這等忙來忙去，鉤心鬬角，時時刻刻，都是現世地獄，未免太不會打算盤了。如此看來，那裏是求快樂，眞是討苦吃。我且問汝：汝到底忙個甚麼？所爲何來？若說汝目的在要討苦喫，未免不近人情；如若不然，汝總須尋根究柢，還出一個目的來。

以上所說，是那一種過分的欲求，一面自討苦喫，一面造成社會上種種罪惡的根原。此等人不惟可憐，而且可恨，不必說他了。至於那安分守己的人，成日成年，勤苦勞作，問他忙個甚麼？所爲何來？他便答道，「我總要維持我的生命，保育我的兒女。」這種答語，原是天公地道，無可批駁；但我還要追問一句；「到底爲甚麼維持汝的生命？汝維持汝的生命，究竟有何用處？若別無用處，那便是爲生命而維持生命；難道天地間有衣服怕沒人穿，有飯怕沒人喫；偏要添汝一個人，幫着消耗不成？則那全世界十餘萬萬人，個個都是爲穿衣喫飯兩件事，來這世間鬼混幾十年；則那自古及今無量無數人，生生死死，死死生生，不過專門來幫造化小兒喫飯；則人生豈復更有一毫意味？又既已如此，然則汝用種種方法，保育汝家族，繁殖汝子孫，又所爲何來？難道因爲天地間缺少衣架，缺少飯囊，必須待汝構造？如若不然，則汝一日，一月，一年，一世，忙來忙去，到底爲的甚麼？汝總須尋根究柢，牙清齒白，還出一個目的來。

孟子曰，「人之所以異於禽獸者幾希。」且道這「幾希」的分別究在何處？依我說：禽獸爲無目的的生活，人類爲有目的的生活；這便是此兩部分衆生不可踰越的大界線。鷄，狗，終日營營；問他忙個甚麼？所爲何來？蟲蝶翩翾，蛇蟺蜿蜒，問他忙個甚麼？所爲何來？溷廁中無量無數糞蛆，你爬在我背上，我又爬在你背上；問他忙個甚麼？所爲何來？我能代他答道，「我忙個忙，我不爲何來。」勉強進一步，則代答道「我爲維持生命，繁殖我子孫而來。」試問人類專來替造化小兒穿衣喫飯過一生的，與彼等有何分別？那爭權，爭利，爭地位，忽然趾高氣揚，忽然垂頭喪氣的人，和那爬在背上，擠在底下的糞蛆，有何分別？這便叫做無目的的生活。無目的的生活，只算禽獸，不算是人。

我這段說話，並非教人不要忙，更非教人厭世。忙是人生的本分，試觀中外古今大人物，若大禹，若孔子，若墨子，若釋迦，若基督，乃至其他聖哲豪傑，那一個肯自己偷閑？那一個不是席不暇暖突不得黔，奔走棲皇，一生到老？若厭忙求閑，豈不成了衣架飯囊材料？至於說到厭世，這是沒志氣人所用的字典，方有此兩字；古來聖哲，從未說過；千萬不要誤會了。我所說的，是告訴汝終日忙，終年忙，總須向着一個目的忙去。汝過去現在，到底忙個甚麽？所爲何來？不惟我不知道，恐怕連汝自己也不知道，汝自己不惟不知道，恐怕自有生以來，未曾想過。嗚呼！人生無常，人身難得；數十寒暑，一彈指頃，便爾過去；今之少年，曾幾何時，忽已頎然而壯，忽復頹然而老，忽遂奄然而死；囫圇模糊，蒙頭蓋面，包膿裹血，過此一生，豈不可憐！豈不可惜！何況這種無目的的生活，決定和那種種憂怖煩惱，糾纏不解；長夜漫漫，如何過得！我勸汝尋根究柢，還出一個題目來；便是叫汝黑暗中覓取光明，教汝求一個安身立命的所在。汝要求不要求，只得隨汝，我又何能勉強；但我有一句話，汝若到底還不出一個目的來，汝的生活，便是無目的，便是和禽獸一樣；恐怕成孟子所說的話，「如此則與禽獸奚擇」了。

汝若問我：人生目的究竟何在？我且不必說出來，待汝痛痛切切，徹底參詳透了，方有商量。——梁啓超人生目的何在。

例四　余嘗自比馮敬通，而有同之者三，異之者四。

何則？

敬通雄才冠世，志剛金石，余雖不及之，而節亮慷慨，此一同也。敬通値中興明君，而終不試用：余逢命世英主，亦擯斥當年，此二同也。敬通有忌妻，至於身操井臼；余有悍室，亦令家道轗軻，此三同也。敬通當更始之世，手握兵符，躍馬食肉；余自少迄長，戚戚無歡，此一異也。敬通有子仲文，官成名立；余禍同伯道，永無血胤，此二異也。敬通膂力剛強，老而益壯；余有犬馬之疾，溘死無時，此三異也。敬通雖芝殘蕙焚，終塡溝壑，而爲名賢所慕，其風流郁烈芬芳，久而彌盛；余聲塵寂寞，世不吾知，魂魄一去，將同秋草，此四異也。

所以力自爲序，遺之好事云。——劉峻自序。

例一的山居，似是描寫山中閑居底狀態的，其實這是發抒作者底「隱逸」的情緒，以顯示其與世隔絕的淸高的。例二的哭次女文，是面對着次女底死，發抒做父親的作者底情感的。例三的人生目的何在，其目的是在于「叫汝黑暗中覓取光明，教汝求一個安身立命的所在，」但是這篇文章，完全用「情感」來誘導，要「待你痛痛切切徹底參詳透了，方有商量。」例四的自序，是嗟嘆身世的。

發抒文，最多的是採取紀敘的形態。

第四節　議論文

議論文（也叫作「論辯文」）底目的，在于使人信從作者底知識的判斷。

議論文底結構，普通可以分爲引論、論證及結論的三個部分，其中「論證」是主要的部分，而論證得特別注意其方法。（在議論文中，也有全篇採取別的形態而只在開始或尾末表示作者底意見的，如「某孝子傳」「某烈女傳」之類的文章，常常全篇紀敍及描寫某孝子、某烈女底生平，只在尾末發「嗚呼，可以風矣！」之類的議論來結束的，這種文章，因爲這一兩句的「議論」正是這篇文章底主旨所在，所以在文體上，應歸屬于議論文。）

這里，我們分兩段來敍述：（一）議論文底目的及其結構；（二）論證及論證方法。

第一段　議論文底目的及其結構

議論文底目的，是在「知識的判斷」上，發表自己底意見，使讀者信從；或者，對于別人底意見有所論辯，一方面駁論別人底意見，一方面陳述自己底意見，使對方信從，使讀者信從。

例如：

「一聲不做，二目無光，三餐不吃，四肢無力，五官不全，六親無靠，七竅不通，八面威風，九（音同久）坐不動，十（音同實）是無用。」這幾句形容偶像的話，何等有趣。

偶像何以應該破壞，這幾句可算說得淋漓盡致了。但是世界上受人尊重，其實是個無用的廢物，又何止偶像一端？凡是無用而受人尊重的，都是廢物，都算是偶像，都應該破壞！

世界上眞實有用的東西，自然應該尊重，應該崇拜，倘若本來是件無用的東西，只因人人尊重他，崇拜他，才算得有用，這班騙人的偶像，倘不破壞，豈不教人永遠上當麽？

泥塑木彫的偶像，本來是件無用的東西；只因有人尊重他，崇拜他，對他燒香磕頭，說他靈驗，於是鄉愚無知的人，迷信這人造的偶像眞有賞善罰惡之權，有時便不敢作惡，似乎這偶像卻很有用。但是偶像這種用處，不過是迷信的人自己騙自己，非是偶像自身眞有什麽能力；這種偶像倘不破壞，人間永遠只有自己騙自己的迷信，沒有眞實合理的信仰，豈不可憐！

天地神鬼的存在，倘不能確實證明，一切宗教，都是一種騙人的偶像：阿彌陀佛是騙人的，耶和華上帝也是騙人的，玉皇大帝也是騙人的。一切宗教家所尊重的崇拜的神佛仙鬼，都是無用的騙人的偶像，都應該破壞！

古代草昧初開的民族，迷信君主是天的兒子，是神的替身，尊重他，崇拜他，以爲他的本領與衆不同，他纔能居然統一國土。其實君主也是一種偶像，他本身幷沒有什麼神聖出奇的作用；全靠衆人迷信他尊重他，纔能夠號令全國，稱做元首，一旦亡了國，像此時淸朝皇帝溥儀，俄羅斯皇帝尼古拉斯二世，比尋常人還要可憐。這等亡國的君主，好像一座泥塑木彫的偶像拋在糞缸裏，看他到底有什麼神奇出衆的地方呢？但是這等偶像，未經破壞以前，卻很有些作怪；請看中外史書，這等偶像害人的事還算少麼！事到如今，這等不但騙人而且害人的偶像，已被我們看穿，還不應該破壞麼？

國家是什麼？照政治學家的解釋，越解釋越教人糊塗。我老實說一句，國家也是一種偶像。一個國家，乃是一種或數種人民集合起來佔據一塊土地，假定的名稱，若除去人民，單賸一塊土地，便不見國家在那裏，便不知國家是什麼。可見國家也不過是一種騙人的偶像，他本身幷無什麼眞實能力。現在的人所以要保存這種偶像的緣故，不過藉此對內擁護貴族財主的權利，對外侵害弱國小國的權利吧了。（若說到國家自衛主義，乃不成問題。自衛主義，因侵害主義發生；若無侵害，自衛何爲，侵害是因，自衛是果。）世界上有了什麼國家，才有什麼國際競爭；現在歐洲的戰爭，殺人如麻，就是這種偶像在那裏作怪。我想各國的人民若是漸漸都明白世界大同的眞理，和眞正和平的幸福，這種偶像就自然毫無用處了。但是世界上多數的人，若不明白他是一種偶像，而且明白這種偶像的害處，那大同和平的光明，恐怕不會照到我們眼裏來！

世界上男子所受的一切勳位榮典，和我們中國女子的節孝牌坊，也算是一種偶像。因爲功業無論大小，都有一個相當的紀念在人人心目中；節孝必出于自身主觀的自動的行爲，方有價値，若出于客觀的被動的虛榮心，便和崇拜偶像一樣了。虛榮心僞道德的壞處，較之不道德尤甚；這種虛僞的偶像，倘不破壞，卻是眞功業眞道德的大障礙。

破壞！破壞偶像！破壞虛僞的偶像！吾人信仰，當以眞實的合理的爲標準；宗教上政治上道德上自古相傳的虛榮欺人不合理的信仰，都算是偶像，都應該破壞！此等虛僞的偶像倘不破壞，宇宙間實在的眞理和吾人心坎兒裏澈底的信仰永遠不能合一。——陳獨秀偶像破壞論。

這是在「知識的判斷」上，以爲「宗教上政治上道德上自古相傳的虛榮欺人不合理的信仰，都算是偶像，都應該破壞，」便這麼地發表他底意見，使人信從。

又例如：

有爲神農之言者許行，自楚之滕，踵門而告文公，曰，「遠方之人，聞君行仁政，願受一廛而爲氓。」文公與之處。其徒數十人，皆衣褐，捆屨，織席以爲食。

陳良之徒陳相，與其弟辛，負耒耜而自宋之滕，曰，「聞君行聖人之政，是亦聖人也，願爲聖人氓。」陳相見許行而大悅，盡棄其學而學焉。

陳相見孟子，道許行之言曰，「滕君則誠賢君也，雖然，未聞道也。賢者與民並耕而食，饔飧而治；今也，滕有倉廩府庫，則是厲民而以自養也，惡得賢！」

孟子曰，「許子必種粟而後食乎？」曰，「然。」

「許子必織布而後衣乎？」曰，「否。許子衣褐。」

「許子冠乎？」曰，「冠。」「奚冠？」曰，「冠素。」曰，「自織之與？」曰，「否。以粟易之。」曰，「許

「子奚爲不自織？」曰，「害于耕。」

曰，「許子以釜甑爨，以鐵耕乎？」曰，「然。」「自爲之與？」曰，「否。以粟易之。」

「以粟易械器者，不爲厲陶冶；陶冶亦以械器易粟者，豈爲厲農夫哉！且許子何不爲陶冶舍皆取其宮中而用之，何爲紛紛然與百工交易，何許子之不憚煩！」曰，「百工之事，固不可耕且爲也。」「然則治天下，猶可耕且爲與！有大人之事，有小人之事，且一人之身，百工之所爲備，如必自爲而後用之，是率天下而路也。故曰，或勞心，或勞力。勞心者治人，勞力者治于人；治于人者食人，治人者食于人：此天下之通義也。當堯之時，天下猶未平，洪水橫流，氾濫于天下，草木暢茂，禽獸繁殖，五穀不登，禽獸逼人，獸蹄鳥跡之道，交于中國，堯獨憂之，舉舜而敷治焉。舜使益掌火，益烈山澤而焚之，禽獸逃匿；禹疏九河，瀹濟漯而注諸海，決汝漢，排淮泗，而注之江，然後中國可得而食也。當是時也，禹八年于外，三過其門而不入，雖欲耕得乎？后稷教民稼穡，樹藝五穀，五穀熟而民人育，人之有道也，飽食、煖衣、逸居而無教，則近于禽獸，聖人有憂之，使契爲司徒，教以人倫，父子有親，君臣有義，夫婦有別，長幼有敍，朋友有信。放勳曰，勞之來之，匡之直之，輔之翼之，使自得之，又從而振德之。聖人之憂民如此，而暇耕乎?堯以不得舜爲己憂,舜以不得禹皐陶爲己憂,夫以百畝之不易爲己憂者,農夫也,分人以財謂之惠,教人以善謂之忠,爲天下得人者謂之仁,是故以天下與人易,爲天下得人難。孔子曰,大哉堯之爲君,惟天爲大,惟堯則之,蕩蕩乎民無能名焉。君哉舜也,巍巍乎有天下而不與焉。堯舜之治天下,豈無所用其心哉,亦不用于耕耳!

「吾聞用夏變夷者,未聞變于夷者也。陳良,楚產也,悅周公仲尼之道,北學于中國,北方之學者,未能或之先也,彼所謂豪傑之士也,子之兄弟事之數十年,師死而遂倍之。昔者,孔子沒,三年之外,門人治任將歸,入揖于子貢,相嚮而哭,皆失聲,然後歸。子貢反,築室于場,獨居三年,然後歸。他日,子夏子張子游,以有若似聖人,欲以所事孔子事之,強曾子,曾子曰不可。江漢以濯之,秋陽以暴之,皜皜乎不可尚已。今也南蠻鴃舌之人,非先王之道,子倍子之師而學之,亦異于曾子矣。吾聞出于幽谷,遷于喬木者,未聞下喬木而入于幽谷者。魯頌曰,『戎狄是膺,荆舒是懲。』周公方且膺之,子是之學,亦爲不善變矣。」

「從許子之道,則市賈不貳,國中無僞,雖使五尺之童適市,莫之或欺。布帛長短同,則賈相若;麻縷絲絮輕重同，則賈相若；五穀多寡同，則賈相若；屨大小同，則賈相若。」

曰，「夫物之不齊，物之情也；或相倍蓰，或相什百，或相千萬；子比而同之，是亂天下也。巨屨小屨同，賈人豈爲之哉！從許子之道，相率而爲僞者也，惡能治國家！」——孟子滕文公（上）

這是孟軻評駁許行底意見，且發表自己底「勞心者治人，勞力者治于人」的意見，想使陳相信從的。

議論文底結構，便是發表或陳述意見的方法，一般地講，可以分爲三個部分：（一）引論（或作「緒論」）（二）論證（或作「證明」）（三）結論。關于論證，我們在下面的一段中敍述；這里單敍述引論及結論的兩個部分。

引論中，可以包括下列的六項（只是說「可以」；便是，不必要的時候，便不必羅列。(1)論題底由來；(2)用語底意義；(3)對方底意見底分析；(4)共許事項底指出；(5)雙方意見底紛歧點；(6)本文底中心論點。有的，是六項俱備的，有的，只有一二項；也有開門見山，不寫引論，便行論證的。

例一　西儒之言曰，「天下第一大罪惡，莫甚于侵人自由；而放棄己之自由者，罪亦如之。」余謂兩者比較，則放棄自由者爲罪首，而侵人自由者乃其次也。——梁啓超放棄自由之罪。

例二　「平民文學」這四個字，字面上極易誤會，所以我們先得解釋一回，然後再行介紹。平民的文學，正與貴族的文學相反。但這兩樣名詞，也不可十分拘泥。我們說貴族的，平民的，並非說這種文學是專做給貴族或平民看，專講貴族或平民的生活，或是貴族和自己做的；不過說文學的精神的區別，指他普遍與否，眞摯與否的區別。——周作人平民文學。

例三　本年五月初，汪懋祖先生在時代公論第一一〇號上發表了一篇禁習文言與強令讀經，引起了吳研因先生在各報上發表反駁的文字。汪先生第一次答辯（時代公論第一一四號）才用了中小學文言運動的題目。……

汪懋祖的第一篇文字，條理很不清楚，因爲是用很不清楚的文言寫的。我細細分析，可把他的主張總括成這幾點：

1「初級小學自以全用白話教材爲宜」。

2「而五六年級應參教文言。不特爲升學及社會應用所需，即對于不升學者，亦不當絕其研習文言之機會也」

3 關于中學國文科文言教材應該佔多大的成分。汪先生沒有明說，但他曾說：「吾只望初中能讀孟子，高中能讀論語學庸以及左傳、史記、詩經、國策、莊子、荀子、韓非子等選本作爲正課，而輔以各家文選，及現代文藝，作爲課外讀物。」他的主張不過如此。——胡適所謂「中小學文言運動」

例四 我那篇多研究些問題，少談些主義，承藍知非李守常兩先生，做長篇的文章同我討論，把我的一點意思，發揮得更透徹明瞭，還有許多匡正的地方，我很感激他們兩位。藍君和李君的意思，有很相同的一點：他們都說主義是一個「共同趨向的理想」（李君的話，）是「多數人共同行動的標準，或是對于某種問題的進行趨向或態度」（藍君的話，）這種界說，和我原文所說的話，並沒有衝突。——胡適三論問題和主義。

例五 臣聞吏議逐客，竊以爲過矣。——李斯諫秦逐客書。

例六 人之性，惡；其善者，僞也。——荀子性惡。

例一，是說明「放棄自由之罪」這個論題底由來的。例二，說明「平民文學」這用語底意義。例三，分析對方底意見爲三點。例四，說明對于「主義」的解釋，是彼此相同的。例五，吏在議逐客，作者以爲「過」，這是雙方意見底紛歧點。例六，說明本文底中心論點，在于「人之性，惡；其善者，僞也。」

一般的結論，只是引論及論證底提要。也有一些議論文底結論，是一些激厲的話，或者激厲的話在提要中糅雜着。但是卽使沒有結論，也無礙其爲議論文。

例一　總而言之：人生在世，究竟爲的什麽？究竟應該怎樣？我敢說道，「個人生存的時候，當努力造成幸福，享受幸福，並且在社會上，後來的個人也能夠享受，以至無窮。」——陳獨秀人生眞義。

例二　夫物不產于秦，可寶者多，士不產于秦，願忠者衆；今卻客以資敵國，損民以益讎，內自虛而外樹怨于諸侯，求國無危，不可得也！——李斯諫秦逐客書。

例三　我們今日提倡國語的文學，是有意的主張，要使國語成爲「文學的國語」。有了文學的國語，方有標準的國語。——胡適建設的文學革命論。

例四　臣聞鄙諺曰，「寧爲鷄口，無爲牛後。」今大王西面交臂而臣事秦，何以異于牛後乎？夫以大王之賢，挾強韓之兵，而有牛後之名，臣竊爲大王羞之！——國策蘇秦說韓王。

例五　我們不要羨慕那憑藉祖產的紈袴兒，不要羨慕那賣國營私的官吏，不要羨慕那尅扣軍餉的軍官，不要羨慕那操縱票價的商人，不要羨慕那領乾修的顧問諮議。不要羨慕那出售選舉票的議員。他們雖然奢侈點，但是良心上不及我們的平安多了。我們要認淸我們的價值！勞工神聖！

——蔡元培勞工神聖。

例一，是提要，自例二至例五，都是帶激厲的話的。

這里，我們再舉幾個例子，總括地說明議論文底目的及其結構。

例一　李斯諫秦逐客書（見前頁二一七——二二二。）

例二　公孫龍白馬論（見前頁二五八——二六〇。）

例三　韓愈諱辯（見前頁二六〇——二六一。）

例四　陳獨秀偶像破壞論（見前頁三四七——三四九）

例五　孟子有爲神農之言者（見前頁三五〇——三五三）

例一的諫秦逐客書，作者底意見是秦不可逐客卿，吏議逐客是錯誤的。作者列舉了許多的理由，作「逐客以資敵國損民以益讎內自虛而外以樹怨諸侯」便「求國無危不可得也」的結論，危言聳聽地使秦王信從他底主張。在結構上，引論的「臣聞吏議逐客，竊以爲過矣，」是說明論題底由來及本文底中心論點，這寫在開始果然行，寫在別的適當的地方也未始不行。全文底什九，是在作「論證；」到末了，才寫出他底聳人聽聞的結論。

例二的白馬論，作者主張「白馬非馬，」用設問的方式，辯明他底主張，使人信從。這里，始終在「白馬非馬」這個命題上論證；可以說，既沒有引論，也沒有「壓寨夫人」式的結論。

例三的諱辯，作者底主張，是李賀底父親雖名晉肅，無礙于李賀舉進士。他列舉了許多理由使人信服他底主張是不錯的。第一段是「引論；」第二、三、四段是「論證，」沒有特殊的結論。

例四的偶像破壞論，自「一聲不做」至「豈不教人永遠上當嗎」是引論，說明本文底中心論點。自「泥塑木雕的偶像」的一段起，到「世界上男子所受的一切勳位榮典」的一段止，是論證。末一段是結論。

例五的有爲神農之言者，這是用問答的方式的自「有爲神農之言者許行」到陳相「盡棄其學而學焉」是敍述這一段問答底來蹤。以下，全篇都是論證。

第二段　論證及論證方法

論證，是議論文結構底主要部分。

我們寫議論文，既已在引論部分，將論題底要領解釋清楚，接着，是提出論證，使讀者信從我們底意見是正確的眞實的。因爲儘有確實的（即正確的眞實的）事象，人們未必信從，例如資本主義底建立是基于工人底剝削的；而並不確實的事象，人們卻信從，例如古人確信的天圓地方說。因此，要使人們不信從不確實的事象而信從確實的事象，得提供確實的論證。

例如，前舉的陳獨秀偶像破壞論，他提出「凡是無用而受人尊重的，都是廢物，都算是偶像，都應該破壞」的論題，他列舉了五項的論證，即（1）泥塑木雕的偶像，（2）神佛仙鬼，（3）君主，（4）國家（5）勳位榮典及節孝碑坊，說明這些都是偶像，都應該破壞。

但是，怎樣的論證才是正確的眞實的，能使人信從的？這，重要點，全在于提供的論證，其所用的方法如何。

所謂論證底方法，便是我們要怎樣周詳地去理解一切事象。

我們對于一切事象要認識這麼兩點：（1）事象底固定的存在的質量形態；（2）事象底發展的質量形態。猶是（1）一切事象，不論怎樣發展，總有其固定的存在的質量形態：（2）雖則一切事象，都有固定的存在的質量形態，但是一切事象都是在採取新的姿態而存在的，所以，都有其發展的質量形態。

我們要認識這兩點，單單理解所謂「形式論理學」上的演繹法及歸納法是不夠的（因爲演繹法，及歸納法只能使我們認識固定的質量形態，不能使我們認識發展的質量形態。）我們得理解所謂「辯證論理學」。塔爾海瑪（A. Thalhemeimer）在近代世界觀中說：

形式論理學與辯證法的差異究竟在什麼地方呢？我們如果仔細研究，就可以看到下述的差異點，就是形式論理學把一切事物，看做不變動的，是互相孤立的，辯證法則不然，辯證法不在事物靜止狀態中觀察事物，而在牠們的運動因果關係中考察牠，所以，辯證法是比較高級的思維形式。形式論理學和辯證法的相互關係是怎樣呢？形式論理學的應用，是有界限的，有限制的，牠是關于限定的事物一種低級思維法；牠的應用範圍，只限于不變的，互相區劃的，彼此獨立存在的事物。反之，辯證法是關于事物比較普遍，比較正確和比較深刻的高級思維法。要是把事物當作運動的東西，變化的東西，并在其相互關係上去考察，用形式論理學是不夠的。我們不能不用辯證法。——李達譯頁八五——八六。

形式論理學，其基本定律是如此的：

（1）A是A

（2）A不是非A

（3）A是B或非B

這三個公式，歸納起來是如此的：

是——是，否——否

辯證論理學，其基本定律，正是溶解了形式論理學而發展了的：

（1）A是A，同時A不是A

（2）A不是非A，同時A是非A

（3）A是B，同時又是非B

這三個公式，歸納起來，是：

是——否，否——是

這樣，才能一方面認識事象底固定的質量形態，同時認識發展的質量形態。

第五節　說明文

說明文（也叫作「解釋文」或者叫作「解說文」）其目的在于說明對于事物的認識及理解。

對于事物的認識及理解，要周詳穩妥，不是一件容易的事；所以，寫說明文，是要對于某事物，仔細地研究了其歷史性及社會性，然後方能試着下筆的。

試就文句底說明上，以明說明文底需要慎重。例如：

老子六十一章，「故大國以下小國，則取小國，小國以下大國，則取大國，故下以取，或下而取。」按：「或下以取或下而取」兩句，文義無別，殊爲可疑；當作「故或下以取小國，或下而取大國，」卽承上文而申言之。因下文云，「大國不過欲兼畜人，小國不過欲入事人。」兩「大國」字適相連，而誤脫其一，遂幷删上句「小國」字，使相對成文耳。——俞樾古書疑義舉例卷六字因兩句相連而誤脫例條。

老子第六十一章云，「大國以下小國，則取小國，小國以下大國，則取大國，故或下以取，或下而取。」俞氏云：「『或下以取，或下而取』兩句，文義無別，殊爲可疑，當作『故或下以取小國，或下而取大國，』」此因下文致誤。（俞書卷六）今按：「取小國」與「或下以取」之「取，」主事之辭也；「取大國」與「或下而取」之「取，」受事之辭也。「取大國」者，見取于大國也；「或下而取」者，或下而見取也。老子下文云，「大國不過欲兼畜人，小國不過欲入事人，夫兩者各得其所欲，大者宜爲下。」文義甚明，非謂小國下有大國，則能取得大國也。俞氏不知「則取大國」與「或下而取」二「取」字，爲見取之義，遂疑兩句文義無別，而謂有誤脫。果如俞氏之說，則「或下以取或下而取」二語爲複沓，且與下文矛盾矣。以俞氏之善讀古書，而不免疑其所不當疑，然則古書信難讀耶！——楊樹達古書疑義舉例續補施受同辭例條。

這是因爲俞樾未見及「取」作「見取」解，因而這說明文，便白白裏「說明」了。又例如：

而——日怡切，支韵（一）頰毛也。考工記，「作其鱗之而。」今別作髵。（二）汝也。書，「而康而色。」（三）語助辭，猶兮也。論語，「已而已而。」（四）轉下之詞，猶乃也。論語，「而謀動干戈於邦內。」（五）與如通，若也。孟子，「望道而未之見。」又假想之詞。孟子，「而居堯之宮，逼堯之子。」——辭源正編未集頁一三三。

「辭典」底解釋，應搜羅詳備；但據所知，有好些解釋，未曾列入（如作副詞語尾用的「予既烹而食之」（孟子），「鋌而走險」（左傳文十七年），作助動詞「能」解的「天下之所以治者，何也？唯而以尚同一義爲政故也」（墨子尚同，）作副詞「猶」「且」解的「千乘之君，求與之友而不可得也，而況可召與。」（孟子……）

這里，試舉一、二說明文的例子。

例一　名字，所以名一切事物者；省曰名。——馬建忠文通卷二頁一。

例二　道情在嘯餘譜裏稱爲「黃冠體」，因爲原是道士化緣時所習的一種歌曲，其詞意以離塵絕俗爲主。唐代末年，就已有此種歌曲，續仙傳記藍采和嘗穿一身破衣，手持三尺餘長的大拍板，行乞于城市，他所唱的歌是：

「踏歌踏歌藍采和，世界能幾何？紅顏一春樹，流年一擲梭。古人混混去不返，今人紛紛來更多。朝起鸞鳳到碧落，暮見桑田生白波。長景明暉在空際，金銀宮闕高嵯峨。」（按詞意似未完。）

又說他的「歌詞極多，率皆仙意，人莫之測，」這是道情之初見于記載者也。唱時手持大拍板，至三尺多長，必是現在唱道情所用簡子之類。現在于簡子之外，還有所謂漁鼓者，亦始于宋代，七修類稿云，「漁鼓起于宋，名『通同部。』」稗史彙編亦云，「靖康初民間以竹，徑二寸，長五尺許，冒皮爲首，鼓成節奏。其聲似曰『通同詐。』」圖書集成謂「魚鼓簡子之製始于元，」誤也。

明清文人如歸玄恭，鄭板橋等，都有仿作的道情。嘉慶間人所作書舫餘譚記當時來北平唱道情者云，「無業遊民，略熟西遊記，即挾漁鼓，詣諸姬家，探其睡罷浴餘，演說一二回，藉消清倦。所給不過杖頭，已足爲伊餬口。擅此藝者，舊推周某，羣呼爲周猴，自入京爲某公所賞，名遂益著。」

現在唱道情的所用的漁鼓，是三尺餘長的竹筒，以薄膜蒙其一端；簡子則爲兩根長竹片，屈其上端。唱的時候，左手抱漁鼓，擊簡子。右手拍漁鼓。簡子用以節音（打拍子，）漁鼓則唱完一句，或一段，方拍一通。現在北平唱道情的沒有江浙一帶多，然而也不至于聽不到。——李家瑞北平俗曲略道情，頁一七三——一七四。

如一般的「植物學」「動物學」「論理學」等著述，都是說明文。

第六節　五種文體底糅雜

上面，我們將描寫文、紀敍文、發抒文、議論文、及說明文，簡賅地說明過了。

我們提到過好幾次：五種文體，固然有一篇文章純粹地祇是一種文體的，但是，一般地講，五種文體在一篇文章中，常常是其中兩種或兩種以上直至五種，糅雜在一起的。一般地講，描寫文與紀敍文底糅雜，是最普遍的事，如小說，都如此；議論文與說明文底糅雜，也是常事；紀敍文與議論文也常糅雜，如所謂「夾敍夾議；」至于發抒文，牠本身原是糅雜的。

例如王思任遊滿井記（見前頁二六二——二六三）分四段，第一段及第四段是紀敍文，第二段及第三段是描寫文。

例如孔尚任木皮散客傳（見前頁二六三——二六五）分八段，第一段到第七段，是描寫文，第八段是議論文。

附　應用文

「應用文，」是約定俗成的名稱，在文章底體製上，是五種文體糅雜的；而一般講述文章的人，每每把它特別提出來，所以，我們在這里，作爲一個附錄，作一個簡賅的敍述。

應用文，如國際間的條約，乃至尋哈吧狗的招貼，都是，這里，祇就日常應用的，敍述一下。這，大概可以分爲下列四項：（一）公牘；（二）書啓；（三）慶弔文；（四）聯語。至于契據、廣告等，不敍述了。

（一）公牘

據公文程式條例第二條，公文之類別如左：

一　令　公佈法令，任免官吏，及有所指揮時用之。

二　訓令　上級機關對于所屬下級機關有所諭飭或差委時用之。

三　指令　上級機關對于所屬下級機關因呈請而有所指示時用之。

四　佈告　對于公衆宣布事實，或有所勸誡時用之。

五　任命狀　任命官吏時用之。

六　呈　下級機關對于直轄上級機關，或人民對于公署有所陳請時用之。

七　咨　同級機關公文往復時用之。

八　公函　不相隸屬之機關公文往復時用之。

九　批　各機關對于人民陳請事項分別准駁時用之。

這九種普通公文，可以分爲三類：（1）上行公文，只有「呈」；（2）平行公文，有「咨」和「

函;」(3)下行公文，有「令」「訓令」「指令」「佈告」「任命狀」及「批」。

這九種普通公文中，應用的範圍最廣的，是呈文。其結構，普通是「三段法」開端敍由，中腰敍案，結尾述希望。（關于敍由，普通是在開端的，如「呈爲……事」，也有開端及結尾都敍由的，也有開端並不敍由，而在結尾敍由的。）這里，試舉一個短短的例子。

內政部呈行政院爲擬定梅花爲國花請核轉鑒核施行文

爲呈請事。竊維國花所以代表民族精神，國家文化，關係至爲重要，如英之薔薇，法之月季，日之櫻花，皆爲世界所豔稱。吾國現當革命完成，訓政伊始，新邦肇造，不可不釐訂國花，以資表率。茲經職會十八次會議決議，擬定梅花爲國花，其形式取五朵連枝，用象五族共和五權並重之意。且梅花凌冬耐寒，冠冕羣芳，其堅貞剛潔之概，頗足爲國民獨立自由精神之矜式，定爲國花，似頗相宜。是否有當，理合備文呈請鈞院核轉國民政府鑒核施行。謹呈

國民政府行政院。

（二）書啓

書啓，全無格式，只一頭一尾，略有規範。例如：

臣不佞……敢獻書以聞，惟君王留意焉。——周樂毅報燕惠王書。

太史公牛馬走司馬遷再拜言。少卿足下曩者辱賜書。……書不悉意，略陳固陋。謹再拜。——漢司馬遷報任安書。

正月八日壬寅，領主簿繁欽，死罪，死罪！……欽死罪，死罪！——漢繁欽與魏太子書。

二月三日丕白。……東望於邑，裁書敍心。丕白。——魏文帝與吳質書。

這里，我們再舉幾通短短的書啓。

仁壽殿前有大方銅鏡，高五尺餘，廣三尺二寸，立著庭中，向之便寫人形了了，亦怪也。——晉陸機與弟雲書。

期：小女四歲，暴疾不救，哀愍痛心，奈何奈何！吾衰老，情之所寄，惟在此等。失此女，痛之纏心，不能已已，可復如何？臨紙情酸。——晉王羲之延期帖。

吾頃無一日佳，衰老之弊日至。復不得有所噉，而猶有勞務，甚劣劣。——王羲之慰問帖之一。

元。

奉桔三百顆，霜未降，未可多得。——王羲之奉桔帖。

奏已行，追之無及，亦不必追。欽州非用武之地，尊相無封侯之骨，恐有後悔！——明張岳與林希元。

文字訣死佞生，須昏夜爲之；方命，奈何！——明湯顯祖答陸學博。

談仕途之險者，動曰風波，烏知其不風而波也；若待風而後波，則坦夸極矣，何仕途之足畏哉！弟今日之事，風波耶，抑不風之波耶，旁觀自有定論；然猶慮波及不波，使陸地有風濤之厄，諸君各愼之！——明繆昌期答親知。

子仁書種種臻妙，天付此豌與渠，想亦憐其窮厄然耳。——明儲巏寄仰國賢。

(三)慶弔文

慶弔文是指祝賀文及弔祭文。這，有的用文章，有的用詩歌，有的用聯語。祝賀的文章，全無格式，試舉數例。

關關雎鳩，在河之洲，窈窕淑女君子好逑。

參差荇菜，左右流之，窈窕淑女，寤寐求之。
求之不得，寤寐思服，悠哉悠哉，輾轉反側。
參差荇菜，左右采之，窈窕淑女，琴瑟友之。
參差荇菜，左右芼之，窈窕淑女，鍾鼓樂之。——詩經關雎（祝賀新婚）

螽斯羽，詵詵兮，宜爾子孫，振振兮。
螽斯羽，薨薨兮，宜爾子孫，繩繩兮。

臣朔少失父母，長養兄嫂。年十二學書，三冬文書足用。十五學擊劍。十六學詩書，誦二十二萬言。十九學孫吳兵法，戰陣之具，鉦鼓之教，亦誦二十二萬言。凡臣朔固已誦四十四萬言；又常服子路之言。

臣朔年二十二，長九尺三寸。目若懸珠，齒若編貝；勇若孟賁，捷若慶忌；廉若鮑叔，信若尾生。若此，可以爲天子大臣矣！臣朔昧死，再拜以聞。——漢東方朔自贊。

螽斯羽，揖揖兮，宜爾子孫，蟄蟄兮。——詩經螽斯（祝賀多子多孫。）

我致親切的祝賀于麥什漢・高爾基。我願他再活許多年，忠摯地引導蘇聯及全世界的無產階級思想。——宜閑譯羅曼羅蘭電賀高爾基文學生活四十週年紀念。

弔祭文，除祭文略有程式外，也是沒有格式的。且舉幾個例子。

隴西李行之以某年某月終于某所。年將六紀，官歷四朝。道叶希夷，事忘可否。雖碩德高風，有傾先構，而立身行己，無愧夙心。以爲氣變則生，生化曰死。蓋生者，物之用；死者，人之終：有何憂喜于其間哉？乃爲銘曰：人生若寄，視死如歸；茫茫大夜，何是何非？——隋李行之自爲墓誌銘。

嗚呼微之，年過知命，不謂之夭，位兼將相，不謂之少；然未康吾民，未盡吾道，在公之心，則爲不了。嗟乎哉，道廣而俗隘，時矣夫；心長而運短，命矣夫！嗚呼微之，已矣夫！——唐白居易元微之墓銘。

漁人貝拉剛的「墓」上，父親門尼科思安置了漁網和槳，——辛苦生活的紀念。——周作人譯薩普福詩銘。

維年月日，愈謹遣舊吏皇甫悅，以酒肉之饋，展祭于五官蜀客之柩前。嗚呼，君乃至于此，吾復何言。若有鬼神，吾未死，無以妻子爲念。嗚呼，君其能聞吾此言否？尙饗！——唐韓愈祭房文君。

先述一故事。王闓運當南北紛爭時，贈袁世凱一聯云：「民猶是也，國猶是也。總而言之，統而言之。」有人問這是什麽意思。他說，「一邊是『無分南北，』一邊是『不是東西。』」這是恰到好處的刻薄聯語。

（四）聯語

這里，且列若干例子。

歸莊楹帖　兩口居安樂之窩，妻太聰明夫太怪。四鄰接幽冥之地，人何寥落鬼何多。

西湖月老祠　願天下有情人，都成了眷屬。是前生注定事，莫錯過姻緣。

楊執中家中聯　三間東倒西歪屋，一個南腔北調人。（見儒林外史）

朱彝尊施粥廠　同是肚皮，飽者不知飢者苦。一般面目，得時休笑失時人。

路旁茶亭　四大皆空，坐片刻無分爾我。兩頭是路，吃一盞各自東西。

洪稚存挽黃仲則　遺札到三更，老母孤兒惟我託。炎天走千里，素車白馬送君還。

俞曲園挽妻　四十年赤手持家，卿死料難如往日。八旬人白頭永訣，我生諒亦不多時。

某翁挽妻　轆轆數十年，朝也愁，暮也愁，把你都苦死了。拋棄萬千事，男不管，女不管倒比我快活些。

鮑桂生自挽　功名事業文章，他生未卜。嬉笑悲歌怒罵，到此皆休。

邯鄲呂仙祠黃粱夢亭　睡至二三更時，凡功名都成幻境。想到一百年後，無少長俱是古人。

西湖岳墓　青山有幸埋忠骨，白鐵何辜鑄佞臣。

范肯堂挽袁煥新　百感傷心，子死焉知非幸福。一貧見骨，他生莫再作文人。

彭玉麐哭子　怎能彀踏穿天門，直到三千界，請南斗星北斗星，益壽延年將簿改。恨不得踢翻地獄，闖入十八重，向東岳廟西岳廟，拚生拚死要兒還。

關于應用文，是參照了陳子展應用文作法講話及應用文作法的。

第五章 文章底材料

文章底材料，在緒論中講過，是關涉文章底五種要素全盤的。材料底源頭很多，最重要的是經驗與知識，這是完全由于作者底社會的關係而決定的（分析別人及前人底文章的時候，應該就歷史的、社會的及個人的三方面去觀察。）

作者有了許多的材料，寫文章的時候，應加以選擇，關于選擇，我們已在第三章文章底構成中講述過了，這里要講述的，是選擇材料的時候的態度，正確與眞實。這正確與眞實的態度，是關涉意思、文字及表達法的三種要素的。

這里分兩節敍述：（一）材料底源頭；（二）選擇材料的態度。

第一節 材料底源頭

文章底材料，在意思方面，有景物、事實、情感及知識的四項；這四項材料底來源，最重要的是「經驗」及「知識」的兩項，此外一般的所謂觀察、思索、想像及切磋等，都可以并合在上列兩項中。

所以，這里，分爲二段來敍述：（1）經驗；（2）知識。

第一段　經驗

經驗，是社會上的生活底經歷，這是最重要的一種材料底源頭（在初學者，因爲知識方面所涉及的還淺狹，而且這點淺狹的知識也不容易指揮如意地來應用，而經驗方面，不論深淺廣狹，都比較易於紀敍；所以，當寫作的時候，就文體上來看，應該先練習紀敍文，其次描寫文，其次發抒文，然後才能練習議論文及說明文。）

經驗，是每個人都有的；但是，儘有許多人，經驗是很「豐富」的，因爲他們對于他們底經驗，不加以「體察」（也叫作「觀察」）（「體察」是要相當的教養的。）所以不能「述說」。例如西湖，最熟悉西湖的人，應該算到在湖中「划划子」的人，但是他們未加體察，所以不能述說。我們練習做文章的人，要一面經驗着，同時要體察着。

如描寫文中的材料景物，紀敍文中的材料事件，發抒文中的材料織入景物及事件中的情感，都是要一面經驗着，一面體察着的。

例如山與水，是我們常見的景象，但如不加以體察，便不能把我們看見過的山與水底情狀寫下來。如老殘遊記中關於桃花山一帶景象的描寫：

「……打過尖，吃過飯，向山裏進發。才出村莊，見前面一條沙河，有一里多寬，卻都是沙；惟有中間一線河身，土人架了一個板橋，不過數丈長的光景。橋下河裏雖結滿了冰，還有水聲從那冰下潺潺的流，聽着像似環佩搖曳的意思，知道是水流帶着小冰，與那大冰相撞擊的聲音了。過了沙河，即是東峪。原來這山從南面迤邐北來，中間龍脈起伏，一時雖看不到，只是這左右兩條大路，就是兩批長嶺，岡巒重沓，到此相交，除中峯不計外，左邊一條大谿河，叫東峪；右邊一條大谿河，叫西峪。西峪裏的水，在前面相會，並成一谿，左環右轉，灣了三灣，才出谿口。出口後，就是剛才所過的那條沙河了。

「子平進了山口，抬頭看時，只見不遠前面，就是一片高山。像架屏風似的，迎面豎起，土石相間，樹木叢雜，卻當大雪之後，石是青的，雪是白的，樹上枝條是黃的，又有許多松柏是綠的，一叢一叢，如畫上點的苔一樣。（第八回桃花山月下遇虎——柏樹峪雪中訪賢）

這樣的山水底情狀，時常看得到，但是未加體察，所以不能如劉鶚那麼寫出來。

例如魯迅孔乙己中的孔乙己，我們時常可以碰到，但只有在魯迅底筆下深刻地寫了下來。

孔乙己是站着喝酒而穿長衫的唯一的人。他身材很高大；青白臉色，皺紋間時常夾些傷痕；一部亂蓬蓬的花白的鬍子。穿的雖然是長衫，可是又髒又破，似乎十多年沒有補，也沒有洗。他對人說話，總是滿口之乎者也，教人半懂不懂的。因為他姓孔，別人便從描紅紙上的「上大人孔乙己」這半懂不懂的話裏，替他取下一個綽號，叫作孔乙己。孔乙己一到店，所有喝酒的人便都看着他笑，有的叫道，「孔乙己，你臉上又添上新傷疤了！」他不回答，對櫃裏說，「溫兩碗酒，要一碟茴香豆。」便排出九文大錢。他們又故意的高聲嚷道，「你一定又偷了人家的東西了！」孔乙己睜大眼睛，「你怎麼這樣憑空汚人清白……」「什麼清白？我前天親眼見你偷了何家的書，吊着打。」孔乙己便漲紅了臉，額上的青筋條條綻出，爭辯道，「竊書不能算偷……竊書！……讀書人的事，能算偷麼？」

接連便是難懂的話，什麼「君子固窮，」什麼「者乎」之類，引得衆人都哄笑起來；店內外充滿了快活的空氣。

發抒情感的更難描述，因爲每一個人對于任何的事物，激動了情感，便難于冷靜地體察；例如親屬友好亡故了，便包在悲哀之中，難于冷靜地體察這種悲哀底發生及經歷了。

例如湯傳楹哭亡女文（見前頁三三六——三四〇）把他底亡女底一生，都織入悲哀中了。

如紅樓夢，據胡適考證紅樓夢的新材料：第十三回寫的秦可卿托夢于鳳姐一段，上有眉評云：

「樹倒猢猻散」之語，全猶在耳，曲指三十五年矣。傷哉！寧不慟殺！

……又第八回賈母送秦鍾一個金魁星，有硃評云：

作者今尚記金魁星之事乎？撫今思昔，腸斷心摧。

作者曹雪芹，把這些事都冷靜地觀察到，並且冷靜地回憶了起來（回憶這件事，在寫作者也是一樁重要的訓練，尤其是激動情感的事。一個人經歷一樁激動情感的事，事後環境變異了，很難把過去的心情抓住的。）織入了偉大的作品中。

至于描述別人底內心的經歷，這更需要冷靜的體察。例如第四章第一節第一段人物底描寫中所舉的儒林外史中的嚴監生底臨死伸出兩個指頭來，紅樓夢中的林黛玉在薛姨媽家中說尖話，薛寶釵在滴翠亭邊放刁，這些都是透過了冷靜的觀察的內心底描寫。

紅樓夢對于晴雯底性格底描寫，是比寫黛玉寫寶釵卻更鮮明的。

一時黛玉去了，就有人來說，「薛大爺請。」寶玉只得去了。原來是喫酒，不能推辭，只得終席而散。

晚間回來，已帶了幾分酒，踉蹌來至自己院內，只見院中早把乘涼的枕榻設下，榻上有個人睡着。寶玉只當是襲人，一面在榻沿上坐下，一面推他，問道，「疼的好些麼？」只見那人翻身起來說，「何苦來又招我！」寶玉一看，原來不是襲人，卻是晴雯。寶玉將他一拉，拉在身旁坐下，笑道，「你的性子越發慣嬌了。早起就是跌了扇子，我不過說了那麼兩句，你就說上那些話——你說我也罷了；襲人、好意勸你，你又刮拉上他。你自己想想，該不該？」晴雯道，「怪熱的，拉拉扯扯的做什麼？叫人看見，什麼樣兒呢！我這一個身子本不配坐在這裏！」寶玉笑道，「你既知道不配，爲什麼躺着呢？」晴雯沒的說，嗤的又笑了；說道，「你不來使的，你來了就不配了。起來，讓我洗澡去。襲人麝月都洗了，我叫他們來。」寶玉笑道，「我纔又喝了好些酒，還得洗洗；你既沒洗，拿水來，偺們兩個洗。」晴雯搖手笑道，「罷！罷！我不敢惹爺！還記得碧痕打發你洗澡啊，足有兩三個時辰，也不知道做什麼呢。我們也不好進去。後來洗完了，進去瞧瞧，地下的水淹着床腿子，連蓆子上都汪着水，也不知是怎麼洗的，笑了幾天！我也沒工夫收拾水。你也不用和我一塊兒洗。今兒也涼快，我也不洗了。我倒是舀一盆水來你洗洗臉，篦篦頭。纔鴛鴦送了好些菓子來，都湃在那水晶缸裏呢，叫他們打發你喫不好嗎？」寶玉笑道，「既這麼着，你不洗就洗洗手，給我拿菓子來喫罷。」晴雯笑道，可是說的。我一個蠢才，連扇子還跌折了，那裏還配打發喫菓子呢。倘或再砸了盤子，更了不得了！」寶玉笑道，「你要砸就砸。這些東西原不過是供人所用，你愛這樣，我愛那樣，各自性情。比如那扇子，原是搧的，你要撕着頑兒也可以使得，只是別生氣時拿他出氣。就如杯盤，原是盛東西的，你歡喜聽那一聲響，就故意砸了，也是使得的，只別在氣頭兒上拿他出氣：——這就是愛物了。」晴雯聽了，笑道，「既這麼說，你就拿扇子來我撕。我最喜歡聽撕的聲兒。」寶玉聽了，便笑着遞給他。晴雯果然接過來，嗤的一聲，撕了兩半；接着又聽嗤，嗤，幾聲。寶玉在旁笑着說，「撕的好。再撕響些。」正說着，只見麝月走過來，瞪了一眼，啐道，「少作點孽兒罷！」寶玉趕上來，一把將他手裏的扇子也奪了，遞與晴雯。晴雯接了，也撕作幾半子，二人都大笑起來。麝月道，「這是怎麼說？拿我的東西開心兒！」寶玉笑道，「你打開扇子匣子揀去。什麼好東西！」麝月道，「旣這麼說，就把扇子搬出來，讓他儘力撕，不好麼？」寶玉笑道，「你就搬去。」麝月道，「我可不造這樣孽。他沒折了手，叫他自己搬去！」晴雯笑着，便倚在床上，說道，「我也乏了，明兒再撕罷。」寶玉笑道，「古人云『千金難買一笑』。幾把扇子，能值幾何！」一面說，一面叫襲人。襲人纔換了衣服走出來。小丫頭佳蕙過來拾去破扇。大家乘涼，不消細說。——第三十一回。

晴雯方纔又閃了風，着了氣，反覺更不好了，翻騰至掌燈，剛安靜了些。只見寶玉回來，進門就嗐聲頓脚，麝月忙問原故。寶玉道，「今兒老太太喜喜歡歡的給了這件褂子，誰知不防，後襟子上燒了一塊！幸而天晚了，老太太太太都不理論！」一面脫下來。麝月瞧時，果然有指頭大的燒眼，說，「這必定是手鑪裏的火迸上了。這不值什麼，趕着叫人悄悄拿出去叫個能幹織補匠人織上就是了。」說着，便用包袱包了，交與一個嬤嬤送出去，說「趕天亮就有纔好，千萬別給老太太太太知道！」婆子去了半日，仍就拿回來，說「不但織補匠能幹裁縫繡匠並做女工的問了，都不認的這是什麼，都不敢攬。」麝月道，「這怎麼好呢？明兒不穿也罷了。」寶玉道，「明兒是正日子，老太太太太說了，還叫穿這個去呢！偏頭一日就燒了，豈不掃興！」

晴雯聽了半日，忍不住翻身說道，「拿來我瞧瞧罷。沒那福氣穿就罷了！」說着，麝月便遞給晴雯。又移過燈來細瞧了一瞧，晴雯道，「這是孔雀金線的。如今偺們也拿孔雀金線。就像界線似的界密了，只怕還可混的過去。」麝月笑道，「孔雀線現成的，但這裏除你，還有誰會界線，」晴雯道，「說不的我掙命罷了！」寶玉忙道，「這如何使得？纔好了些，如何做得活？」晴雯道，「不用你蝎蝎螫螫的，我自知道。」一面說，一面坐起來，挽了一挽頭髮，披了衣裳，只覺頭重身輕，滿眼金星亂迸，着實掌不住，待不做，又怕寶玉着急，少不得很命咬牙捱着，便命麝月只幫着拈線。晴雯先拿了一根比一比，笑道，「這雖不很像，若補上也不很顯。」寶玉道，「這就很好。那裏又找俄羅斯國的裁縫去？」

晴雯，先將裏子拆開，用茶杯口大小一個竹弓釘綳在背面，再將破口四邊用金刀刮的散鬆鬆的，然後用鍼縫了兩條，分出經緯，亦如界線之法，先界出地子來，後依本紋，來回織補；補兩鍼，又看看；織補不上三五鍼，便伏在枕上歇一會。寶玉在旁，一時又問吃些滾水不吃，一時又命歇一歇，一時又拿一件灰鼠斗篷替他披在背上，一時又拿個枕頭給他靠着。急的晴雯央道，「小祖宗！你只管睡罷！再熬上半夜，明兒眼睛摳摟了，那可怎麼好？」寶玉見他着急，只得胡亂睡下，仍睡不着。一時，只聽自鳴鐘已敲了四下，剛剛補完，又用小牙刷慢慢的剔出絨毛來。麝月道，「這就很好；要不留心，再看不出的。」寶玉忙要了瞧瞧，笑道，「眞眞一樣了！」晴雯已嗽了幾聲，好容易補完了，說了一聲『補雖補了，到底不像，——我也再不能了！』噯呀了一聲，便身不由主，睡下了。——第五十二回。

當下晴雯又因着了風，又受了哥嫂的歹話，病上加病，嗽了一日，纔朦朧睡了。忽聞有人喚他，強展雙眸，一見是寶玉，又驚又喜，又悲又痛，一把死攥住他的手，哽咽了半日，方說道，「我只道不得見你了！」接着便嗽個不住。寶玉也只有哽咽之分。晴雯道，「阿彌陀佛，你來得好，且把那茶倒半碗我喝；渴了半日，叫半個人也叫不着。」寶玉聽說，忙拭淚問，「茶在那裏？」晴雯道，「在爐臺上。」寶玉看時，雖有個黑煤烏嘴的吊子，也不像個茶壺，只得桌上去拿一個碗，未到手內，先聞得油羶之氣，寶玉只得拿了來，先拿些水洗了兩次，復用自己的絹子拭了，聞了聞，還有些氣味，沒奈何，提起壺來斟了半碗，看時，絳紅的也不大像茶。晴雯扶枕道，「快給我喝一口罷，這就是茶了！那裏比得偺們的茶呢！」寶玉聽說，先自己嘗了一嘗，並無茶味，鹹澀不堪，只得遞給晴雯。只見晴雯如得了甘露一般，一氣都灌下去了。

寶玉看着，眼中淚直流下來，連自己的身子都不知爲何物了。一面問道，「你有什麼說的，趁着沒人告訴我！」晴雯嗚咽道，「有什麼可說的！不過是挨一刻是一刻，挨一日是一日！我已知橫豎不過三五日的光景，我就好回去了。只是一件，我死也不甘心。我雖生得比別人好些，並沒有私情勾引你，怎麼一口死咬定了我是個狐狸精！我今兒既擔了虛名，況且沒了遠限，不是我說一句後悔的話：早知如此，我當日……」說到這裏，氣往上咽，便說不出來，兩手已經冰冷。

寶玉又痛，又急，又害怕，便歪在蓆上，一隻手攥着他的手，一隻手輕輕的給他搥打着；又不敢大聲的叫，眞眞萬箭攢心！兩三句話時，晴雯纔哭出來。寶玉拉着他的手，只覺瘦如枯柴，腕上猶戴着四個銀鐲，因哭道，「除下來，等好了再戴上去罷！」又說，「這一病好了，又瘦好些！」晴雯拭淚，把那手用力拿回，擱在口邊，狠命一咬，只聽咯吱一聲，把兩根葱管一般的指甲，齊根咬下，拉了寶玉的手，將指甲擱在他手裏；又回手扎掙着，連揪帶脫，在被窩內，將貼身穿着的一件紅綾小襖兒脫下，遞給寶玉。不想虛弱透了的人，那裏禁得這樣抖摟，早喘成一處了。寶玉見他這般已經會意，連忙解開外衣，將自己的襖兒褪下來，蓋在他身上，卻把這件穿上，不及扣鈕子，只用外頭衣裳掩了。剛繫腰時，只見晴雯睜眼道，「你扶起我來坐坐！」寶玉只得扶他。那裏扶得起，好容易欠起半身，晴雯伸手把寶玉的襖兒往自己身上拉，寶玉連忙給他披上，拖着肐膊，伸上袖子，輕輕放倒，然後將他的指甲裝在荷包裏。晴雯哭道，「你去罷！這裏腌臢，你那裏受得！你的身子要緊！今日這一來，我就死了，也不枉擔了虛名！」——第七十七回。

我們上面說，我們要一面經驗着，一面體察着，如其對于經驗不能體察，是不能「述說」的。

但是我們更得注意：我們要有豐富的經驗。（同時，當然要有深刻的體察。）有人譏笑說，亭子間裏喊破鑼（普羅）是不行的；也當然的，跳舞場裏喊民族，也是不行的。我們要親切地知道一種事象，例如要知道戰爭，我們非得到戰場上去不可。

例如儒林外史底作者吳敬梓，他是在「舉業」場中打過滾的，所以他能刻畫那些舉子。紅樓夢底作者曹雪芹，正是紅樓夢底生活底經驗者。聽到卻尙只看到一點點過的二萬五千里，也只有三十個才能寫。（如托爾斯泰（Tolstoy）爲在戰事與和平裏描寫克里米戰爭，親赴克里米考察。傳說：趙子昂畫馬，他自己爬在地上，試學馬底各種姿勢，然後纔着筆。）

這里，還有一點得講到，便是「想像」；這在寫小說的時候，是經常地應用的。當我們底體察了的經驗，不能運轉如意時，便得加以想像的分子。想像底主要條件，是「眞實性」；如水滸裏的宋江、魯智深、李逵等都是想像的人物，如哈孟雷特、吉訶德先生也都是想像的人物，這些人物，都極其明晰地刻印在我們底意識中，這是因爲他們都具有眞實性的緣故。（如莎士比亞底如願，在快完結的地方，惡漢歐利頓突然地變更其性質，而獲得了賽利亞底愛，這一段，到底不能認爲眞實的。）

第二段　知識

知識，也是文章材料底一種重要的來源。這里，我們注重書本上的系統的（或者叫作「體系」）知識。

書本上的系統的知識底獲得，這自該以老生常談的「精」與「博」爲標的。目的是在「精，」但是，要博了才能精。

例如，我們要理解「物質——思想——物質」這個「爲學」的基本的「方法論，」單從物質上去分析是不行的，單從思想上去分析也是不行的，一方面要從物質與思想底交互關係上去分析，別一方面還要「歷史地」去分析這兩者底交互關係底過程，而且，這兩種的分析，單從經濟、政治等社會現象上分析還不夠，從一切的自然現象上也得作如此的分析，才能全盤地證明。

又例如，我們要研究詩經，說明詩經在中國文學史上的地位，那末，我們須得知道周代社會底情況（在如何的社會情況之下，才能產生這些作品，）還得知道詩歌底產生（尤其是民歌）及其發展，還得知道神話底產生及其發達及其他，至於詩經本文底文法的、文章的、訓詁的知識更是不必說的事。

再把範圍縮小一點，舉個實例。如胡適之先生底國語文法概論（胡適文存卷三，頁一——八

○）中關於「得」詞的研究（同上頁六八——七九）他說明「凡動詞或形容詞之後的『得』字，用來引起一種狀詞或狀語的，一律用『的』字。」他以水滸、紅樓夢及儒林外史爲例，用「歷史的研究法，」說明在「至少要早二百多年」的水滸中用「得，」在紅樓夢及儒林外史中多數改用「的」了。他懂得縱的研究法，卻沒有注意到橫的研究法。第一，水滸中也有用「的」詞的；第二，紅樓夢及儒林外史中，用「得」詞並非例外（如他舉的紅樓夢第二十四回中的「生得單弱」一例，他以爲「明是誤用的『例外』。」現在根據胡先生藏的亞東圖書館重印乾隆壬子（一七九二）本，「如因他生得嬝娜纖巧」（五回頁三行一），「比賈蓉生得還風流俊俏」（九回頁九行十）「生得美秀異常」（十四回頁一四行二），「長得好齊整模樣兒」（十六回頁七行三——四）……都「明是誤用的例外」嗎？）第三，如在上海話中，一直到今天，只能說「得，」不能說「的。」這，全是方言底不同。我們研究的時候，要小心不要忘記了方言（如其不知道，當然更不行。）不然，要鬧笑話的。

但是，單就書本上的系統的知識講，固然，有很豐富的遺產，我們應該而且樂得承受，可也有蹩脚的遺產甚至于白賠錢糧的「負債的遺產，」在這一點上，我們底「思索」應該負起極大的責任來。

此外，還有兩點，可以提到。(一)切磋請益，當然也可以增進我們底知識；(二)臨時的檢點與查考，也是有幫助的。

上面已把成爲文章底材料的意思底源頭，簡該地講述過了。

至于文章底另兩種要素「文字」與「表達法，」其源頭也是基于經驗及知識的（只是，表達法，與練習很有關係。）試隨舉一二例。

語言文字大抵都有它自己的歷史或背景，形成它的品位和豐彩。不過不著名的人都並不注意它；不是在特殊的地方人也不去計較它罷了。但是個人的情趣，流派的氣味，時代的精神，地方的色彩，以及其它等等，往往就從那所用的詞的歷史或背景裏，很濃重地透露出來。例如或說「國粹」或說「國故，」或說「國學，」所指對象大體相同，而說者趣味或時代情味卻有不同；又如或說「孫文主義」或說「中山主義」或說「三民主義，」所指對象也大體相同，而說者個人的情趣及流派的氣味，也就不無顯然的區別。這都由于歷來用這詞的歷史而來。又如市上常見「男女理髮所」一字樣，我們不以爲奇，而新近有人叫做什麽「乾坤理髮所，」我們便覺得有一種催嘔的土豪劣紳氣息撲上來，也便是由于「乾坤」一個詞的歷史的緣故。

再如「來呀」和「來噓，」也是語意相同而兩語所暗示的背景的風味全然不同的例。因爲「來呀」是普通常用的，聽去很平常，而「來噓」聽了就不免起了特殊的背景的聯想。在文學中，往往因爲要利用語言的這一種作用，利用各處方言來暗示各處的情調。如海上花用蘇白寫上海的遊窟情調，兒女英雄傳的用京語寫北方兒女的英雄氣概，便是最著名的例。——陳望道修辭學發凡（頁三九八——三九九。）

白話本身勝過文言的地方很多，已經有許多人說過。其實不曾說到的比已經說過的還要多。將來我們可有機會把文言白話本身和現在流行的文言文法文話文法等等來作一個總檢討。現在單以所謂一字傳神來說，也是只有白話中的有些現象可以當得起這四個字的贊語。例如動詞的限定輔助語便是一端。這類語言在文學描寫上功用頗大，往往只要換去一字，便覺得動作所以能成或不能成的理由全然兩樣。比方同是說「不能吃」：

(1)吃不得(因爲東西不衞生)

(2)吃不了(因爲東西太多)

(3)吃不來(因爲東西太壞或者吃不慣)

(4)吃不起(因爲太窮苦了)

(5)吃不下(因爲肚里飽)

(6)吃不着(因爲東西離得遠)

這于白話是應手可得的傳神的一字，文言如何？文言能夠這樣以簡單的一字傳出這樣複雜的意思嗎？——陳望道望道文輯(頁七六——七七。)

最後，我們還得一講述材料底源頭與作者底社會的關係(關於這一點，我們在第一章文章底要素第三節作者與讀者中已經講到過。)

作者底成爲文章材料底源頭的經驗與知識，都是受時代、社會及個性底限制的，此外，如年齡

及性別等也發生相當的作用

如五四時代的青年在知識方面來看，前進的亦祇是瞭解封建勢力底應該「打倒」同時，應該「擁護」資本主義底「神髓」的德先生與賽先生；當時在青年間也講什麼社會主義、無政府主義，在事實上也只是在上述的兩點上相當地盡了他們底任務。到五卅時代，使瞭解到資本主義本身底在走上崩潰的路了。在經驗方面來看，亦復如是在五四時代只體察到軍閥、官僚等等底應該「打倒」而資本家及中小資產者底應該「起來」；到了五卅時代，才體察到還有在地獄中的工人及農民，應該有日子過，這是時代的限制。

一個生長在貧困的環境中的讀書人（新名詞叫知識分子，老名詞叫士大夫）吳敬梓（儒林外史底作者，）只能以「四客」（季遐年，王太，蓋寬，荊元）（第五十五回）為理想的人物，同時也只能以和他接近的一圈人做他底描寫底範圍。紅樓夢作者曹雪芹，是生長於富貴人家的，所以，這一方面的人物底描寫是他底特長；幸而他後來成了個「舉家食粥酒常賒」的人，所以，他對於貧窮人也有相當的理解。韓愈雖被吹為「道濟天下之溺」的人，但他底三上宰相書，搖尾乞憐，顯示了讀書人底社會的地位底眞相。這是社會的限制。

關於個性，雖則說個性決定於時代及社會，但個性本身，在迄今的社會中，也能發生相當的作用。如在現在的社會中，一個讀書人（事實上，只有讀書人最是「能上能下」）既能做封建勢力底維繫者，也能做資本主義社會底歌功頌德者，也能做貧苦大衆底同情者。

年齡，一般地講，年輕時經驗和知識較少，年老時經驗和知識較多。性別，尤其是在現社會中，因歷史及環境底關係，一般地講，男女在經驗和知識上是女子遜於男子的。

第二節　選擇材料的態度

我們在前面講過，選擇材料的態度，是正確與眞實；這，是關涉意思、文字及表達法的三種要素的。正確，是指通過「歷史的社會的」觀察法而適合于現社會的；眞實，是指不虛僞的。

這里，我們分三段來敍述：（一）意思底正確與眞實；（二）文字底正確與眞實；（三）表達法底正確與眞實。

第一段　意思底正確與眞實

意思底正確與眞實，是說作者應該把自己底由于經驗及知識得來的意思，正正確確眞眞實實地寫下來。但是文章中很有一反于正確與眞實的。

我們試舉一二毀傷意思底正確與眞實的例子。

例一　從前有人學做詩，一首詩中缺少了兩句，覺得眼前的材料都已完了，再沒有材料可取，就憑空的造出兩句來道，「舍弟江南死，家兄塞北亡。」這首詩被另外一個人看見了，悽然歎道，「老兄的家運爲甚麼如此壞！」那做詩的人說道，「不是！不是！沒有這事。只不過說來充篇幅罷了。」讀詩的人道，「既然如此，又何苦爲著一首詩，犧牲兩條性命？」——胡懷琛一般作文法頁一八。

例二　嘗見名士爲人撰誌，其人蓋有朋友氣誼，誌文乃倣韓昌黎之誌柳州也；一步一趨，惟恐其或失也。中間感歎世情反復，已覺無病費呻吟矣。末敍喪費出於貴人，及內親竭勞其事。詢之其家，則貴人贈賻稍厚，非能任喪費也；而內親，則僅一臨穴而已，亦並未任其事也。且其子俱長成，非若柳州之幼子孤露，必待人爲經理者也。詰其何爲失實至此；則曰，「倣韓誌柳墓，終篇有云，『歸葬費出觀察使裴君行立。』又，『舅弟盧遵既葬子厚，又將經紀其家。』附紀二人，文情深厚，今誌欲似之耳。」……——章學誠文史通義古文十弊。

例三　梁應來曰，四書文中，有所謂墨派者。或仿其調以嘲之云：天地乃宇宙之乾坤，吾心實中懷之在抱，久矣夫千百年來已非一日矣，溯往事以追維，曷弗考紀載而誦詩書之典要。元后卽帝王之天子，蒼生乃百姓之黎元，庶矣哉億兆民中已非一人矣，思入時而用世，曷勿瞻黻座而登廊廟之朝廷。疊牀架屋，而音調鏗鏘，今之時墨，何以異此！——梁章鉅制義叢話。

例四　往學古文于朱先生。先生……爲某夫人誌。其夫教甥讀書不率，撻之流血。太夫人護甥而怒不食。夫人跪勸進食，太夫人怒批其頰，夫人怡色有加，卒得姑歡。其文于慈孝友睦，初無所間；而當時以謂婦遭姑撻，恥辱須諱，又笞甥撻婦，俱乖慈愛，則削而去之。

余嘗爲遷安縣修城碑文，中敍城久頹廢，當時工程，更有急者，是以大吏勘入緩工。今則爲日更久，圮壞益甚，不容更緩。此乃據實而書，宜若無嫌。而當時閱者，以謂敍城之宜修，不宜更著勘緩工者，以形其短。初疑其人過慮，其後質之當世號知文者，則皆爲是說，不約而同。——章學誠文史通義俗嫌。

例五　五四以來的白話文，因爲提倡者都是些本來慣寫文言文的人們，他們都是知識階級，所寫的文字，又都是有關于思想學術的，和大衆根本就未曾有過關係。名叫白話文，其實只是把原來的「之乎者也」換了「的了嗎呢，」硬裝入藍靑官話的腔調的東西罷了。凡事先入爲主，白話文創造不久，就成了那麼的一個腔殼，到今日還停滯在這腔殼裏。當時提倡白話文的人們有一句標語叫做「明白如話。」眞的，只是「如話」而已，還不到「就是話」的程度。換句話說，白話文竟是「不成話」的勞什子。——夏丏尊先使白話文成話。（這是因了時代底變遷糾正「白話文」底繆誤的；就是，白話文在現在，是不正確的。）

第二段　文字底正確與眞實

文字底正確與眞實，有兩個條件：(一)文字須是現代的；(二)文字須是大衆的。

「文言文」(劉大白先生稱之爲「鬼話文」)中使用的文字，就歷史上看是前代的，非現代的，就社會上看是極少一部分人瞭解的，不是大衆的。「語體文」(劉大白先生稱之爲「人話文」)中使用的文字，是現代的，大衆的(仔細觀察，現在一般的所謂「語體文」或「白話文」中使用的文字，還是不能與「人」底「話」吻合的。)

這里，試雜零狗碎地講述一些應該注意的地方。

(一)已死詞兒——有許多詞兒是經死了的，如前面講到過的犢、(二歲牛)犙、(三歲牛)牭、(四歲牛)及作「我」解的卬、台、甫等等，早死了，如「之乎者也」等等也已死了。因爲這些都是前代的詞兒或者只極少一部分人使用的詞兒，所以對于現代的大衆是已經死了。

(二)已死典故——典故並非絕對不可用的，如我們說，「他這個人變化多端，比孫行者七十二變還要多，」這是用了西遊記中的故實的，因爲這個典故還在現代的大衆底心裏活着，所以是可以用的。如「聯秦晉之好」「有采薪之憂」這種並非僻典的典故，也已在現代的大衆底心裏死去了，便不能再用了（僻典，是更不消說了）。

（三）已死成語——「如大輅椎輪，」「問牛知馬，」「人中騏驥，」「呆打孩」（元人語）等，都已死了；如「大醇小疵，」似尙可懂，其實，「醇」詞已少見，「疵」詞也已少用，這實在也已死了。

（四）已死歇後語——歇後語在現代的大衆語中，也用得很多，如「狗咬呂洞賓——勿識好人心，」「啞子吃黃蓮——有苦說不出」「牛頭馬——面，」「胡裏胡——塗（賭），」「九千九百九十九——萬難，」「城頭上出棺材——團團轉」等。從前的歇後語，如「而立」（三十歲）「友于」（兄弟），「貽厥」（孫，）「居諸」（日月）等，這些，已經死了。

第三段　表達法底正確與眞實

表達法正確與眞實，原是簡單的，將正確與眞實的意思，用正確與眞實的文字，依照中國現代語底語法，寫下來，這便完了。

但事實上，因爲「負債的遺產」的緣故，表達法常常不能眞實；其最大的弊害，可以分爲兩類：（一）摹仿，（二）雕琢。

（一）摹仿——「……語曰，世異，則事異，事異則備異，必以先王之道，持今世之人，此韓子所以著五蠹之篇，稱宋人有守株之說也。世之述者，銳志於奇，喜編次古文，撰敍今事，而巍然自謂五經再生，三史重出，多見其無識者矣！」（劉知幾史通內篇第二十八模擬）「後周書柳虯傳，時人論文體有今古之異，虯以爲時有今古，非文有今古。此至當之論。夫今之不能爲二漢，猶二漢之不能爲尚書左氏，乃勦取史漢中文法以爲古，甚者獵其一二字句用之，於文殊爲不稱。」（顧亭林日知錄卷十九文人求古之病條）

這里，試舉若干關于摹仿的例子。

例一　何孟嘗餘冬序錄曰，今人稱人姓，必易以世望；稱官，必用前代職名；稱府州縣，必用前代郡邑名：歎以爲異。不知文字間著此，何益於工拙；此不惟於理無取，且於事復有礙矣。李姓者稱隴西公，杜曰京兆，王曰琅琊，鄭曰滎陽，以一姓之望而概衆人，可乎？其失自唐末五季孫光憲輩始。……官職郡邑之建置，代有沿革，今必用前代名號而稱之，後將何所考焉。——顧氏文人求古之病。

例二　我們從前學做文的時候，腦子裏面記了許多的文章調子，如「有非常之人，必有非常之才；有非常之才，必有非常之功。……」又如「夫木必有本，水必有源；木無本則枯，水無源則竭。……」又如「釣者負魚，魚何負於釣；獵者負獸，獸何負於獵？……」等等，每一題目到手，總是在這些套子裏討生活。——高語罕國文作法頁三四。

例三　今之學者，胸中記得幾個文學的套語，便稱詩人。其所爲詩文處處是陳言爛調。「蹉跎」「身世」「寥落」「飄零」「蟲沙」「寒窗」「斜陽」「芳草」「春閨」「愁魂」「歸夢」「鵑啼」「孤影」「雁字」「玉樓」「錦字」「殘更」……之類，纍纍不絕，最可憎厭。其流弊所至，遂令國中生出許多似是而非，貌似而實非之詩文。——胡適胡適文存卷一文學改良芻議。

例四　詞賦派文章都是由楚辭摹倣而來。其摹倣源流一一都可指出。現在按其時代，列於下。司馬長卿子虛賦摹倣宋玉高唐賦。楊雄羽獵賦摹倣司馬長卿上林賦，所謂「待詔承明四十餘，客言詞麗似相如」是也；長楊賦摹倣難蜀父老。班固兩都賦摹倣子虛、上林。張平子兩京摹倣兩都賦。何平叔景福殿賦摹倣東都。左太冲三都摹倣兩都、兩京。潘安仁西征賦摹倣東征。庾子山哀江南賦摹倣潘安仁西征。楚辭裏面已經有許多摹倣的痕跡，如大招摹倣招魂是也。——徐嘉瑞中古文學概論頁一五二——一五三。

例五　古者列國命官，卿與大夫爲別；必於國史所記，則卿亦呼爲大夫：此春秋之例也。當秦有天下，地廣殷、周，變諸侯爲帝王，目宰輔爲丞相；而譙周撰古史考，思欲擯抑馬記，師放孔經；其書李斯之棄市也，乃云秦殺其大夫李斯，夫以諸侯之大夫名天子之丞相，以此而擬春秋，所謂貌同而心異也。當春秋之世，列國甚多，每書他邦，皆顯其號；至於魯國，直云「我」而已。如金行握紀，海內大同，君靡客主之殊，臣無彼此之異；而干寶撰晉紀，至天子之葬，必云葬我某皇帝；且無二君，何我之有？以此而擬春秋，又所謂貌同而心異也。狄滅二國，君死城屠；齊桓行霸，興亡繼絕。左傳云，「邢遷如歸，衛國忘亡。」言上下安堵，不失舊物也。如孫皓暴虐，人不聊生，晉師是討，後予相怨；而干寶晉紀云，「吳國既滅，江外忘亡。」豈江外安典午之善政，同歸命之未滅乎？以此而擬左氏，又所謂貌同而心異也。春秋諸國，皆用夏正，魯以行天子禮樂，故獨用周家正朔；至如書元年春王正月者，年則魯君之年，月則周王之月。如曹馬受命，躬爲帝王，非是以諸侯守藩，行天子班歷；而孫盛魏晉二陽秋，每書年首，必云「某年春帝正月。」夫年既編帝紀，而月又列帝名，以此而擬春秋，又所謂貌同而心異也。五始所作，是曰春秋。三傳並興，各釋經義。如公羊傳屢云何以書，記某事也。此則先引經語而繼以釋解，勢使之然，非史體也。如吳均齊春秋，每書災變，亦曰，「何以書！記異也。」夫事無他議，言從己出，輒自問而自答者，豈是敍事之理者邪？以此而擬公羊，又所謂貌同而心異也。且史、漢，每於列傳首書人名字，至傳內有呼字處，則於傳首不詳。如漢書李陵傳稱，「隴西任立政。」陵字立政，曰，「少公，歸易耳。」夫上不言「立政」之字而輒言字立政曰「少公」者，此省文，從何知也。至令狐德棻周書於伊婁穆傳首云，「伊婁穆字奴干。」既而續云，「太祖字之曰：奴干，作儀同面向我也。」夫上書其字，而下復曰字，豈是事從簡易，文去重複者邪？以此而擬漢書，又所謂貌同而心異也。——劉知幾史通模擬。

如上所舉例，例一是效古稱，例二是效爛調，例三是使用陳言，例四是整篇的仿效，例五是仿效古人語句：這些，都是摹仿的例子。

(二)雕琢——雕琢，也是對于表達法底眞實的弊害。例如：

例一　貴族文學的壞處，約有五種……(一)堆砌；……

鱣鯉鱮鮦鮪鯢鱨鯊（西京賦）

崆峴嶱嵋嵣嵯嶛刺岝峉嵲嵬嶔巇屹嶭（南都賦）……

如上所列，不是地理，不是植物學，不是動物學，又不是字典，詞賦派之妄誕如此。——徐嘉瑞中古文學概論頁一五二——一五五。

例二　江淹恨賦，「孤臣危涕，孽子墜心，」實「危心墜涕」也。杜詩，「香稻啄餘鸚鵡粒，碧梧棲老鳳皇枝，」「香稻」與「鸚鵡，」「碧梧」與「鳳皇，」皆主賓倒置。此皆古人不通之句也。——錢玄同寄陳獨秀。

又如描寫鄉下老太婆，滿口「之乎者也，」或者滿口新名詞，翻譯外國小說也說「拂袖而去，」這都是**不正確不眞實的例子**。

中華民國二十八年四月初版

(40042)

文章概論一册

每册實價國幣壹元陸角
外埠酌加運費匯費

著作者　汪馥泉

發行人　王雲五
長沙南正路

印刷所　商務印書館

發行所　商務印書館
各埠

鎮